闫志民精选集

闫志民 ◎ 著

人民日报出版社

北京

图书在版编目（CIP）数据

闫志民精选集 / 闫志民著 . — 北京：人民日报出
版社 , 2023.12

ISBN 978-7-5115-8146-4

Ⅰ . ①闫… Ⅱ . ①闫… Ⅲ . ①闫志民—文集 Ⅳ .
① C53

中国国家版本馆 CIP 数据核字 (2023) 第 247773 号

书　　名：闫志民精选集
　　　　　YAN ZHIMIN JINGXUAN JI
作　　者：闫志民

出 版 人：刘华新
策 划 人：欧阳辉
责任编辑：寇　诏　刘晴晴
装帧设计：新成博创
　　　　　XIN CHENG BO CHUANG

出版发行：人民日报出版社
社　　址：北京金台西路 2 号
邮政编码：100733
发行热线：（010）65369509　65369527　65369846　65363528
邮购热线：（010）65369530　65363527
编辑热线：（010）65363105
网　　址：www.peopledailypress.com
经　　销：新华书店
印　　刷：北京盛通印刷股份有限公司
法律顾问：北京科宇律师事务所　（010）83622312

开　　本：710mm×1000mm　1/16
字　　数：210 千字
印　　张：20.5
版次印次：2024 年 3 月第 1 版　2024 年 3 月第 1 次印刷

书　　号：ISBN 978-7-5115-8146-4
定　　价：78.00 元

前　言

　　党的十一届三中全会以后，我们党全面展开中国特色社会主义道路的探索，社会主义问题的研究，尤其是对什么是社会主义、怎样建设社会主义的研究，成为全党和全国人民关注的热点，吸引越来越多的理论工作者投入研究。在这种形势和环境下，中国科学社会主义学会和北京等省份的科学社会主义学会相继成立，中央党校和一些高校、部队院校也先后成立了科学社会主义教学研究部门，科学社会主义作为一门新兴学科在这种背景下应运而生，被全国社会科学规划办公室和教育部列为重要学科。我就是在这时投身到科学社会主义和中国特色社会主义的教学和研究行列。我自 1956 年至 1960 年在中国人民大学马列主义基础系学习，是中国人民大学同时也是全国第一届国际共产主义运动史专业的本科毕业生。我在大学期间系统学习过马克思主义基本理论和主要经典著作，这为我投入科学社会主义和中国特色社会主义的教学和研究，奠定了良好基础，提供了有利条件。

二十世纪七十年代末八十年代初至今的四十多年，我一直在北京大学从事科学社会主义主义的教学和研究工作，并先后担任中国科学社会主义学会副会长，北京市科学社会主义学会副会长、会长和名誉会长，是全国哲学社科学规划办公室马列·科社评审组重要成员和北京市社会科学规划办公室科社、党建、政治学评审组组长。我在系统研究科学社会主义理论和实践的基础上，重点研究中国特色社会主义理论和世界社会主义发展史。我研究成果的大部分是以著作形式出版的，也有相当一部分是以文章的形式发表的。这本精选集是从我发表的 300 多篇文章中挑选出来的，其中多数是发表在《人民日报》《求是》《光明日报》等全国主要报纸和刊物上的文章，内容涉及马克思主义和科学社会主义基本理论，世界社会主义的发展历史和现状，马克思主义中国化和中国化的马克思主义，中国特色社会主义经济、政治、文化、社会，改革开放和现代化建设，党的领导和党的建设，以及统一战线等方面的内容。

这里需要说明，本精选集的文章是在改革开放以来各个不同时期发表的，由于发表时间有先有后，今天这些文章汇集一起出版，就出现了要不要对早期文章中所引用的数据进行修改的问题。例如我 2009 年 4 月 3 日在《光明日报》上发表的《毫不动摇地坚持社会主义发展方向》一文，为了说明只有中国特色社会主义才能发展中国，所列举的是从 1978 年到 2008 年我国经济社会发展和人民生活水平提高的大量数据。又如，我在《科学社会主义》杂志 2012 年第 2 期上发表的《高举旗帜至关重要》一文，为了说明高举中国特色社会主义旗帜的重要，所列举的是我国 1979 年到 2011 年经济发展、对外开放、人民生活水平提高、祖国和平统一等方面的大量数据。又如，我在《求是》杂志 2014 年第 10 期上发表的《社会主义改变了中国的命运》一文，为了用事实证明社会主义从根本上改变了中国，所列举的是 1949 年到 2013 年我国各方面发生巨大变化的大量数据。其他一些文章中多少也有类似的情况，这里就不一一列举了。这些数据在当时是最新的，现在看来似乎显得陈旧了。但我认为，这些数据反映了当时的实际情况，是文章写作的重要历史背景，保留这些数据是忠于历史事实，也有利于读者结合当时的实际去理解文章的内容。所以对于这些数据本次出版时未作改动，保持了文章的原貌。

最后，我要特别感谢人民日报出版社，把我个人的精选集纳入"人民文选"丛书正式出版。这本精选集是将我公开发表的所有文章精心挑选集结的成果，可以说它是我一生学术成就的总结。它汇集了我终身教学和研究成果的精华，是我从事科学社会主义研究成就的集中展现。这次"人民文选"丛书的出版，为我们提供了一个十分重要的平台，使我有机会把自己认为最有价值的文章奉献给广大读者，并与理论界和学术界的同仁进行思想交流，听取他们的指教和宝贵意见。

前　言

统一战线内部的基本关系和调节原则

党的统战工作的基本任务，是通过调节统战力量之间的关系，团结一切可以团结的力量，为实现党的政治任务服务。而要调节各统战力量的关系，首先必须认清它们之间的基本关系。

统一战线内部的关系是多种多样的，有各阶级、阶层、利益集团的关系，有民族的关系，有不同政党的关系，还有不同意识形态派别及信教者与不信教者的关系，等等。但这些都是某些方面的关系，不是统一战线的基本的关系。统一战线内部的基本关系是异同关系。

为什么异同关系是统一战线内部的基本关系呢？这是因为，不同的阶级、阶层、党派、团体及其他社会力量要结成统一战线，一是他们之间有着共同的利益和要求；二是他们之间有着不同的利益和要求。如果只有共同的利益和要求，而无不同的利益和要求，就没有必要组织统一战线；同样，如果只有利益、观点的对立，而无共同的利益和要求，则没有可能组成统一战线。因此可以说，统一战线是既有不同利益和要求又有共同利益和要求的社会力量之间结成的政治同盟。从这个意义上可以讲，异与同的矛盾是统一战线的基本矛盾，统一战线内部的一切关系都是由异同矛盾产生出来的。各种社会力量之间，都存在着利益的相同方面和利益的不同方面，相同方面使他们团结合作，相异方面使他们分歧、冲突。统一战线就是在这两种相反相成的倾向中运动和发展的。当相同的方面巩固、扩大了的时候，统一战线也就巩固和发展；当相异的方面扩大和增强了的时候，统一战线也就动摇甚至瓦解了。所以异同的矛盾贯穿于统一战线内部关系的各个方面和发展始终，对这个矛盾能否正确认识和处理，决定着统一战线的成败。

在统一战线的异同矛盾中，相同的方面是矛盾的主导方面。因为无论各统战力量之间的分歧和冲突有多么深刻，但只要他们组成了统一战线，共同的利益和要求，便成为其关系中占支配地位的因素。各统战力量要想维护统一战线，就必须使其利益和要求的相异方面服从于相同方面，并受相同方面的制约。因此，统战力量之间的相同的方面是统一战线的政治基础，决定了统一战线的性质和内容，主导着各统战力量关系的全局。我们在进行统战工作的时候，必须首先着眼于这个方面，努力寻求和各统战力量的共同点。

利益和要求的相异性，是矛盾的非主导方面，它是统一战线中各种分歧、摩擦、争论、冲突产生的主要根源，也是造成统一战线不稳定的基本因素。然而，如果把这个方面看作是纯消极的因素也是不对的。不同意见的争论，可以使人们认识更全面；从不同的角度和立场观察问题，可以防止偏差；不同力量的制衡有利于统战关系的民主化；相互的批评、争论和监督可以增加统一战线的生机和活力。因此，相异的方面在统一战线中同样具有其积极作用。在统一战线内部如果只强调相同性，而忽视相异性就会产生内部关系非民主化和缺乏生气与活力的现象。但无论如何，相异的方面应当服从相同的方面，不妨害相同的方面，而且应当尽量有利于相同的方面。同样，我们的任务也不是一定要消除相异方面，而仅仅是使相异的方面服从、不妨碍和有利于相同方面。那种否认相异方面存在必然性的观点，否认其积极作用的一面的观点以及企图取消或消灭相异方面的观点，既是不现实的，也是十分有害的。

相异方面在异同矛盾中居于次要地位，仅仅指在统战力量的关系中，各方都以相异方面服从相同方面，相同方面制约着相异方面，而并不是指相同的问题都是重大问题，相异的问题都是次要的问题。例如，祖国统一是重大问题，制度不同也是重大问题，双方只能寻求一种既能实现祖国统一又能保存制度差异的方案，于是"一国两制"的构想便应运而生。尽管祖国统一和制度差异都是重大问题，但在双方的统战关系中，都应当把祖国统一放在首位而把制度分歧放在次要地位并使它服从于统一祖国的事业，这就是说，相异的方面是次要的，并不等于相异的问题是次要的。

在统一战线中，异同矛盾的两个方面错综复杂地交织在一起，在相同中包含着相异的因素，在相异中也包含着相同的因素。例如，我们和我国台湾地区各界有识之士，都主张祖国和平统一，但在这个大同中，包含有许多的不同点，双方对于按照什么模式、什么方案实现统一就存在着重大的差别。同样，我们与我国香港、澳门特别行政区在制度方面是相异的，但在这个相异中又包含着相同的因素，大家都主张两种制度和谐相处、相互促进。所以我们在处理异同矛盾的时候，要充分重视这种现实的情况。

既然异同矛盾是统一战线的基本矛盾，异同关系是统一战线的基本关系，那么我们就应当首先从对异同矛盾的实际分析中得出调节统一战线内部关系的原则。

第一，统筹兼顾的原则。统一战线是同盟者之间的联合，这些同盟者有着不同的利益，需要本着互利的精神进行协调，统筹兼顾各方的利益和要求，在统一战线内部使各方的意志都能得到一定的反映，各方的利益都能得到适当的满足，各方的情况和困难都能得到某种程度的照顾和解决，这样才能吸引他们参加统一战线，调动各方面的积极性，起到统一战线团结和组织革命与建设力量的作用。对共产党人来说，代表和维护同盟者的利益，使他们在与自己的合作中得到好处，是建立和发展统一战线的主要条件。

第二，互谅互让的原则。统战各方为了能够实现共同的利益和要求，必须在其利益的矛盾方面，相互作出让步和妥协，如果各方都强调自己的特殊利益，而且为了自己的特殊利益损害共同利益与他方利益，统一战线就会遭到威胁和破坏。

相互谅解和让步，在统一战线内部的劳动者与剥削者之间，表现得特别明显，而且也十分重要。因为彼此间存在着剥削与被剥削的关系，他们之间要建立统一战线，没有相互的妥协与让步，是根本不可能的。在劳动者之间，也存在互谅互让问题，特别是在剥削阶级被消灭以后，劳动者不同阶级、阶层、利益群体间的利益矛盾变得突出起来，要协调他们的关系，巩固和发展统一战线，也必须把互谅互让和前面说到的统筹兼顾原则提到十分重要的地位。

在这里，让步必须是相互的，因为一方的让步总是为了换取对方的相应的让步，以便在一些共同关心的问题上达成一致意见。如果只是一方让步，双方就难以达成妥协，即使达成妥协，也不会持久。单方面让步，最多只能作为一种暂时的和在特殊情况下采取的办法，而不能作为统一战线的一个基本原则。让步还必须是有目的的，这个目的就是有利于实现双方所追求的共同的政治目的，例如在民主革命时期，要有利于反帝反封建和建立人民民主国家，在当前要有利于实现社会主义现代化和民族伟大复兴。从这个意义上讲，这种让步是积极的，作出某些牺牲是为了换得更大的成果。如果我们的让步无益于统战目标的实现，甚至有害于它的实现，那么这种让步就是不可取的。最后，这种让步不应损害无产阶级政党的独立性。在统一战线内部，各种社会力量面临着共同的政治任务，但是各种社会力量又力求按照自己的主张来实现这些政治任务，在这个过程中分歧和争论是难免的。如果无产阶级政党在统一战线中不坚持独立性和自主性，那就会使统战任务完全按照其他社会力量的利益和意志去实现，使无产阶级和劳动人民完全受其他社会力量的左右和支配，从而失去了无产阶级政党组织统一战线的目的和意义。

第三，求同存异的原则。统一战线内部的分歧和矛盾，有些可以通过互谅互让加以解决，有些则在很长一段时期内不可能加以解决，或没有必要加以解决。在这种情况下，就要强调共同的方面，发展共同的方面，巩固共同的方面，保留不同的方面，钝化分歧的方面，以保证统一战线的建立和发展。事实证明，在统一战线内部，如果强调共同的方面，即使是利益、观点严重分歧的社会力量，也能友好相处，协力奋斗。相反，如果强调相异的方面，即使是立场、观点接近的社会力量，也难以建立团结友好的关系，各种社会力量之间往往会陷于不和、纷争和分裂状态。而敌对势力总是利用这种状况来破坏统战力量之间的团结和合作。1954 年亚非会议期间，我们与广大亚非国家，既有共同的方面，这就是原来都属于殖民地半殖民地国家，都有过遭受侵略的经历和反对帝国主义、殖民主义的要求。然而彼此之间又有相异的方面，这就是社会制度不同，意识形态不同。当时帝国主义曾利用相异的方面，进行挑拨，制造隔阂，企图破坏亚非国家的团结，瓦解正在形成的反帝反殖统一战线。以周恩来同志为首的中国代表团，识破了这种阴谋，及时发表求同存异的讲话，根本扭转了会议气氛，与这些国家在十项原则的基础上建立了友好关系，发展了国际统一战线。今天我们对我国台湾地区的统战工作，也同样坚持求同存异的原则。祖国大陆不要求台湾地区放弃资本主义制度，同样台湾地区也不能要求祖国大陆放弃社会主义制度，这样双方就有可能在争取祖国和平统一的共同基础上实现合作。

第四，协商一致的原则。统一战线中的各个政党、团体和社会力量，在组织上都是独立自主的，彼此间是自愿的平等联盟的关系。因此，在统一战线内部不能像一个政党内部那样，实行少数服从多数的原则，而应实行协商一致的原则。由于各种统战力量之间有共同的政治基础，彼此协商一致是完全可能的。协商一致对于统一战线非常重要。因为只有通过这个途径，统战各方才可以相互沟通、相互交流、相互影响，加深相互了解和谅解，消除隔阂和误会，巩固和扩大共同基础，发挥统一战线的团结功能；同时，只有通过协商一致，各种统战力量才能取得一致的认识，形成一致的意见，采取共同的行动，从而发挥统一战线的组织和协调功能。另外，只有通过协商，才能用党的方针政策有力地影响其他统战力量，用正确的意见和主张克服错误的意见和主张，并在协商中进行自我教育和相互教育，从而发挥统一战线的教育功能。我们党历来重视协商一致的原则，在实践中与其他统战力量一起，创建了政治协商会议的形式，国家民族的重大问题先在政治协商会议上进行协商，或在人大讨论的同时，在政协讨论，听取各方面的意见。

第五，互相监督的原则。在协商一致达成协议或一致意见以后，为了保证它的贯彻执行，必须进一步确立互相监督的原则。互相监督是统一战线内部的一种制衡机制，通过这种机制，统战各方互相牵制和约束，防止任何一方违背或破坏共同的政治基础。互相监督也有利于统战内部生活的民主化和公开化，有利于实现各统战力量的独立自主和平等合作。

第六，对于违背共同政治基础的言行开展必要的批评或斗争的原则。在相互监督的过程中，如果发现其他统战力量有违背和破坏统一战线的共同政治基础的言行，应当如何处理呢？这就涉及各统战力量之间要不要开展必要的批评或斗争的问题，涉及如何看待团结—批评—团结的公式的问题。长期以来，这个公式被视为处理统一战线内部关系的基本原则和方法。近些年来，对于这个公式是否继续适用，理论界发生了分歧。有人认为，这个公式只适用于革命和阶级斗争时期，随着剥削阶级的消灭，这个公式已不适用了。有的则认为，这个公式今天还继续适用，只不过要放弃斗争的提法，只用批评的提法。

我认为这两种观点都是值得商榷的。团结—批评或者斗争—团结的公式不是处理统一战线内部关系的基本原则或公式，它只是维护统一战线的一种原则和方法。当有的统战力量违背和破坏统一战线的共同政治基础，或彼此达成的共同协议的时候，做出某些不利于统一战线巩固和发展的事情的时候，就要对其进行必要的批评或斗争。这种斗争是从团结的愿望出发，目的是巩固和加强统战力量之间的合作，而不是对同盟者的任何相异的方面，与无产阶级矛盾与分歧的一切方面，都开展批评和斗争，如果在这些方面都开展批评和斗争，只会干扰统一战线，弄得不好还会破坏统一战线。团结—批评或者斗争—团结的公式，应当只局限于与维护共同政治基础有关的问题上，应当赋予它以明确的范围界限，绝不能在全局上和所有的问题上都使用这个原则和公式，否则就会在统一战线中出现到处乱批乱斗的现象，无论你批评斗争时怎样有理有利有节，也会把统一战线内部的关系搞乱。

我们在赋予了这个公式以特定的范围和界限以后，就可以说，它无论在过去或者现在都是适用的。因为无论过去和现在，都存在有破坏统一战线的现象和不利于统一战线的行为。由此可见，无论是将这个公式的适用范围扩大化，把它说成是处理统一战线内部关系的基本原则和方法，或者以形势变化为理由，取消和废除这个公式都是不切合实际的。应当说，我们党过去在运用这个公式的时候，注意了度的问题，如提出要通过批评或者斗争达到新的团结；批评和斗争要适当，有理有利有节。但对它的适用范围问题，与其他统战原则的关系问题尚未作出明确的回答，往往出现批评斗争扩大化或完全放弃必要的批评和斗争的现象。正因为如此，对这个问题的研究和探讨就变得相当重要。今后随着实践的发展，我们会积累更多的经验，使调节统一战线的各项原则和方法进一步明确和完善起来。

关于"两个先锋队"问题的理论思考

2002 年 11 月，中国共产党第十六次全国代表大会对党章作了部分修改，其中一个重要内容是进一步阐述了党的性质，提出"中国共产党是中国工人阶级的先锋队，同时是中国人民和中华民族的先锋队"。为什么要做这样的修改，它的理论和实践根据是什么，具有什么价值和意义，成为必须回答的重要问题。

一、提出"两个先锋队"的根本依据

中国共产党作为中国工人阶级的先锋队，能够同时成为中国人民和中华民族的先锋队，从根本上说是由它所代表的工人阶级的社会地位和历史使命决定的。工人阶级是先进生产力的代表，是始终推动生产力发展的社会力量。它只有不断地解放和发展生产力，持续地推动社会的发展和进步，才能为自己的完全解放创造社会历史条件。工人阶级是最具有革命性的社会力量，自身解放的利益与全人类解放的利益完全一致。所以马克思主义认为，工人阶级代表了社会的前进方向和全人类解放的利益，是始终推动历史前进的最革命的阶级，工人阶级只有解放全人类才能最终解放自己。这样的阶级地位和历史使命决定了它同广大人民群众的解放利益是根本一致的。全人类的解放过程也就是工人阶级解放的过程，全人类解放的利益也就是工人阶级解放的利益。

共产党作为工人阶级的革命政党，又是工人阶级中最先进的部分，它在理论上最觉悟，真正意识到了工人阶级的社会地位和历史使命，并带领他们自觉地为实现自己的历史使命而奋斗；在行动上最坚决，不断推动社会主义运动的前进和发展，直到全人类解放的历史使命的最终实现。共产党作为工人阶级的革命政党，一切从工人阶级和全人类解放的利益出发，他们是工人阶级和全人类解放利益的真正代表者。共产党与工人阶级的关系，以及工人阶级与全人类解放的关系，决定了共产党是工人阶级的先锋队，同时也必然是实现人类解放事业的先锋队。

二、党史上关于"两个先锋队"的探索

马克思主义经典作家提出工人阶级只有解放全人类才能最终解放自己的科学原理，但并没有直接论述"两个先锋队"的问题。这是因为马克思恩格斯所处的是典型的资本主义社会，整个社会基本划分为两大阶级——工人阶级和资产阶级，工人阶级反对资产阶级的斗争，是从剥削制度下最终解放全人类的斗争，所以共产党作为工人阶级的先锋队自然就是人类解放事业的先锋队。从这个意义上可以说，共产党是工人阶级先锋队的提法，符

合当时资本主义国家的社会实际，符合这些国家共产党所担负的历史任务，关于共产党是人类解放事业的先锋队的思想，不言而喻地隐含在共产党是工人阶级先锋队的论断之中。

而中国是一个半殖民地半封建社会，社会的基本结构、发展水平以及党所担负的历史任务与资本主义国家有很大不同。中国共产党作为工人阶级的政党，不但要领导工人阶级从资产阶级的剥削压迫下解放出来，而且首先要领导中国人民从帝国主义和封建主义的剥削压迫下解放出来。在这种情况下鲜明地提出中国共产党是中国工人阶级的先锋队，同时也是中国人民和中华民族的先锋队，更有利于争取实现党对新民主主义革命的领导权，更有利于团结全国各族人民进行反对帝国主义、封建主义和官僚资本主义的斗争。

1935 年 12 月，瓦窑堡会议通过的《中共中央关于目前政治形势与党的任务决议》中，明确提出共产党不但是工人阶级利益的代表者，而且也是中国最大多数人民利益的代表者，是全民族的代表者。党的七大通过的党章在总纲中正式规定，我们党是中国工人阶级的先进的有组织的部队，是它的阶级组织的最高形式。它代表中华民族与中国人民的利益。刘少奇在他所作的关于修改党章的报告中，对于作为工人阶级先锋队的中国共产党为什么能够代表中华民族和中国人民的利益，从理论上作了深刻的阐述。他说："中国无产阶级的利益与中国人民的利益，在各个时期都是一致的。我们党现在所进行的反帝反封建的新民主主义革命，不仅只是中国工人阶级的利益，而且是中国农民阶级、小资产阶级和资产阶级的利益，中国共产党只有当它是站在全体人民的利益上，而不仅是站在本阶级当前部分的利益上，只有当它是组织与团结整个民族与全体人民，而不仅是组织与团结本阶级来进行奋斗，它才能胜利。无产阶级如果不能解放全体人民，它自己也就不能得到解放。""中国共产党在目前为实现独立、自由民主、统一与富强的新中国而奋斗，是代表中国工人阶级的利益，也是代表全体民族和全体人民的利益，在将来为实现社会主义与共产主义制度而奋斗，也同样是代表全体人民的利益，因为社会主义与共产主义的实现，即是全人类的最后解放。"①

中国共产党作为中国工人阶级先进的有组织的部队，代表了中国人民和中华民族利益的观点，直接奠定了党作为中国工人阶级的先锋队，也是中国人民和中华民族先锋队的理论基础。所以党在阐明这个观点的同时，曾提出过党是"中国人民的先锋队""全民族的先锋队"以及其他相似的论断。

1935 年 12 月的瓦窑堡会议决议指出："中国共产党是中国无产阶级的先锋队。他应该大量吸收先进的工人雇农入党，造成党内的工人骨干。同时中国共产党又是全民族的先锋队，因此一切愿意为着共产党的主张而奋斗的人，不问他们的阶级出身如何，都可以加入共产党。"②

1937 年 10 月，毛泽东在纪念鲁迅逝世周年大会上的讲话中说："我们现在需要造就一大批为民族解放而斗争到底的先锋队，要他们去领导群众，组织群众，来完成这历史的任务……我们共产党是无产阶级的先锋队，同时又是最彻底的民族解放的先锋

---

① 《刘少奇选集》上卷，人民出版社 1981 年版，第 331—332 页。

② 《中共中央文件选集》第 10 册，中共中央党校出版社 1991 年版，第 620 页。

队。我们要为完成这一任务而苦战到底。"①

刘少奇在党的七大上所作的关于修改党章的报告，在讲到党的群众路线问题时，也曾多次使用过党是"人民群众的先锋队""中国人民的先锋队""人民的先锋队"等概念，并且系统而深刻地论证了人民群众与其先锋队之间的关系。所有这些都说明，党的十六大所作的"两个先锋队"的表述，同毛泽东建党思想是一脉相承的，同党的历史传统是一脉相承的，是毛泽东建党思想在新形势下的继承和发展。

三、新的历史条件下的发展和贡献

党关于"两个先锋队"的思想是在新民主主义革命过程中提出的，而且主要是在抗日战争时期提出的。进入社会主义社会以后，我国社会结构和阶级关系发生了很大变化，由于生产资料所有制改造的基本完成，剥削阶级和剥削制度已经消灭，全国范围的阶级斗争已不存在，人民群众日益增长的物质文化需要同落后的社会生产之间的矛盾已成为社会的主要矛盾，发展生产力、实现现代化和争取祖国和平统一，成为全国人民的最大利益和共同任务。与此同时，党的地位和任务也发生了很大变化，由过去领导人民群众进行革命斗争、夺取政权的党，变为领导人民执掌政权、进行现代化建设的党。怎样把全国各族人民的积极性充分调动起来，把各种生产要素的作用充分发挥出来，努力形成全体人民各尽所能、各得其所而又和谐相处的局面，促进经济的可持续

① 《毛泽东文集》第二卷，人民出版社 1993 年版，第 42 页。

发展和社会的全面进步，最终实现全体人民共同富裕，已经成为党的最现实和最重要的历史任务。面对这种变化了的形势和任务，对党的性质和作用要不要作出某种新的表述，便成为新的历史条件下必须着手解决的问题。

关于这个问题，二十世纪五六十年代中国共产党和苏联共产党都曾进行过探索，彼此得出了完全相反的结论。中国共产党继续坚持党是工人阶级的先锋队，但对进入社会主义以后的阶级关系和党的任务作出了错误的判断，提出要把党建设成为"能够对阶级敌人进行战斗的先锋队组织"。这就严重地影响了党团结全国各族人民和调动各方面的积极性，进行社会主义现代化建设。"文化大革命"的发生，与这个问题没有解决好有很大的关系。苏联共产党看到了社会主义社会阶级关系所发生的重大变化，特别是看到了整个社会一致性的加强，提出苏联共产党已经"变成苏联人民的先锋队"，但却放弃了党是工人阶级先锋队的提法，这就极大地影响了他们在新的社会历史条件下保持和发扬党的先进性。后来东欧剧变和苏联解体的发生与苏联共产党长期没有解决好这个问题有很大关系。中国和苏联等社会主义国家先后遭受的挫折，使得如何解决社会主义条件下建设一个什么党和怎样建设党的问题，成为一个关系到党和社会主义兴衰成败的问题。

党的十一届三中全会以后，中国共产党进行了理论上的拨乱反正，在实践中初步解决了经济文化比较落后的国家如何建设社会主义的问题。在这个过程中，党中央对于在社会主义现代化建设条件下，应当建设一个什么样的党和怎样建设党的问题进行了长期的和系统的思考，根据社会主义时期我国社会结构所发生的根本变化，根据党的领导和执政地位对党的工作提出的新要求，重新明确党作为工人阶级的先锋队，同时是中国人民和中华民族的先锋队，并在党的十六大第一次把它写进了修改后的党章。不仅如此，党的十六大报告和党章还把"两个先锋队"与中国特色社会主义的领导核心和"三个代表"重要思想联系起来，全面界定了党的性质，用"三个代表"重要思想深刻地阐述了在二十一世纪新阶段我们党如何发挥"两个先锋队"的作用，回答了在新的社会历史条件下中国共产党发挥"两个先锋队"作用面临的一系列重大问题。这就为坚持和丰富"两个先锋队"的思想作出了新的贡献。

四、坚持了党的阶级性和先进性

党的十六大提出"两个先锋队"的论断以后，有人担心党的阶级性质会不会改变？这显然是由于不了解"两个先锋队"的内在关系而产生的误解。

党的十六大关于"两个先锋队"的提法，并没有改变党是工人阶级政党和工人阶级先锋队的性质，而是增加了党同时是中国人民和中华民族先锋队的内容，而党之所以能够成为中国人民和中华民族的先锋队，首先是由于它是工人阶级的政党和工人阶级的先锋队。所以这里不存在改变党的阶级性质的问题。

需要指出的是，在阶级还没有完全消灭的情况下，社会总是分成不同的阶级和阶层，代表它们利益的各种政党也总是阶级的党，对全体人民和整个民族利益的代表，总是通过一定阶级的政党来实现的。

例如，在资产阶级民主革命时期，资产阶级或者小资产阶级政党曾经代表和领导广大人民群众反对封建专制主义的统治。在外敌入侵的情况下，许多资产阶级或者小资产阶级政党，甚至包括某些封建地主阶级政党，也会代表人民和民族的利益，领导他们进行反对侵略者的正义斗争。但是工人阶级以外的其他阶级政党，由于其私有者阶级本性的局限，只有当人民和民族的利益与他们自己的阶级利益一致的时候，才能代表人民和民族的利益，而一旦人民和民族的利益与他们的阶级利益发生矛盾和冲突，他们就会为了维护阶级利益而牺牲民族和人民的利益。所以工人阶级以外的其他阶级，在代表人民和民族利益的时候，是有明显的阶级局限性的，他们只能在一定时期或一定限度内代表人民和民族的利益。

工人阶级的阶级地位和大公无私的本性决定了他们的利益与全体人民和整个民族的利益始终是一致的，而且工人阶级只有首先解放了其他阶级和全人类，才能最终实现自身的彻底解放，所以工人阶级及其革命政党在人类解放的各个历史时期，始终是人民利益和民族利益的最忠实的代表。

就以中国共产党来说，无论是在民主革命时期还是在社会主义革命和建设时期，无论是在掌握国家政权以前还是在掌握政权、处于执政地位之后，它都是中国人民和中华民族利益的代表，是为中国人民和中华民族解放事业英勇奋斗的先锋队。正因为如此，我们说党的十六大提出党是中国人民和中华民族的先锋队，不但不否认党是工人阶级的先锋队，而且是以党是工人阶级先锋队为前提的，党只有成为工人阶级的先锋队，才能同时成为中国人民和中华民族的先锋队。

"两个先锋队"的提法有利于扩大党的群众基础，有人便担心这样会不会降低党的水平，使党变成"全民党"？"两个先锋队"的提出确实有利于扩大党的群众基础。它意味着我们党不但要吸收工人阶级中的先进分子入党，而且要吸收其他社会阶层中的优秀分子入党。正如江泽民同志在庆祝中国共产党成立80周年大会上所说的："来自工人、农民、知识分子、军人、干部的党员是党的队伍最基本的组成部分和骨干力量，同时也应该把承认党的纲领和章程、自觉为党的路线和纲领而奋斗、经过长期考验符合党员条件的社会其他方面的优秀分子吸收到党内来，并通过党这个大熔炉不断提高广大党员的思想政治觉悟，从而不断增强我们党在全社会的影响力和凝聚力。"[1] 这就是说，我们党不是通过模糊党的阶级性质和降低党员标准来扩大党的群众基础，而是在坚持党的阶级性和先进性的前提下，通过吸收其他社会阶层的优秀分子入党并把他们提高到工人阶级先进分子水平的办法，来扩大党的群众基础，增强党在全社会的影响力和凝聚力。这里不存在改变党的性质和降低党员标准的问题。

"两个先锋队"的提出体现了党在政治上思想上的先进性与党的阶级基础和群众基础的广泛性的有机统一。它有利于防止和克服两种片面性。一种是为了强调党的普遍代表性和基础的广泛性而模糊甚至否定党的阶级性质，不敢或不愿承认党是工人阶级

---

[1] 江泽民：《论"三个代表"》，中央文献出版社2001年版，第169—170页。

的先锋队，甚至主张把党员标准降低到普通群众的水平，变成每个人只要自愿随时都可以加入的"全民党"。它会使党从根本上丧失自己的先进性和战斗力。另一种是看不到社会主义初级阶段我国社会关系和党的地位所发生的深刻变化，不承认工人阶级与其他社会阶层利益的根本一致性，不承认党能够而且必须代表其他社会阶层的利益，成为中国人民和中华民族的先锋队，尤其是反对党从其他社会阶层的优秀分子中吸收党员，担心这样做会改变党的阶级性和先进性。它不利于党在新形势下扩大社会基础和影响力。由于我们党在这个问题上坚持"两个先锋队"之间的辩证统一，坚持党的阶级性、先进性与社会基础的群众性、广泛性的辩证统一，同时注意防止两种片面的思想，因此党在明确自己是"两个先锋队"的时候，不会发生降低党的水平和党员标准的问题。

这里需要指出，党的十六大提出的"两个先锋队"与当年苏共二十二大提出的"全民党"有着原则的区别。苏共二十二大，为了强调党的全民性而模糊了党的阶级性。公开宣布："作为工人阶级政党产生的我们的马克思列宁主义的党，已经成为全体人民的党。"这次代表大会还修改了党的纲领，在新制定的党纲中规定："由于社会主义在苏联的胜利，由于苏维埃社会的一致的加强，工人阶级的共产党已经变成苏联人民的先锋队，成了全体人民的党。"苏共提出的"全民党"与我们党宣布中国共产党是中国人民和中华民族的先锋队，是有原则的区别的。

首先，我们是在坚持党的工人阶级性质和党是工人阶级先锋队的前提下，提出党同时是中国人民和中华民族的先锋队，而且认为党之所以能够成为中国人民和中华民族的先锋队，是因为它是工人阶级的政党和工人阶级的先锋队。苏共则是放弃了党的工人阶级性质和工人阶级先锋队的提法，认为党已经由工人阶级的先锋队转变为苏联人民的先锋队，由工人阶级的党转变成了全体人民的党。其次，我们党是把党的先进性与党的代表性统一起来，把增强党的阶级基础与扩大党的群众基础统一起来，认为党只有坚持工人阶级性质，成为工人阶级先锋队，才谈得上保持自己的先进性；党只有不断适应时代发展变化，始终保持自己的先进性，才能真正代表和实现好中国人民和中华民族的利益，才会有广泛的群众基础。正是根据党的先进性与代表性相统一的要求，江泽民同志提出"三个代表"重要思想，其核心在坚持党的先进性，本质在执政为民，关键在与时俱进。而苏共在强调党的代表性和群众基础扩大的同时，放弃了党的阶级性，淡化了党的先进性。这就使它逐步丢掉了作为工人阶级政党所特有的许多优点和长处，丧失了随着时代发展始终保持先进性的生机与活力，名为"全民党"却不能很好实现全体人民的利益，变得越来越脱离工人阶级和广大群众。

五、充分认识"两个先锋队"的意义

我们党在新的社会历史条件下，提出"两个先锋队"的意义主要表现在以下几个方面。

第一，有利于加强党的执政地位。新中国成立后，党成为领导人民掌握全国政权并长期执政的党。按照马克思主义国家理论，国家政权担负着双重任务：一方面，它具有阶级性，是阶级统治的工具；另一方面，它又是整个社会的代表，负责协调各阶级的关系，管理整个社会的公共事务。这就要求领导国家的执政党，在考虑和处理问题的时候不能只强调国家任务的一个方面，而必须同时兼顾它的两个方面，尽量把两个方面统一起来。如果国家的执政党，只是强调本阶级的利益，而不能协调好同其他阶级的关系，不能管理好社会的公共事务，不断促进社会的进步和发展，那么它的执政地位就要受到动摇。党的十六大关于"两个先锋队"的提法，正是体现了国家政权对执政党的要求，既坚持了党和国家的工人阶级性质，又强调了党是代表全国各族人民的利益，是中国人民和中华民族的先锋队。这将从两方面加强党的执政地位：一方面，它要求党不仅是一个工人阶级的党，而且是一个能够很好执掌国家政权的党，在考虑和处理各种问题时，不仅从工人阶级的利益出发，而且从全国人民和整个民族的利益出发，也就是从自己是一个执政的工人阶级政党的地位出发，自觉地按照执政党的要求进行党的建设，按照执政党的要求处理同其他社会阶层的关系，努力成为团结全国人民和整个中华民族的核心力量；另一方面，由于党宣布自己同时是中国人民和中华民族的先锋队，工人阶级以外的其他阶层的群众就更有理由把共产党看成是自己的党，把中国共产党执政的国家看成是自己的国家，从而大大增强全中国人民和全中华民族对中国共产党及其所领导的国家政权的向心力，巩固党的执政地位。

第二，有利于扩大党的群众基础。在过去的阶级社会和革命年代，共产党作为工人阶级的政党，虽然代表了全人类解放的利益，但由于存在阶级对立和民族压迫，党不可能将全社会的各个阶级都作为自己的群众基础。但是到了社会主义社会，情况发生了根本变化。由于阶级对立和民族压迫的消灭，工人阶级与其他社会阶层的关系达到了根本利益的一致，全国各族人民精诚团结，共同为社会主义现代化而奋斗，彼此不存在对抗性的矛盾和冲突。他们之间的矛盾也如工人阶级内部的矛盾一样能够在党和政府的领导下通过相互协调加以解决。这就为扩大党的群众基础创造了极为有利的条件。党的十六大提出党是工人阶级的先锋队同时是中国人民和中华民族的先锋队，正是根据我国社会主义初级阶段社会结构和阶级关系的深刻变化，在党的阶级基础和群众基础问题上作出的重大调整，它将大大增强党在全国各族人民中的凝聚力和影响力。

第三，有利于实现党的历史使命。党的十六大庄严宣布，坚定地站在时代潮流的前头，团结和带领全国人民，实现推进现代化建设、完成祖国统一、维护世界和平与促进共同发展这三大历史任务，在中国特色社会主义道路上实现中华民族的伟大复兴，是中国共产党的庄严使命。党在科学分析国内外形势基础上提出的这三大历史任务，不仅是我国工人阶级的根本利益所在，也是全国人民和整个中华民族的根本利益所在。实现这三大历史任务不仅要依靠工人阶级的力量，而且要依靠全中国人民和全中华民族的共同努力。"两个先锋队"的提出，使党在实现三大历史任务的伟大进程中，真正成为整个中国人民和中华民族根本利益的代表者和维护者，成为团结和领导他们实现根本利益的中流砥柱和坚强核心。这有利于团结和带领全国各族人民，万众一心地建设中国特色社会主义，有利于调动各个方面的积极性，实现中华民族的伟大复兴。

第四，"两个先锋队"的提出，在马克思主义政党发展史上，同样具有重要的意义。马克思主义政党最初是作为工人阶级的政党产生的，它在当时的任务是把广大工人团结成为一个阶级，并领导他们去进行阶级斗争和夺取政权。所以马克思主义政党在其发展的第一阶段，是领导工人阶级和人民群众进行阶级斗争和夺取政权的党。到了社会主义社会，工人阶级已经上升为整个社会的领导阶级，马克思主义政党也已经成为国家的执政党，它的任务是领导整个国家和民族为建设社会主义而奋斗，这个时候的共产党就不仅是工人阶级的先锋队，而且是全国人民和整个民族的领导核心。到了阶级完全消灭的共产主义社会，共产党失去了自己的阶级性质，变成了全民党。而共产党一旦变成了全民党，也就失去了存在的必要性。我们当前的社会主义社会，是由阶级社会到无阶级社会的过渡，共产党的性质同样具有这样的过渡性，既不能把它完全等同于阶级社会的共产党，只讲它的阶级性，只承认它是工人阶级的先锋队，又不能否定它的阶级性，只讲它是全体人民和整个民族的先锋队。在这种情况下，党的十六大重申了党的历史上曾经提出过的"两个先锋队"的论断，并赋予它新的时代含义，科学地回答了这个重大问题，这是对马克思主义政党理论的新发展，具有极其重要的理论和实践意义。

指导思想不能搞多元化

马克思主义是我们立党立国的根本指导思想，是社会主义意识形态的灵魂。随着社会主义市场经济的不断发展和对外开放的进一步扩大，我国社会经济成分、组织形式、就业方式、利益关系和分配方式日益多样化，人们的价值取向、思想观念、精神追求、思维方式也呈现出多元性、多样性、多变性的特点。党的十六届四中全会通过的《中共中央关于加强党的执政能力建设的决定》指出：必须坚持党在指导思想上的与时俱进，用发展着的马克思主义指导新的实践；坚持马克思主义在意识形态领域的指导地位，不断提高建设社会主义先进文化的能力。这里就有一个正确理解为什么必须坚持指导思想一元化，而绝不能搞指导思想多元化的问题。

我们党自成立以来，始终坚持以马克思主义作为自己的指导思想。这种一元化的选择，从根本上说，是由客观真理的一元性所决定的。众所周知，对于同一事物，人们的认识可以多种多样，但只有符合客观实际的认识才是真理性的认识。我们党对指导思想的选择，是以符合客观实际的真理性认识为根本要求的。实践证明，马克思主义反映了人类对自然、社会和思维发展规律的真理性认识。因此，我们只能选择这一科学理论作为自己认识世界和改造世界的理论武器。当然，由于人们对客观世界认识过程的无限性，马克思主义同样也具有相对真理的性质，将随着实践的发展而发展，随着人们认识的深化而深化。

坚持指导思想的一元化，与对科学真理的层次性选择密切相关。党和国家的指导思想是对整个党和国家发挥根本性指导作用的，而不是仅仅局限于某个具体的领域或部门。这种全局性和根本性的特征，决定了不是任何科学真理而只有对党和国家事业全局起根本指导作用的科学真理才能成为党和国家的指导思想。客观世界是一个多层次的复杂体系，反映客观规律的科学真理也是多层次的。人们在每个领域的实践活动毫无疑问应遵循这个领域的科学真理，但同时还要接受更高层次的科学真理的指导。在多层次的科学真理的复杂体系中，马克思主义是宏观领域的科学真理，是正确的世界观和方法论，能对人们的实践起到根本性的指导作用。当今世界，尽管可以找到无数反映客观实际的科学理论，但在地位和作用方面没有任何理论可以同马克思主义相比。正因为如此，我们只能选择马克思主义作为党和国家的指导思想。

坚持指导思想的一元化，与我们党和国家的性质密不可分。马克思主义既是科学的又是革命的，它依据对人类社会发展规律的科学认识，指明了无产阶级和全人类解放的方向与道路，为我们进行革命与建设提供了理论武器和行动指南。从中国革命、建设和改革的历程看，马克思主义是无数仁人志士经过长期求索而找到的唯一正确的救国救民的科学真理。中国共产党人运用这个科学真理，成功地解决了中国革命的问题，建立了新中国和社会主义制度；在社会主义建设和改革的过程中，中国共产党人又运用这个科学真理成功地解决了中国现代化建设的问题。实践充分证明，以马克思主义为指导，是唯一正确的选择。我们要不断推进中国特色社会主义事业，实现中华民族的伟大复兴，就必须始终坚持马克思主义的指导地位不动摇。

坚持指导思想的一元化，与思想内容和形式的多样性并不矛盾。我们所说的指导思想一元化，是指指导思想的本原只有一个，这就是马克思主义。然而，马克思主义作为科学的理论，必然要随着时代的发展而发展，必然要与各国的具体实践相结合，从而表现出多样化的理论形态。毛泽东思想、邓小平理论和"三个代表"重要思想就是中国化的马克思主义。马克思主义与各个领域具体的科学理论同样是相辅相成的。马克思主义为自然科学、哲学社会科学各领域的科学发展提供世界观、方法论的指导，而这些领域所取得的重大科学成就又有力地推动了马克思主义的发展，可见，思想的多样性与坚持马克思主义的指导地位也不矛盾，马克思主义提供的科学的态度和方法，不仅能使我们更善于思考，而且会使我的认识更科学、更符合实际。

正确处理"一"与"多"的辩证关系

　　随着我国改革开放和社会主义市场经济的发展，人们思想活动的独立性、选择性、多变性、差异性日益增强，社会思想空前活跃，出现了社会意识多样化的趋势。如何看待我国思想领域所发生的这种变化，正确处理指导思想一元化与社会意识多样化之间的辩证关系，是意识形态工作必须回答的一个重大问题。

　　党的十一届三中全会以来，伴随着改革开放的推进和社会主义市场经济的深入发展，我国社会经济成分、组织形式、就业方式、利益关系和分配方式日益多样化。我国社会生活所发生的这种变化，反映在人们的思想观念上，就出现了社会意识多样化的趋势。从这个意义上可以说，社会意识多样化是社会生活多样化在观念形态上的反映，是我国现代化在社会意识领域引起的重大变化。它具体表现在人们思想活动的独立性、选择性、多变性、差异性的增强上。人们思想活动的独立性增强，是指每个人作为思维的主体，自主地思考问题的能力增强，其结果是思维主体自立、自主、自强意识的提高；人们思想活动的选择性增强，是指人们思维取向上的主观取舍能力增强，这种主观选择的愿望和能力越强，就越是主张思想的开放性，并追求思想内容和形式的多样化；人们思想活动的多变性增强，是指人们思想观念变化的节奏加快，它与现代社会运动节奏和知识更新周期加快相适应，在很大程度上反映了人们思想的空前活跃程度；人们思想活动的差异性增强，是指人们思维的内容和方式的区别增加，这种区别越多越大，人们思想活动的成果就越是异彩纷呈。

社会意识多样化作为社会主义文化建设的积极成果，是我国思想文化领域日益繁荣的重要表现。随着人们思想活动独立性、选择性、多变性、差异性的不断增强，与改革开放和市场经济相适应的自立意识、民主意识、平等意识、自由意识、竞争意识、质量意识、效率意识、创新意识、法治意识等正在蓬勃发展起来；人们的思想意识不断获得新的解放，释放出前所未有的探索精神和创造活力，思想状态和精神风貌发生了巨大的变化；社会意识的内容和形式变得更加丰富多彩，社会出现了空前繁荣的景象。所有这些，对于繁荣中国特色社会主义文化，促进社会全面进步和人的全面发展，满足人民群众日益增长的精神需求，都将产生积极的影响。

社会意识多样化不排斥正确的思想导向，而且更加要求正确的思想导向。这是因为，社会意识多样化体现了我国思想文化领域的繁荣兴旺，也必然带来各种各样不容忽视的矛盾。例如，革命进步的思想与反动落后的思想的矛盾，正确科学的思想与偏颇谬误的思想的矛盾，积极健康的思想与消极腐朽的思想的矛盾，高尚文明的思想与低级庸俗的思想的矛盾，等等。对于思想领域的这些纷繁复杂的矛盾，我们不能采取不闻不问的态度，而应当进行必要的和妥善的引导。我们进行社会主义精神文明建设，就是要引导人们接受和发扬进步的科学的健康的高尚的思想，不断克服和战胜落后的错误的消极的腐朽的思想，不断推动精神文明的发展和人类社会的进步。党的十六大所提出的"大力发展先进文化，支持健康有益文化，努力改造落后文化，坚决抵制腐朽文化"，讲的就是发展中国特色社会主义文化的导向问题，其中首先指的就是思想导向问题。

坚持社会主义精神文明建设的思想导向，关键是坚持以马克思主义为指导。马克思主义是关于自然、社会和人类思维一般规律的科学，是争取无产阶级和全人类解放的理论武器。它能为我们认识世界和改造世界、建设中国特色社会主义提供正确的世界观和方法论。有了马克思主义的指导，我们对外部世界的认识就会变得比较自觉，减少甚至避免认识上的错误和偏差。以马克思主义为指导，正是为了自觉运用这种科学的世界观和方法论，不断地认识世界和探索科学真理。

为了探索新的真理，我们不仅需要以原有的科学真理作为前进的基础和探索的武器，而且必须贯彻"百花齐放、百家争鸣"的方针（简称"双百"方针）。因为在需要探索的未被认识的领域，人们对于哪些是科学真理，哪些不是科学真理，尚无明确和一致的认识，只有在不同学派和不同理论观点的争鸣中通过摆事实、讲道理和不同思想观点的交锋，才可以使真理越辩越明，并为越来越多的人所接受。所以，原有的科学真理是我们探索新的科学真理的基础和武器，"双百"方针是我们探索新的科学真理的途径和方法。以马克思主义为指导，是要我们遵循科学真理，按照客观规律办事；"双百"方针是鼓励人们勇敢地和自由地探求客观真理。这二者是统一的和缺一不可的，我们绝不能因为强调以马克思主义为指导而否定"双百"方针，也不能因为强调"双百"方针而否定马克思主义的指导作用。同样道理，我们不能用坚持以马克思主义为指导排斥社会意识的多样化，也不能以社会意识的多样化反对坚持以马克思主义为指导，为使精神生活变得更加充实和生动活泼，意识形态领域必须坚定不移地坚持二者之间的辩证统一。

贯穿中国特色社会主义全过程的历史任务

党的十六届六中全会提出的"构建社会主义和谐社会是贯穿中国特色社会主义事业全过程的长期历史任务"的重要论断，明确地规定了构建社会主义和谐社会在中国特色社会主义事业总体布局中的战略地位，突出强调了实现这项任务的重要性、长期性和艰巨性，对于我们构建社会主义和谐社会在理论上和实践上都具有重要的指导意义。

一、社会和谐是中国特色社会主义的本质属性

我们党把构建社会主义和谐社会作为贯穿中国特色社会主义事业全过程的长期的历史任务，是根据社会和谐是中国特色社会主义的本质属性所得出的科学结论。这就必须首先搞清楚为什么社会和谐是中国特色社会主义的本质属性。

第一，社会和谐反映了中国特色社会主义在社会发展方面的内在优势。中国特色社会主义的根本任务是发展生产力，而要发

展生产力就必须通过改革来不断地调整生产关系和上层建筑，使其与生产力发展要求保持相适应的状态，实现生产力、生产关系、上层建筑的协调发展，经济、政治、文化的和谐推进。正因为如此，邓小平同志把能够解放和发展生产力作为社会主义本质的首要部分，而社会主义之所以能解放和发展生产力，就在于它有可能使生产关系、上层建筑达到与生产力相适应的状态，使整个社会经济、政治、文化实现协调发展。这说明社会和谐在社会发展方面体现了中国特色社会主义的本质属性和内在优势。

第二，社会和谐反映了中国特色社会主义在社会关系方面的本质特征。中国特色社会主义是在消灭了剥削阶级和剥削制度的基础上建立起来的，人与人之间的社会关系同旧社会相比发生了根本性的变化。由于消灭了阶级剥削和阶级压迫，这种关系已经不再具有阶级对抗和阶级斗争的性质，从而消除了产生各种社会冲突的主要根源。广大人民群众根本利益的一致性，使他们有可能建立起与阶级社会根本不同的社会关系，这种新型的社会关系就是和谐的社会关系。党的十六大把这种关系明确地表述为"全体人民各尽所能、各得其所而又和谐相处"。在消灭人与人的阶级对立、实现人与人关系和谐的同时，我们还要根本改变人与自然界的对立、实现人与自然的和谐相处，建立新型的人与自然的关系。

第三，社会和谐反映了中国特色社会主义在价值取向方面的根本要求。社会主义社会的根本价值取向与旧社会是不同的。在以私有制为基础的阶级社会，由于阶级剥削和阶级压迫的普遍存在，一部分人的幸福是建立在另一部分人痛苦的基础上，一部分人的自由和发展是以牺牲另一部分人的自由和发展为代价的。社会以自私自利、损人利己为人们的根本价值取向。而在社会主义社会，随着阶级剥削和阶级压迫制度的消灭，人们的相互关系发生了根本的变化，个人的自由不但不以剥削、压迫他人为条件，反而有利于他人的自由和发展，人们彼此间相互促进、友好相处。这种和谐的社会关系所体现出的价值取向，与科学社会主义的最高价值取向是完全一致的。

中国特色社会主义的最终目标是实现共产主义。对于什么是共产主义，马克思和恩格斯在《共产党宣言》中曾作过精辟的表述，他们说："代替那存在着阶级和阶级对立的资产阶级旧社会的，将是这样一个联合体，在那里，每个人的自由发展是一切人的自由发展的条件。"① 后来在 1894 年当有人请求恩格斯用简短的话来表达未来的社会主义纪元的基本思想时，他认为再也找不出比《共产党宣言》中的这段话更合适的了。从科学社会主义经典作家的论述中可以看出，实现人的全面自由发展，是科学社会主义的最高价值取向，也是共产主义社会最本质的特征。而人的自由全面发展的标志是，每个人的自由发展是一切人的自由发展的条件。这恰恰就是人与人和谐相处的最高境界，是社会关系和谐的最高境界。当前我国还处在社会主义初级阶段，由于整个社会发展各方面条件的限制，还不可能做到每个人的自由发展是一切人的自由发展的条件，要实现科学社会主义的这个最高价值理想还有漫长的路程要走，但这绝不是说可以不为实现这个伟大的目

① 《马克思恩格斯选集》第一卷，人民出版社 1995 年版，第 294 页。

标而奋斗。我们要通过中国特色社会主义建设，促进人的全面发展，争取人的自由和解放，其中的一个重要方面，就是通过社会主义和谐社会建设，正确处理和化解各种社会矛盾，不断提高社会的公平正义水平，促进人与人之间的和睦友好关系。而且随着社会主义和谐社会建设的推进和中国特色社会主义建设的发展，不但使人的发展与社会发展有机统一、相互促进，而且使人的发展本身也相互和谐、相互促进，让人们越来越从相互关系的和谐中获得自由和发展，让个人的自由和发展越来越有利于其他人的自由和发展，把科学社会主义的基本价值取向愈来愈充分地体现出来。

第四，社会和谐反映了中国特色社会主义所代表的人类社会的发展趋势。在人类发展的历史长河中，社会主义处于从阶级社会走向无阶级社会的历史阶段，国家的权力在这个过程中将逐步地向社会回归，社会的重要性及其功能作用会不断地得到加强。这具体地表现为两个大的历史趋势：一是国家权力自身结构的变化。国家是人类进入阶级社会以后从社会中产生出来的。国家从诞生的时候起就具有双重的职能：一个是作为阶级统治工具的政治职能，另一个是进行公共管理的社会职能。进入社会主义社会以后，随着阶级对抗和阶级斗争的消失，国家机器将越来越失去其政治性质，而更多地发挥其公共管理的职能。国家的管理越来越显示出社会管理和公共服务的特点。二是国家权力向社会组织转移。随着社会经济、政治、文化的发展，人们的独立性和自主性大大增强，文化水平、管理能力普遍提高，必然要求自己管理和处理自己的事务。适应社会发展的这种历史趋势，国家把愈来愈多的社会管理职能交给社会组织，由群众自己管理自己的事务，解决各种各样的社会问题。在这两种趋势的作用下，社会日益发展和成熟起来，社会组织发挥着越来越重要的作用，人民群众的社会自治、自我管理和自我服务在社会管理中占据日益重要的地位。而社会管理和社会自治与国家政治统治和行政管理的一个最大区别，是政府管理直接以国家的强制力量作为后盾，而人民群众自我进行的社会管理、社会自治、社会服务则完全是他们之间平等的和自愿的行为，当然这些活动也必须在政府的指导下依法进行。人民群众自我管理、自我服务要求人们之间建立独立自主、互相尊重、彼此服务、平等互惠的和谐关系。社会主义社会越是向前发展，社会管理和社会自治变得越重要，社会和谐这个社会主义的本质属性将愈加充分地显现出来，成为社会关系的基本形式，并为共产主义社会国家职能的完全消亡和取而代之的自由人联合体的出现准备条件。

二、社会和谐是中国特色社会主义的重要目标

社会和谐既然是中国特色社会主义的本质属性，那么我们在建设中国特色社会主义时期，当然应当把社会和谐作为重要的内容和任务，把它确定为中国特色社会主义的重要奋斗目标。但是在党的十一届三中全会以前，由于实行的是高度集中的计划经济体制，国家行政权力无限膨胀，包揽了本应属于社会和企业的许多职能，国家与社会的关系在很大程度上是颠倒的，社会的职能处于极度萎缩的状态，就连社会学这门科学也无立足之地，被宣

布为资产阶级伪科学。与此同时，整个国家以阶级斗争为纲，开展了一场又一场的政治运动，直到持续十年之久的"文化大革命"，"和为贵"是被作为封建主义哲学加以批判的。在这种情况下，完全不可能把社会和谐视作社会主义的本质属性，当然也不可能把它作为社会主义建设的重要目标和任务。对这个问题的研究和探索是从党的十一届三中全会以后才开始的。

在党的十一届三中全会以前，我们把社会主义建设主要理解为经济建设，并根据这种理解提出了四个现代化的奋斗目标。党的十一届三中全会以后，我们在开始时也沿袭了这种观点，以四个现代化作为我们的奋斗目标。应当说，把社会主义建设理解为主要是经济建设，把我国的现代化建设主要理解为四化建设无疑是正确的，也是我们今后应当长期加以坚持的。但把我国的社会主义建设局限于经济建设，把我们的现代化目标局限于四个现代化，显然是有重大缺陷的。此后不久党中央就发现了这个问题，提出没有民主就没有社会主义，就没有社会主义现代化，民主既是社会主义建设的重要目的，也是社会主义建设的重要保证；接着又提出，我们在进行物质文明建设的同时必须进行社会主义精神文明建设，并强调社会主义精神文明是社会主义的一个本质特征。这就把民主政治和精神文明提高到社会主义本质属性和奋斗目标的历史高度，把民主政治建设和精神文明建设提高到关系社会主义现代化建设全局的战略地位。在党的十一届六中全会决议和党的十二大文献中都反映了这些新的认识成果，把我国现阶段的奋斗目标确定为"逐步实现工业、农业、国防和科学技术现代化，把我国建设成为高度文明、高度民主的社会主义国家"。我们可以称此为"老三位一体"的目标。这个"老三位一体"的目标体现了我们在对社会主义现代化建设目标的全面认识成果，但也存在着明显的缺陷。因为我国实现四个现代化的时间表是定在 2050 年，这个时候要达到高度民主和高度文明显然是不可能的。随着社会主义初级阶段理论的提出，我们对我国现阶段的奋斗目标进行了重要修正，提出要在 2050 年把我国建设成为"富强、民主、文明的社会主义现代化国家"。这个奋斗目标在党的十三大提出的党在社会主义初级阶段的基本路线中进行了经典的表述。

这个时候人们觉得我们对我国社会主义初级阶段奋斗目标的表述已经达到了完善的地步，然而实践的发展又出现了新情况和新问题，要求我们对原来确定的奋斗目标进行必要的完善和补充。1992 年，党的十四大把建立社会主义市场经济正式确定为我国经济体制改革的目标和任务，到 20 世纪末 21 世纪初，我国的社会主义市场经济已经初步形成。由于社会主义市场经济的发展和现代化建设的持续推进，我国的社会问题变得越来越突出了。第一，农村实行联产承包责任制以后，亿万农民在城镇化的过程中从农村流入城市，由农村的集体农民变成了城市中的社会居民；在改革开放中我国的社会结构发生了重大变化，出现了私营企业主、个体工商户等新社会阶层，形成了日益壮大的新兴的社会居民；在市场经济条件下，城市居民与自己所在行政和企事业单位的联系也发生了变化，由单位人变成了社区人或者变为半单位人半社区人。诸如此类的变化使居民身份日益向社会回归，自主自立意识不断增强。第二，随着社会主义市场经济的发展，各种社会组织发展起来并且发挥着越来越大的作用，这些组织主要有农村中的村民组织和城市中的社区组织，以及各种社会中介机构、商会和行业协会、民间科研机构和学术团体等。由于这些社会组织的出现和发展，社会管理、社会自治在我国变得越来越重要。第三，各种社会矛盾和社会问题凸显出来。其中较为突出的是城乡之间、地区之间发展不平衡，居民收入差距过大，部分城镇工人下岗失业，社会保障体系还不健全，腐败现象持续蔓延等。这些社会矛盾严重影响了社会的稳定和发展。以上这些变化使我们党越来越认识到加强社会管理、化解社会矛盾、促进社会和谐的重要性，认识到社会和谐问题和经济、政治、文化一样，是我国现代化建设的全局问题。于是社会和谐开始作为与经济、政治、文化同等重要的战略问题被提出来了。党的十六大报告第一次提出了社会和谐的概念，并把"社会更加和谐"与经济更加发展、民主更加健全、科教更加进步、文化更加繁荣、人民生活更加殷实一起，列为全面建设小康社会的一个重要目标。党的十六届四中全会进一步提出了社会主义和谐社会的概念，明确了构建社会主义和谐社会的主要内容，并把提高构建社会主义和谐社会的能力作为党的执政能力建设的主要方面之一。后来胡锦涛同志在省部级主要领导干部提高构建社会主义和谐社会能力专题研讨班上的讲话，对于什么是社会主义和谐社会和怎样构建社会主义和谐社会从理论上作了系统的阐述，明确提出"随着我国经济社会的不断发展，中国特色社会主义事业的总体布局，更加明确地由社会主义经济建设、政治建设、文化建设三位一体，发展为社会主义经济建设、政治建设、文化建设、社会建设四位一体"①。党的十六届六中全会决议进一步提出要"建设富强民主文明和谐的社会主义现代化国家"。这就十分明确地把社会和谐作为中国特色社会主义的建设的重要目标提出来了，是对党的基本路线所提的建设"富强、民主、文明的社会主义现代化国家"的重大发展。

三、实现社会和谐是一个分步骤持续推进的长期历史过程

从上述分析中可以看出，构建社会主义和谐社会既是从我国社会发展的实际提出的现实任务，又是从社会主义本质出发提出的长远奋斗目标，而把现实与目标连接起来的是贯穿于中国特色社会主义建设始终的长期历史过程。我们必须从目标与现实的统一上把握社会主义和谐社会建设，立足现实，着眼长远，量力而行，尽力而为，分阶段地持续推进，才能达到社会和谐的目标和任务。实现社会和谐的长期性是由以下因素决定的：

第一，我国社会存在的许多社会不和谐问题是历史上长期形成的，要改变这种状况需要做长期的坚持不懈的努力。例如，我国存在的城乡之间、地区之间发展水平的重大差异是由旧中国遗留下来的，计划经济时期又从体制上强化了城乡之间的二元结构。改革开放以后为了加快发展，我们又实行了向有条件首先发展起来的城市和东部地区倾斜的政策。在这种情况下我国的农村

---

① 《构建社会主义和谐社会的伟大纲领》，人民日报出版社 2006 年 10 月版，第 37 页。

和西部地区虽然在新中国成立后有了很大的发展，但与城市的差距却明显地扩大了。要改变千百年历史所造成的城乡之间、地区之间在发展和收入上的严重不平衡，绝不是短时期内所能做到的。我们只能通过社会主义建设扭转差距进一步扩大的趋势，并在此基础上逐步缩小这些差距，彻底解决这个问题是中国特色社会主义建设全过程的任务。

第二，社会主义社会同其他社会一样，总是在矛盾中发展进步的。当前我国社会存在的许多社会矛盾通过我们的努力解决了，又会产生新的矛盾和问题，需要我们继续加以解决。所以构建社会主义和谐社会是一个不断化解社会矛盾的持续过程。在建设中国特色社会主义的整个过程中，我们将不断地面临新的社会矛盾和新的不和谐因素，必须坚持不懈地为构建和谐社会而努力，才能逐步实现构建社会主义和谐社会的目标和任务。现在我国正处在改革和发展的关键时期，工业化和现代化加速向前推进，属于社会矛盾的多发期，必须十分重视对社会矛盾的处理。党的十六届六中全会提出的到 2020 年构建社会主义和谐社会的目标和主要任务，就是针对这些社会矛盾和问题提出来的，我们必须首先完成这样的目标和任务，把我国的社会和谐提升到一个新的水平。但是我们必须清醒地认识到，这只是我国构建社会主义和谐社会的阶段性的目标和任务。在此以后我们将根据社会的发展变化，从当时社会所面临的矛盾和问题出发，提出下一阶段构建社会主义和谐社会的目标和任务，努力把我国的和谐社会建设提升到更高的境界。正因为如此，党的十六届六中全会决议要求全党和全国人民充分认识构建社会主义和谐社会的长期性和艰巨性，"要始终保持清醒头脑，居安思危，深刻认识我国发展的阶段性特征，科学分析影响社会和谐的矛盾和问题及其产生的原因，更加积极主动地正视矛盾、化解矛盾，最大限度地减少不和谐因素，不断促进社会和谐"。

第三，构建社会主义和谐社会是一项十分艰巨而复杂的任务，需要我们坚持解放思想、实事求是、与时俱进，一切从实际出发，长期不断地去积累经验和探索规律。同经济建设、政治建设、文化建设相比，我国自觉地进行社会建设才刚刚开始，缺乏这方面的实际经验，而社会建设的困难程度和复杂程度，绝不亚于经济、政治、文化建设，在某些方面甚至是有过之而无不及。从复杂性来讲，它不仅涉及与经济、政治、文化并列的小"社会"和谐，而且包括经济、政治、文化、社会之间的社会大和谐，不仅包括政党之间、阶层之间、民族之间、宗教之间、海内外同胞之间人与人关系的和谐，还包括人的发展与社会发展的和谐、人与自然之间的和谐等，是一个涉及领域极其广阔的多层次、多视角的系统工程。从艰巨性上来讲，在构建社会主义和谐社会的过程中，如何正确处理经济发展与社会和谐的关系、公平正义与充满活力的关系、均衡发展与非均衡发展的关系，社会的团结一致与多样性的关系，政府管理、企业管理与社会管理的关系，坚持马克思主义指导与社会思想多样化的关系，实现国内和谐与促进世界和谐的关系，等等，都需要我们在长期实践中不断地总结经验和进行理论探索才能正确地加以把握。如何使我们的社会和谐是一种以发展为基础的动态和谐，而不是与发展相脱节的静态和谐；是充满生机与活力的辩证的和谐，而不是否认或掩盖矛盾与问题的表面和谐；是一种立足于制度和文化建设的长远和谐，而不是缺乏稳固根基的暂时和谐；是一种相互包容、合作共赢的开放式的和谐，而不是封闭保守的和谐；等等。也需要我们以马克思主义为指导，在实践中不断总结经验和进行理论探索。再加上构建社会主义和谐社会是一个不断打破平衡和建立新的平衡的持续不断的动态过程，是一个需要准确把握"量"和"度"的高超技术的事情，这就更增加了对规律探索的难度。

总之，我们现在正在从事一项伟大而艰难的事业，我们党要胜任这样重大的历史使命，必须积极探索建设和谐社会的规律，不断提高构建和谐社会的能力。这将是一个长期的持续不断的过程，是贯穿于中国特色社会主义始终的任务。

毫不动摇地坚持社会主义发展方向

近现代中国面临着争取民族独立、人民解放与实现国家繁荣富强和人民共同富裕两大历史任务。从 19 世纪中叶到 20 世纪中叶，中国人民经过百年浴血奋斗实现了民族独立和人民解放，当前正在继续努力奋斗，建设繁荣昌盛的社会主义现代化国家。中国人民能够胜利实现第一个百年梦想，并且正在成功实现第二个百年梦想，其中最根本的是选择和坚持了社会主义的发展方向。我们必须沿着这个被历史证明的正确方向继续前进，在中国特色社会主义旗帜下实现中华民族的伟大复兴，决不能离开社会主义去搞资本主义和民主社会主义。

社会主义是救国救民的必由之路

1840 年鸦片战争以后，由于西方列强的侵略和封建统治的腐朽，中国逐步沦为半殖民地半封建社会，国家积贫积弱，生灵涂炭。为了实现中华民族的伟大复兴，无数仁人志士，奋起寻求救国救民的真理和振兴中华的道路。在当时的历史条件下，他们不约而同地把目光投向资本主义国家。以李鸿章、张之洞为代表的洋务派，企图通过学习西方国家的生产技术使中国富国强兵，这种主张由于不改变腐朽没落的封建制度，甚至是为了挽救腐朽没落的封建制度，被证明是根本不可能改变中国面貌的。接着是以康有为、梁启超为代表的维新派，企图通过发动维新变法运动，学习资本主义制度，结果由于以慈禧太后为代表的顽固派的反对而遭失败，证明维新道路在中国根本走不通。后来，孙中山领导的辛亥革命，推翻了满清政府的封建主义统治，但革命成果很快被袁世凯篡夺，接着出现的是军阀割据和相互混战，当时模仿西方国家的多党竞争和议会选举，也变成了一幕幕滑稽的政治闹剧。以孙中山为代表的旧民主主义者，通过资产阶级革命使中国独立富强的尝试遭到了严重挫折，不得不联俄联共进行新的革命，结果由于蒋介石叛变革命，轰轰烈烈的北伐战争惨遭失败，建立起来的是代表官僚资产阶级的国民党蒋介石政权，企图通过走资本主义道路来救国救民的道路，同样被历史证明是行不通的。

为什么资本主义不能救中国？首先，依靠外国资本主义不可能救中国。资本主义国家对中国人民的侵略和奴役，把中国变成了半殖民地半封建社会，他们是中国人民面临亡国灭种危险的罪魁祸首，是陷中国人民于水深火热的首要敌人。帝国主义列强侵略中国的目的，就是要把中国变成自己的殖民地，就是要剥削压迫中国人民，是绝不会让中国独立自主的，也是决不会让中国人民获得解放的。尤其是到了 19 世纪末 20 世纪初，西方自由资本主义发展到了帝国主义阶段，这时世界的殖民地已被瓜分完毕，为了重新瓜分殖民地，他们不惜彼此兵戎相见，先后发动两次世界大战，怎么会容忍中国这个"地大物博、人口众多"的半殖民地国家，成为一个独立自主的强大国家呢，怎么会放弃对中国人民的残酷剥削和压迫呢？所以，要想依靠资本主义来救中国好比与虎谋皮，根本是不可能的。

其次，依靠中国的资本主义也不能救中国。在帝国主义侵略中国以后，中国的资本主义有了一定的发展，但却具有浓厚的殖民地半殖民地色彩。中国的大资产阶级是在帝国主义的支持下发展起来的，与帝国主义、封建主义有着千丝万缕的联系，是帝国主义在中国的代理人，被称为官僚买办资本主义。他们与帝国主义的利益是根本一致的，帝国主义正是通过他们垄断中国经济和掌握中国政权、残酷剥削和压迫中国人民的，官僚买办资本主义越发展，国家与民族的苦难越深重，所以根本不可能依靠发展官僚买办资本主义来救中国。中国资本主义的另外一部分是民族资本主义，它是在帝国主义和买办资本主义的压迫下生存和发展的，不仅发展缓慢而且力量弱小，是一个生性软弱的阶级，经常动摇于帝国主义、封建主义、官僚资本主义与广大人民群众之间，缺乏革命的坚定性，依靠他们也不可能推翻帝国主义、封建主义在中国的统治，实现救国救民的目的。

就在帝国主义列强开始侵略中国的时候，马克思主义在欧洲大地上诞生了。马克思主义作为无产阶级运动的理论，坚决反对帝国主义和殖民主义，主张消灭人对人的剥削和压迫，实现无产阶级和全人类的彻底解放。马克思主义不仅为无产阶级提供了争取自由和解放的理论武器，也为被压迫民族和被压迫人民提供了争取自由和解放的理论武器。但是马克思主义长期是在西方国家的范围内传播的，直到 19 世纪末 20 世纪初才传入中国，当时并未引起人们的广泛注意。直到俄国十月革命一声炮响，给我们送来了马克思主义，马克思主义才在中国迅速传播开来。苦苦探索救国救民真理的先进知识分子从苏维埃俄国看到了中国的未来和希望。马克思主义通过中国先进知识分子与工人运动的结合，产生了中国共产党。以毛泽东同志为主要代表的中国共产党人，运用马克思主义分析研究中国革命的实际，提出中国革命分为上下两篇，上篇是新民主主义革命，下篇是社会主义革命，新民主主义革命是社会主义的必要准备，社会主义革命是新民主主义革命的必然趋势，从而形成经过新民主主义革命走向社会主义的革命战略，领导中国人民推翻了帝国主义、封建主义、官僚资本主义的统治，建立了人民当家作主的新中国；接着又领导全国人民进行社会主义改造，建立了社会主义基本制度。新中国的成立，标志着中国人民从此站起来了，不再受帝国主义的侵略和欺侮；社会主义经济、政治制度的建立，标志着中国人民从此当家作主，成为国家和自己命运的主人。正是根据铁一般的历史事实，人们得出了只有社会主义才能救中国的历史结论。

只有中国特色社会主义才能发展中国

新中国的成立和社会主义制度的确立，为发展中国提供了根本的政治前提和制度基础，而真正要使中国发展起来，还必须探寻一条符合中国实际的社会主义发展道路。新中国成立后，我们坚持社会主义的发展方向，但由于缺乏建设社会主义的经验，基本上照搬了苏联的社会主义模式。1956年，苏共二十大会议上赫鲁晓夫作了《关于个人崇拜及其后果》的"秘密报告"，对斯大林进行了全面批判和否定以后，我们意识到苏联社会主义存在着问题，明确提出要以苏为鉴、探索中国社会主义建设道路并且取得了重要成果。关于正确处理人民内部矛盾的理论、调动一切积极因素建设社会主义的思想、对社会主义社会基本矛盾的判断、以经济建设为中心任务的确定，以及统筹兼顾方针的提出等，都是在这个时期的探索中形成的。然而，由于对国内外形势判断失误等原因，这个时期的探索发生了严重的曲折，出现了大跃进和十年"文化大革命"等重大失误。应当说，这个时期中国共产党已经意识到，要发展中国照搬苏联模式是不行的，必须自主探索中国社会主义建设道路。

党的十一届三中全会以后，我们党在深刻总结历史经验的基础上，明确提出"把马克思主义的普遍真理同我国的具体实际相结合，走自己的道路，建设有中国特色的社会主义"。为了开创中国特色社会主义道路，首先深化对社会主义的认识，真正弄清楚什么是社会主义，什么不是社会主义；提出了社会主义的本质是解放生产力，发展生产力，消灭剥削，消除两极分化，最终达到共同富裕；明确贫穷和绝对平均主义等不是社会主义，从而把人们对社会主义的认识提高到新的科学水平。与此同时，强调既要坚持科学社会主义的基本原理，又要从中国实际出发，赋予其以鲜明的中国特色，系统地回答在中国建设社会主义的一系列重大问题，其中包括建设中国特色社会主义的思想路线、发展道路、发展阶段和发展战略、根本任务、发展动力、依靠力量、国际战略、领导力量和根本目的等，开创了以党的基本路线为核心内容的中国特色社会主义道路，创立了以邓小平理论为基础的中国特色社会主义理论。

党的十一届三中全会以来的四十多年，我们高举中国特色社会主义伟大旗帜，在实践上始终坚持和不断发展中国特色社会主义道路，在理论上始终坚持和发展中国特色社会主义理论体系，中国的发展取得了举世瞩目的辉煌成就。从 1978 年到 2008 年，我国国内生产总值由 3645 亿元增长到 300670 亿元，主要农产品和工业品产量及外汇储备跃居世界第一；进出口总额从 206 亿美元提高到 25616 亿美元，已经成为世界第三贸易大国；城镇居民全年人均可支配收入由 343 元增加到 15781 元，农村居民全年人均纯收入由 134 元增加到 4761 元，人民生活已经摆脱贫困、解决温饱，达到了总体小康水平。

在谈到只有中国特色社会主义才能发展中国时，必须同时认识只有改革开放才能发展中国特色社会主义。改革开放是我国的第二次革命，是新时期最鲜明的特点。它之所以成为我们的强国之路，是因为通过社会主义改革，我们打破了束缚生产力发展的旧体制，初步建立起了适应生产力发展的新体制，既解放和发展了生产力，又完善和发展了社会主义制度，使我国的社会主义充满了生机与活力，人民的积极性和创造力得到了前所未有的发挥，从而形成了强大的发展动力，推动我国的经济社会迅速而持续地向前发展。通过对外开放，我们实现了从封闭半封闭到全方位开放的伟大历史转折，充分利用国际国内两个市场、两种资源建设社会主义，从而把我国的发展融入人类文明的发展大道，吸收全人类的文明成果来发展社会主义，这就大大加快了我国的发展步伐。正因为如此，党的十七大作出了只有改革开放才能发展中国、发展社会主义、发展马克思主义的科学结论，并且总结出了30年改革开放的十条宝贵经验。这十条经验勾画出了通过改革开放坚持和发展中国特色社会主义的必由之路，具有长期的和根本性的价值，我们必须倍加珍惜。

坚定不移地走中国特色社会主义发展道路

在我们沿着中国特色社会主义发展道路胜利前进时，经常遇到来自资本主义和民主社会主义的挑战，企图动摇人们坚持和发展中国特色社会主义的信心。这就要求我们不仅要明确为什么只有中国特色社会主义才能发展中国，而且要弄清楚中国为什么不能搞资本主义和民主社会主义。

首先，资本主义发展道路已经被历史证明在中国是走不通的。辛亥革命以后的中国实际已经证明，资本主义不仅救不了中国，也发展不了中国。只有在新中国成立以后，尤其是走上了中国特色社会主义道路以后，中国才真正地发展起来了。正是针对这种情况，邓小平同志说，中国如果不搞社会主义，而走资本主义道路，中国的混乱状态就不能结束，贫困落后的状态就不能改变。其次，在中国这样一个贫穷落后的大国搞现代化，如果采取资本主义的方法，必然产生贫富两极分化，虽然极少数人富裕起来了，却解决不了绝大多数人的发展问题。邓小平同志曾经多次谈到过这个观点。他说过，一旦中国全盘西化，搞资本主义，四个现代化肯定实现不了。中国要解决十亿人的贫困问题，十亿人的发展问题。如果搞资本主义，可能有少数人富裕起来，但大量的人会长期处于贫困状态，中国就会发生闹革命的问题。中国搞现代化，只能靠社会主义，不能靠资本主义。最后，我们还要看到，过去我们在搞社会主义的时候，照搬苏联经验和外国模式尚不能取得成功，如果搞全盘西化，把资本主义和民主社会主义移植到中国来，肯定是脱离中国实际、不会取得成功的。我们既不能搞对社会主义的教条主义，更不能搞对资本主义和民主社会主义的教条主义。唯一正确的道路是从我国社会主义初级阶段的实际国情出发，把马克思主义基本原理与中国实际结合起来，走中国特色社会主义的发展道路。

我国的发展不能走资本主义和民主社会主义道路，并不等于不能吸收和利用资本主义和民主社会主义的某些有益成果。社会主义是从资本主义发展而来的，当前彼此又同处于一个世界，我们只有善于吸收和利用资本主义和民主社会主义创造的有益成果，才能为建设和发展社会主义提供必要的参考和借鉴，才能更好地实现中国特色社会主义的目标和任务。我们一定要吸取"与资本主义对着干"和"宁要社会主义的草，不要资本主义的苗"的教训，对资本主义的文明成果采取开放的态度，与资本主义国家既合作又竞争。同时，必须明确，继承和利用资本主义文明成果建设社会主义，同放弃社会主义去搞资本主义和民主社会主义是根本不同的，既不能因为反对走资本主义道路而拒绝利用资本主义的文明成果，也不能因为要利用资本主义的文明成果而否定社会主义与资本主义道路的根本不同。我们要在坚持中国特色社会主义发展道路的前提下，积极地利用人类文明的一切有益成果。

坚定对中国特色社会主义的信念

党在现阶段的历史任务，是领导全国各族人民发展中国特色社会主义。每个党员和各级党组织都要为实现这个共同理想而努力奋斗。这就决定了党的思想建设尤其是理想信念教育必须以教育全党坚定不移地为发展中国特色社会主义而奋斗为核心内容。教育全党坚定不移地为发展中国特色社会主义而奋斗，当前应把握好以下几个方面。

深刻认识只有社会主义才能救中国、只有中国特色社会主义才能发展中国，提高党员为发展中国特色社会主义而奋斗的自觉性。自近代沦为半殖民地半封建社会以来，中华民族面临着两大历史任务：一个是求得民族独立和人民解放，一个是实现国家富强和人民富裕。在前100多年的时间里，中国人民在各种社会思潮中最终选择了社会主义，并在中国共产党的领导下，经过长期英勇斗争，建立了新中国和社会主义制度，成功地完成了中华民族面临的第一大历史任务。在此基础上，我们党又经过艰辛的探索，成功地开辟了中国特色社会主义道路，创立了中国特色社会主义理论体系，使我国由一个贫穷落后的国家变成富强民主文明和谐的社会主义现代化国家，人民生活也由温饱不足发展到总体小康，正在向全面小康和建成社会主义现代化强国迈进。近代以来中国历史的发展证明，只有社会主义才能救中国，只有中国特色社会主义才能发展中国。应结合近代以来的中国历史和中国共产党历史对广大党员进行教育，使广大党员深刻认识到我们选择社会主义、发展中国特色社会主义，是符合中国社会发展需要和中国最广大人民利益的，只有选择这样的道路才能实现中华民族的伟大复兴；发展中国特色社会主义既是历史的选择，也是现实的选择，是历史和人民交给中国共产党人的最为重要和极其光荣的伟大任务，从而更加自觉地担负起发展中国特色社会主义这个历史重任。

认真学习中国特色社会主义理论体系，增强党员坚持走中国特色社会主义道路的信心和决心。党的十七大报告指出："改革开放以来我们取得一切成绩和进步的根本原因，归结起来就是：开辟了中国特色社会主义道路，形成了中国特色社会主义理论体系。高举中国特色社会主义伟大旗帜，最根本的就是要坚持这条道路和这个理论体系。"因此，教育全党坚定不移地为发展中国特色社会主义而奋斗，最重要的就是进行坚持中国特色社会主义道路和中国特色社会主义理论体系的教育。应紧密结合改革开放和社会主义现代化建设的生动实践，教育引导广大党员坚持不懈地学习中国特色社会主义理论体系，深刻认识其形成的历史条件和实践基础，系统了解其基本内容和主要观点，准确把握其精神实质和主要特色，充分认识其历史地位和重大作用。通过学习，使广大党员不断提高对党的基本理论、基本路线、基本纲领、基本经验的理解，不断深化对人类社会发展规律、社会主义建设规律和共产党执政规律的认识，不断增强坚持走中国特色社会主义道路的信心和决心。同时，教育广大党员坚持解放思想、实事求是、与时俱进，勇于变革、勇于创新，永不僵化、永不停滞，不断在实践中发展中国特色社会主义理论体系，使中国特色社会主义道路越走越宽广，让当代中国马克思主义放射出更加灿烂的真理光芒。

充分认识发展中国特色社会主义是一项长期和艰巨的事业，引导党员百折不挠地为中国特色社会主义伟大事业努力奋斗。 发展中国特色社会主义是一项长期的事业，不是几年或者几十年的时间就能完成的。当前我国尚处在社会主义初级阶段，中国特色社会主义还要向更高阶段发展，还要经过长期的努力奋斗。因此，要有为中国特色社会主义事业长期不懈奋斗的思想准备。中国特色社会主义既是长期的事业，更是无比艰巨的事业。我们党经过长期的艰苦探索，其中包括付出巨大而沉重的代价，才开辟了中国特色社会主义道路，创立了中国特色社会主义理论体系。把这一伟大事业继续向前推进，还需要付出艰辛的努力。在前进的道路上，我们会不断遇到新情况、新问题、新挑战，这就需要我们坚持正确的理想信念，勇敢而科学地面对，不为任何风险所惧，不被任何干扰所惑。中国特色社会主义又是广大人民群众自己的事业，只有依靠广大人民群众才能实现。党员干部必须密切联系群众，积极发挥先锋模范作用，始终把实现好、维护好、发展好最广大人民的根本利益作为一切工作的出发点和落脚点，始终做到心中装着人民、工作依靠人民、一切为了人民，带领人民群众满腔热情地为实现中国特色社会主义共同理想而奋斗。

党的执政地位是在不懈奋斗中
取得和巩固的

我们党的执政地位不是与生俱来的，而是在不懈奋斗中取得和巩固的，是历史和人民的选择。在新中国成立 60 周年之际，我们回顾近代以来中华民族走过的艰辛历程，总结新中国成立以来取得的伟大成就，更加深刻地感受到这样一个事实，也更加深刻地认识到这样一个真理。

我们党是在中华民族危难深重的时刻登上历史舞台的。自成立之日起，我们党就勇敢地承担起为中国人民谋幸福，为中华民族谋复兴的崇高使命。88 年来，我们党领导人民进行了新民主主义革命和社会主义革命、建设、改革的伟大实践，取得了一个又一个伟大胜利，彻底改变了中华民族的命运，迎来中华民族伟大复兴的光明前景。在这一历史进程中，我们党也不断发展壮大，成为社会主义中国的执政党，并且经受住了长期执政的考验。

我们党领导人民取得新民主主义革命的伟大胜利，建立社会主义新中国，这为党取得执政地位创造了根本前提。1921 年我们党成立之初只有 50 多名党员。在艰苦卓绝的革命斗争中，我们党始终坚持把中国人民和中华民族的根本利益放在第一位，为求得民族独立和人民解放而英勇奋斗。经过 28 年的浴血奋战，我们党领导全国各族人民推翻了帝国主义、封建主义和官僚资本主义的统治，把国家从亡国灭种的危险中解救出来，把人民从水深火热的痛苦中解放出来，建立了真正属于人民自己的国。人民群众从历史实践的比较中认识到，中国共产党是真正代表人民利益的，其路线方针政策是正确的；只有在中国共产党的领导下，才能创造幸福生活和美好未来。得民心者得天下。我们党成为执政党，实乃民心所向、大势所趋。

我们党领导人民取得社会主义革命和建设的重大成就，确立社会主义基本制度，这为党加强执政地位奠定了坚实基础。新中国成立后，我们党领导人民迅速恢复国民经济，全面展开国家工业化建设和对农业、手工业、资本主义工商业的社会主义改造，确立了社会主义的基本经济制度。与此同时，在政治上建立人民当家作主的国家政权，实行人民代表大会制度、中国共产党领导的多党合作和政治协商制度、民族区域自治制度等；在思想上确立马克思主义的指导地位，用社会主义意识形态引领国家和社会生活。社会主义革命和建设的顺利开展、社会主义基本制度的确立，以及由此所引起的中国社会性质和人民社会地位的根本变化，进一步增强了人民群众对我们党的信任，加强了党的执政地位。

我们党领导人民取得改革开放的巨大成功，建设和发展中国特色社会主义，这为党进一步巩固执政地位提供了坚强保障。由于对什么是社会主义、怎样建设社会主义的问题认识不深刻，我们在推进社会主义建设的过程中也经历了严重曲折、遭受了重大损失。1978 年召开的党的十一届三中全会，认真总结历史的经验教训，作出了把党和国家的工作中心转移到经济建设上来、实行改革开放的历史性决策。从此，我国进入了改革开放的历史新时期。在新的实践探索中，我们党团结带领全国各族人民成功开辟了中国特色社会主义道路，全面推进经济、政治、文化、社会建设，取得了举世瞩目的发展成就。30 多年来，我国社会生产力迅速发展，经济总量跃居世界第三，人民生活总体上达到小康水平，国际地位和影响力大幅提升。人民群众从国家面貌和自己生活的巨大变化中深切体会到，只有在中国共产党领导下走中国特色社会主义道路，才能使国家富强起来，使自己的生活富裕起来，才能实现中华民族伟大复兴。我们党以改革开放的伟大成就进一步赢得了广大人民群众的拥护和支持，也进一步巩固了执政地位。

党的执政地位不是与生俱来的，也不是一劳永逸的。我们党的执政地位是在为中国人民和中华民族谋利益、谋幸福的伟大征程中得以形成和不断巩固的。可以确信，随着中国特色社会主义事业的不断发展，我们党的执政能力和执政水平将越来越充分地展现出来，党在人民中的威信将不断提高，党的执政地位将更加巩固。

马克思主义中国化的重要理论基石

一、对本国社会发展阶段估计过高是社会主义国家普遍存在的问题

马克思和恩格斯生活在 19 世纪的资本主义国家，他们的学说主要是根据这些国家的实际情况创立的，而社会主义是在经济文化比较落后的国家首先取得胜利的，这些国家的发展历史、民族传统、社会结构和经济文化发展水平等，与资本主义国家存在着巨大差异，这就决定了这些国家的共产党要运用马克思主义解决建设社会主义的问题，必须更加重视对本国国情的研究，更加注意从本国的实际情况出发。

以列宁为代表的布尔什维克党首先就遇到了这个问题。俄国十月革命胜利以后，他们基本是依据马克思和恩格斯关于未来社会的设想在俄国建设社会主义。政治上强调直接民主，实行工人的直接管理和监督；经济上把所有私人企业收归国有，宣布取消商品货币，直接进行产品分配。当时的战争环境进一步强化了这

些措施的理想主义色彩，使其严重地脱离俄国这个小农占多数的国家的实际，引起了广大群众尤其是农民的不满。列宁及时地意识到了这个问题，坚决实行由战时共产主义到新经济政策的战略转变。这种转变的基点，就是建设社会主义要立足于"比欧洲最落后国家还要落后"的俄国实际，一切从当时"小农占多数"的具体国情出发。这种转变的标志是废除对农民的余粮征集制，改而实行粮食税。由于一切从"小农占多数"的具体国情出发，列宁把原来实行的向社会主义"直接过渡"改变为经过若干中间环节的"间接过渡"；从原来要立即消灭资本主义转变为利用资本主义、实行国家资本主义；由原来要立即取消商品货币改变为发展产品交换和实行自由贸易；等等。列宁甚至把当时俄国所建设的社会主义，称为"带有小农占人口多数所造成的种种特点的社会主义向共产主义过渡的一种形式"①，提出通过合作社让所有小农都参加社会主义建设，认为有这种合作社就有"建成社会主义社会所必须而且足够的一切"②。从当时俄国由战时共产主义到新经济政策的转变，可以清楚地看出，从具体国情出发对于建设社会主义是多么重要。

但列宁逝世后，苏联出现了对社会发展阶段估计过高的问题，给社会主义建设带来了一定的损失。1936年，斯大林宣布苏联已经进入马克思在《哥达纲领批判》中所说的社会主义社会，而且认为进入社会主义就是基本建成了社会主义，到1952年则进一步宣布苏联已经完全建成了社会主义，今后的主要任务是向

---

① 《列宁选集》第四卷（第三版修订版），人民出版社2012年版，第501页。
② 《列宁选集》第四卷（第三版修订版），人民出版社2012年版，第768页。

共产主义过渡。赫鲁晓夫则走得更远，他在 20 世纪 50 年代末 60 年代初宣布，苏联已经处于全面建设共产主义时期，明确提出再过 20 年苏联将进入共产主义社会。后来勃列日涅夫虽然纠正了赫鲁晓夫这种过于冒进的提法，但仍认为苏联已经处于发达社会主义的历史阶段，这个结论显然也是过高地估计了当时苏联社会主义的发展水平。东欧的社会主义国家认为自己的发展水平没有苏联那么高，还没有进入发达社会主义社会，尚处于建设发达社会主义的历史阶段，这种估计无疑也是脱离实际的。这就使这些国家的社会主义建设严重脱离本国的具体实际，脱离生产力的发展水平，追求纯而又纯的社会主义生产关系，急于向社会主义的更高阶段和共产主义社会过渡。我国在 1957 年后也同样存在着这样的问题，它是当时我国社会主义探索出现失误的根本原因之一。正像江泽民同志在党的十五大报告中所说的，十一届三中全会前我们在建设社会主义中出现失误的根本原因之一，就在于提出的一些任务和政策超越了社会主义初级阶段。[①]

　　社会主义国家普遍出现党的路线方针政策严重脱离本国社会发展水平问题，主要有三个方面的原因：第一，对马克思主义的教条主义态度。在建设社会主义的时候，从本本出发，而不是从具体国情出发，照搬了马克思主义的某些词句，却违背了马克思主义最根本的东西——实事求是。第二，否定或不重视各国社会主义的特性。社会主义和其他事物一样，是普遍性与特殊性的统一，共性与个性的统一。在经济文化比较落后国家建设社会主

[①] 《中国共产党第十五次全国代表大会文件汇编》，人民出版社 1997 年版，第 14 页。

义，必然不同于在西方发达国家建设社会主义，在中国建设社会主义也不同于在俄国建设社会主义。但是长期以来社会主义国家中流行着"统一模式论"和"共同道路论"，认为社会主义共同的本质是主要的，具体条件和形式的区别是次要的，甚至否认社会主义的不同道路和模式，把强调社会主义的不同道路和模式看成是背离社会主义的民族共产主义。由于各个国家社会主义的特点是在其具体的国情的基础上产生的，于是否定社会主义的特殊性必然导致对本国国情的忽视，导致党的路线方针政策脱离本国实际。第三，对建设社会主义的长期性、艰巨性估计不足。社会主义国家普遍出现超越历史阶段和急于向更高发展阶段过渡的错误，也与革命者容易犯革命的急性病有关。邓小平同志曾经明确地讲到过这个原因，他说："我们都是搞革命的，搞革命的人最容易犯急性病。我们的用心是好的，想早一点进入共产主义。这往往使我们不能冷静地分析主客观方面的情况，从而违反客观世界发展的规律。中国过去就是犯了急性病的错误。"①

二、从社会发展阶段视角对"第二次结合"前期失误的理论思考

在我国进入社会主义社会以后，毛泽东同志基于对我国新民主主义革命时期和建国初期实现马克思主义中国化的成功经验的总结和对苏联建设社会主义的教训，尤其是斯大林问题的思考，及时提出要把马克思主义与中国建设社会主义相结合，并根据中

---

① 《邓小平文选》第三卷，人民出版社1993年版，第140—141页。

国与苏联基本国情的不同，尤其是苏联在建设社会主义中出现的问题，明确提出要以苏为鉴、按照自己的方法解决中国的社会主义建设问题。1956 年 2 月，苏共二十大对斯大林进行了全面批评和否定。毛泽东同志在研究和思考如何对待斯大林和苏联经验时，阐发了一系列重要思想，强调我们在坚持马克思列宁主义基本原则的同时，必须要注意本国的具体情况，要用不同的方法解决各自的问题。同年 4 月，毛泽东同志在中央政治局扩大会议上指出，最重要的教益是独立思考，把马克思列宁主义的基本原理同我国革命和建设的具体实际结合起来。他从总结历史经验的角度说，民主革命时期，我们走过一段弯路，吃了大亏之后才成功实现了这种结合，取得了新民主主义革命的胜利。现在是社会主义革命和建设时期，我们要进行第二次结合，找出在中国怎样建设社会主义的道路。[1] 这个时期我们党从中国刚刚进入社会主义的实际出发，提出社会的主要矛盾已经是人民对建立先进的工业国的要求同落后的农业国的现实之间的矛盾，是人民对于经济文化迅速发展的需要同当前经济文化不能满足人民需要的状况之间的矛盾，全党和全国人民当前的主要任务，就是要集中力量来解决这个矛盾，建设强大的社会主义国家。同时根据形势任务的这种根本变化，提出关于正确处理人民内部矛盾、调动一切积极因素建设社会主义的思想；关于实行统筹兼顾、正确处理社会主义建设中的重大关系、走中国自己的工业化道路的思想；关于实行"百花齐放、百家争鸣"方针，调动广大知识分子的积极性繁荣

---

① 吴冷西：《忆毛泽东》，新华出版社 1995 年版，第 9—10 页。

科学文化的思想；等等。

但是从1957年整风"反右"以后到1978年党的十一届三中全会之前，我们在马克思主义与中国实际第二次的结合中却出现了重大的曲折，其根本原因是由于对国内外形势判断失误所形成的关于当前我国正处于从资本主义到共产主义的过渡时期的理论。这个理论是1957年整风"反右"以后在对国内外形势错误判断的基础上产生的，是1959年庐山会议以后中苏论战的形势下进一步发展的，最终在1962年党的八届十中全会上正式提出并形成完整的理论和党的基本路线的。

这个被称为"大过渡"理论的问题首先在于，它把社会主义和过渡时期混淆起来，认为从新中国成立后到进入共产主义以前都属于过渡时期，都存在着无产阶级和资产阶级两个阶级的斗争、社会主义和资本主义两条道路的斗争，都存在着资本主义复辟的危险，并且强调这种斗争是长期的曲折的有时是很激烈的。这就根本否定了过渡时期与社会主义社会的根本区别，特别是在阶级和阶级斗争方面的区别，从而为继续进行阶级斗争和继续进行革命奠定了理论基础。

正是在这种理论的支配下，我们在已经基本完成了生产资料社会主义改造以后，提出还要继续进行政治战线和思想战线上的社会主义革命；在已经消灭了剥削阶级和剥削制度以后，提出我国还存在着两个剥削阶级和两个劳动阶级，强调社会的主要矛盾仍然是无产阶级和资产阶级的矛盾。

庐山会议和中苏论战后，我们党又把阶级斗争重点从党外斗争转到了党内斗争，尤其是同所谓"走资本主义道路当权派"的斗争。当时我们错误地认为，以苏联为代表的大多数社会主义国家已经蜕化变质，发生了资本主义复辟，而复辟的根本原因是修正主义分子篡夺了党和国家的领导权。这种错误的判断极大地影响了对我们国内问题的认识。当时认为我们党内也存在着走资本主义道路的当权派，甚至存在着一个党内资产阶级，我们国家也存在着复辟和变修的严重危险。在这种情况下，1962年党的八届十中全会明确地改变了对我国社会发展阶段的历史定位，提出我国处于从资本主义到共产主义的过渡时期，这个时期需要几十年甚至更长的时间，在这个时期始终存在着无产阶级和资产阶级、社会主义和资本主义的斗争，存在着资本主义复辟的危险。正是根据对我国社会发展阶段和基本国情的这种认识，我们党在这时形成了以进行两个阶级、两条道路斗争为内容的基本路线，按照以阶级斗争为纲来指导党和国家工作，提出了无产阶级专政下继续革命的理论，发动了一场又一场的政治运动，直接导致了"文化大革命"。

这个"大过渡"理论的问题还在于，它是我国搞"大跃进"、人民公社和追求"一大二公"、急于向共产主义过渡的理论根源。按照我国处于从资本主义到共产主义的过渡时期理论，从新中国成立后到进入共产主义以前，都是资本主义因素走向灭亡和共产主义因素发展壮大的时期，这个历史阶段的根本问题是从资本主义向共产主义过渡。这就把向共产主义过渡作为当前的现实的和根本的任务提出来了。正是在这种理论的支配下，我们在20世纪50年代中期以后，不顾生产力的发展水平，用群众运动的办法很快地把初级社改为高级社，用极短的时间把高级社合并为人民公社，试图跑步进入共产主义。与此同时，在生产上搞"大跃进"，在分配上刮共产风。这就造成了追求"一大二公三纯"和急于向更高历史发展阶段过渡的思维，严重脱离了生产力发展水平和当时中国的实际。

党的十一届三中全会以后，我们党所提出的社会主义初级阶段理论，既是对社会主义国家其中包括我国对本国社会主义发展阶段估计过高错误的纠正，同时也是对我国在 1957 年以后把过渡时期与社会主义时期两个不同历史阶段混淆起来的错误的纠正。

三、社会主义初级阶段理论是实现"第二次飞跃"的重要理论基石

一切从社会主义初级阶段的基本国情出发，是端正党的思想路线所要解决的主要问题。中国特色社会主义道路的成功开创，是从恢复党的实事求是的思想路线开始的。当时我们在全党开展了实践是检验真理的唯一标准的大讨论，所要解决的主要问题，是把人们的思想从"两个凡是"的束缚中解放出来，真正做到实事求是，一切从实际出发。这里所说的实事求是、从实际出发，指的就是建设社会主义要从社会主义初级阶段的实际出发。这个问题的解决使我们建设中国特色社会主义有了一个实实在在的出发点和落脚点，所以许多人都说社会主义初级阶段理论的提出使中国的社会主义事业从空中落到了地上，有了坚实可靠的基础。

社会主义初级阶段基本国情是进行伟大历史转折和此后的拨乱反正的根本依据。党的十一届三中全会是我国社会发展的一个

重大历史转折，而转折的主要内容是从以阶级斗争为纲转变为以经济建设为中心。为什么要实行这样的根本转变？其原因就在于我国已经进入了社会主义初级阶段，剥削阶级和剥削制度已经消灭，阶级斗争从总体上已不存在，社会的主要矛盾已经是人民日益增长的物质文化需要同落后的社会生产之间的矛盾，党和国家的主要任务是发展生产力，提高人民的生活水平。在党的十一届三中全会以后，我们党接着进行了思想上和理论上的拨乱反正。在这个过程中我们坚持实践是检验真理的唯一标准，看过去的路线方针政策是不是符合社会主义初级阶段的实际，凡是符合社会主义初级阶段实际的，我们就继续坚持并加以发展完善，凡是不符合这个实际的，我们就坚决放弃或者予以改进。

社会主义初级阶段基本国情是我国要用整整一个历史时期进行社会主义现代化建设的根本依据。西方国家在资本主义制度下已经实现了现代化的任务，因而使这些国家取得革命胜利后有了社会主义的现成物质技术基础。而中国原来是一个半殖民地半封建社会，还没有实现现代化，我们的社会主义不是建立在社会化大生产的基础上的，社会主义优越性的发挥还受到生产力水平的巨大限制，正是从这个意义上，邓小平同志说我们的社会主义还是不合格的，我们还需要经历一个社会主义初级阶段来完成现代化建设的任务，只有到那个时候才能说我们的社会主义是建立在自身的物质技术基础上，也才能说我们的社会主义是真正合格的。基本实现现代化的任务大约需要一百年的时间，这个时间也就是我国社会主义初级阶段的时间。所以，社会主义现代化的任务是从我国社会主义初级阶段的基本国情提出的，现代化建设的三步走的发展战略也是从社会主义初级阶段的国情出发制定出来的。

　　社会主义初级阶段的基本国情是我们党制定基本路线和各项方针政策的根本依据。党的基本路线的核心是一个中心、两个基本点，为什么要坚持以经济建设为中心？原因就在于我们国家正处在社会主义初级阶段，是一个经济文化比较落后的国家，进行经济建设是我们的根本任务，发展是解决我国各种问题的主要手段，只有牢牢把握经济建设这个中心，把发展作为党执政兴国的第一要务，才能实现我国社会主义初级阶段所面临的各项任务。为什么要坚持四项基本原则？是由于我们已经进入社会主义初级阶段，四项基本原则是坚持我国的社会主义性质的基本要求和政治保证，我们必须始终把坚持四项基本原则作为立国之本，才能在社会主义初级阶段把我国的社会主义事业不断推向前进。为什么要坚持改革开放？由于在社会主义初级阶段要尽快地发展生产力、改善人民生活，必须改革阻碍生产力发展的生产关系和上层建筑，充分调动人民的积极性；必须吸收和借鉴人类的一切文明成果，充分利用国外的市场和资源来发展中国特色社会主义。基本路线所提出的建设富强民主文明和谐的社会主义现代化国家，也是根据我国社会主义初级阶段实现现代化的基本要求，从经济、政治、文化、社会几个方面提出的建设目标和任务。我们党提出各个方面的路线方针政策，虽然各有其具体的条件和依据，但根本的条件和依据都是我国社会主义初级阶段的基本国情。

　　总之，社会主义初级阶段是我国的基本国情和最大实际，是我们党提出重大任务，制定路线方针政策，建设和发展中国特色社会主义的根本依据和现实基础。在马克思主义中国化的第二次历史性飞跃中，马克思主义与当代中国的实际相结合，就是与我国社会主义初级阶段的实际相结合，用马克思主义解决当代中国的问题，就是解决社会主义初级阶段的中国问题。马克思主义中国化第二次历史性飞跃开创的中国特色社会主义道路和创立的中国特色社会主义理论体系，其所具有的鲜明的中国特色，主要是由我国现在处于社会主义初级阶段这个基本的社会历史条件所形成的，从某种意义上可以说，如果没有对社会主义初级阶段基本国情的准确把握，如果不能做到一切从社会主义初级阶段的实际出发，马克思主义与我国社会主义建设的结合就不会成功，中国特色社会主义道路和中国特色社会主义理论体系也就不可能开创出来。

社会主义初级阶段理论的重大贡献

　　社会主义初级阶段理论对马克思主义的贡献，主要在于它成功地解决了像中国这样经济文化比较落后的国家建设社会主义的根本依据问题。众所周知，科学社会主义是马克思和恩格斯在资本主义国家的环境下创立的，他们曾经预言，无产阶级革命将在英美法德等主要资本主义国家同时发生。后来他们也曾关注过比西方国家落后的俄国的革命问题，指出："假如未来俄国革命将成为西方无产阶级革命的信号而双方互相补充的话，那么现今的俄国土地公有制便能成为共产主义发展的起点。" [1]

　　1917年，无产阶级革命首先在经济文化比西方国家落后的俄国取得了胜利，当时第二国际的领导人和俄国的孟什维克都否定俄国革命胜利的历史必然性和在俄国建设社会主义的可能性，认为它违背了社会主义革命应当首先在生产力最发达的西方国家取得胜利的历史规律。列宁在《论我国革命》等著作中，以历史发展的辩证法驳斥了他们这种形而上学的观点，指出："世界历史发

---

[1] 《马克思恩格斯选集》第一卷，人民出版社1995年版，第251页。

展的一般规律，不仅丝毫不排斥个别发展阶段在发展的形式或顺序上表现出特殊性，反而是以此为前提的。"① 他还说："既然建立社会主义需要有一定的文化水平……。我们为什么不能首先用革命手段取得达到这个一定水平的前提，然后在工农政权和苏维埃制度的基础上赶上别国人民呢？"②

我们党坚持和发展了列宁的这一重要思想，认为不仅像俄国这样介于西方文明国家和东方落后国家之间的国家可以这样做，而且像中国这样的东方落后国家也可以这样做。更为重要的是，我们党根据历史唯物主义的基本原理，提出资本主义的充分发展阶段是可以跨越的，而生产的现代化、商品化和市场化是不能跨越的，我们在进入社会主义社会以后，必须经历一个社会主义初级阶段，来解决西方国家在资本主义制度下已经解决了的现代化的问题，这个阶段不同于一般国家进入社会主义社会以后的初始阶段，而是像中国这样经济文化比较落后的国家在进入社会主义社会以后所必须经历的特定的历史阶段。这就使我们清醒地认识到，我国建设社会主义的现实基础和要解决的问题与一般国家特别是西方国家进入社会主义社会以后建设社会主义的现实基础和要解决的问题是不同的，从而使我国的社会主义建设能够真正从本国的具体实际出发，也为纠正社会主义国家普遍存在的对本国历史发展阶段估计过高问题提供了重要的理论参考。

社会主义初级阶段理论的提出，从根本上解决了在中国这样经济文化比俄国还要落后的国家能不能建设社会主义和如何建设

① 《列宁选集》第四卷，人民出版社 2012 年版，第 776 页。
② 《列宁选集》第四卷，人民出版社 2012 年版，第 777 页。

社会主义的一个关键性的问题，丰富和发展了马克思主义的科学社会主义理论，同时解决了马克思主义与中国实际第二次结合的一个关键性问题，继承和发展了毛泽东同志关于马克思主义中国化的理论。

社会主义初级阶段理论发展了马克思主义的社会发展阶段理论，是关于社会主义发展阶段理论的重大创新。在马克思主义发展史上，马克思曾经把资本主义以后的未来社会分为从资本主义到共产主义的过渡时期、共产主义社会第一阶段和共产主义高级阶段。可以看出马克思和恩格斯未曾涉及社会主义社会的阶段划分问题。但他们关于未来社会是一个由低级到高级的分阶段发展过程的思想，对我们党创立社会主义初级阶段理论具有根本的指导意义。他们把共产主义社会划分为比较不发达的第一阶段和比较发达的高级阶段，更是我们党提出社会主义初级阶段的直接的方法论。邓小平同志说："社会主义本身是共产主义的初级阶段，而我们中国又处在社会主义的初级阶段，就是不发达的阶段。"[1]从这段论述可以看出，社会主义初级阶段的提法，是从社会主义是共产主义初级阶段推论来的，说明我们党是把马克思研究共产主义社会阶段划分的方法，直接应用于研究我国的社会主义发展阶段问题，才创立了社会主义初级阶段理论。

列宁在《国家与革命》一书中坚持和阐述马克思对未来社会的三阶段划分，并把共产主义第一阶段称为社会主义社会。十月革命后列宁曾提出过共产主义社会有初级阶段、中级阶段、高级

---

[1] 《邓小平文选》第三卷，人民出版社1993年版，第252页。

阶段的观点。他认为社会主义社会也有一个从低级到高级、从不成熟到成熟的过程和若干发展阶段，并多次使用过"发达的社会主义""完全的社会主义""达到完备形式的社会主义"以及"彻底胜利和巩固了的社会主义"之类的概念。

列宁关于社会主义有一个从低级到高级的发展过程的思想，关于社会主义可以分为若干发展阶段的思想，尤其是前面谈到的关于俄国可以先建立苏维埃政权，然后在新社会制度下发展生产力、赶上发达国家的思想，对于我国社会主义初级阶段理论的提出，具有直接的指导意义。但是也要看到，列宁从没有对社会主义进行过具体的阶段划分，更未曾有过社会主义初级阶段的提法。

在 20 世纪 80 年代讨论社会主义初级阶段理论的时候，有人曾经把邓小平的社会主义初级阶段的提法与列宁的"社会主义的初级形式"的提法等同起来，说社会主义初级阶段就是列宁说的"社会主义的初级形式"。这其实是一种误解，列宁在《关于星期六义务劳动》一文中所说的"社会主义的初级形式"，指的是过渡时期开始出现的社会主义幼芽，而并不是指社会主义社会的一个发展阶段。

这里还需要指出，首先明确地对社会主义社会进行阶段划分的苏联领导人是赫鲁晓夫，他把社会主义社会分为建成社会主义时期和向共产主义过渡时期；后来勃列日涅夫对社会主义社会的发展阶段进行了新的划分，将其分为建设发达社会主义时期和发达社会主义时期。其他社会主义国家的社会主义阶段划分理论与苏联基本相同，都没有涉及社会主义初级阶段的问题。所以社会主义初级阶段的提出是党的十一届三中全会以来中国共产党的理论创造。

毛泽东同志在探索中国社会主义建设道路的过程中，曾经对于如何认识和划分社会主义的发展阶段，提出了一些重要的有价值的观点。例如，在《关于正确处理人民内部矛盾的问题》一书中，毛泽东同志把社会主义的建立与完全建成明确地区分开来，强调"我国的社会主义制度还刚刚建立，还没有完全建成，还不完全巩固"。后来他在读苏联政治经济学教科书的谈话中，针对我国 1958 年急于向共产主义过渡的问题，提出中国对"建成社会主义不要讲早了"，并认为社会主义可再划分两个阶段，"第一阶段是不发达的社会主义，第二阶段是比较发达的社会主义"。

应当看到，毛泽东同志提出社会主义的第一阶段是不发达的社会主义，是我们党十一届三中全会以后提出社会主义初级阶段的直接思想来源，因为邓小平同志在解释社会主义初级阶段时明确说过，"社会主义的初级阶段，就是不发达阶段"。遗憾的是毛泽东同志没有具体阐述自己的这个观点，也没有根据它来调整原来的政策，而且在党的八届十中全会以后，以"大过渡"的理论取代了这次读书谈话中提出的观点。正是从这个意义上可以说，党的十一届三中全会以后形成的社会主义初级阶段理论，既是对毛泽东同志的"大过渡"错误理论的坚决纠正，也是对他提出的社会主义"第一阶段是不发达的社会主义"的继承和发展。

有人说提出社会主义初级阶段理论，是由于我国过渡时期结束得太早，现在提出社会主义初级阶段理论，实际上是退回到过渡时期。这种观点看起来似乎有理，实际上是没有真正搞懂什么是社会主义初级阶段。关于我国的过渡时期是否结束得太早，是一个可以讨论的问题，提出社会主义初级阶段理论，绝不是倒退回过渡时期。前面已经谈到，提出社会主义初级阶段理论，是为了纠正 1957 年反右以后把过渡时期与社会主义时期混同起来的错误，如果再倒退回过渡时期，那又要重新以无产阶级和资产阶级的斗争为社会主要矛盾，以阶级斗争为党和国家的工作中心，继续进行由资本主义向社会主义的过渡，党的十一届三中全会以前的许多问题便又会重新复活。如果这样就不可能从根本上纠正 1957 年以后延续 20 年之久的错误，也不会有党的十一届三中全会的伟大转折和社会主义现代化建设新局面的开创，更不会有马克思主义基本原理与中国具体实际相结合的第二次历史性飞跃。

中国特色社会主义文化建设的一个根本问题

　　自觉划清社会主义思想文化同封建主义、资本主义腐朽思想文化的界限，是党的十七届四中全会在思想建设方面提出的一个重大课题。认真研究和回答这一重大课题，对于坚持社会主义先进文化前进方向、推进中国特色社会主义文化建设，对于党员、干部增强政治敏锐性和政治鉴别力、筑牢拒腐防变的思想防线，具有重要的理论意义和实践意义。

一、深刻认识划清社会主义思想文化同封建主义、资本主义腐朽思想文化界限的重要性和必要性

　　划清社会主义思想文化同封建主义、资本主义腐朽思想文化的界限，是由我国社会主义初级阶段的基本国情决定的，是坚持社会主义先进文化前进方向、推进中国特色社会主义文化建设的迫切需要。

　　新中国成立后，经过社会主义改造，1956 年我国进入社会

主义社会。从此，我国文化的主体已经是反映社会主义经济基础和政治制度的社会主义文化。但是，我国的社会主义脱胎于半殖民地半封建社会，不仅在经济上而且在精神上还带有明显的旧社会的痕迹，存在着旧社会遗留下来的封建主义、资本主义腐朽思想文化。由于我国有着长达2000多年的封建社会和100多年的半殖民地半封建社会的历史，这些从旧社会遗留下来的腐朽思想文化有着十分浓厚的历史积淀，不可能在短期内完全消失，而会长期存在并产生广泛的社会影响。例如，经济领域的权钱交易现象、政治领域的个人专权现象、人际关系上的"走后门"现象以及思想作风方面的官僚主义、等级观念、特权思想、家长制作风等。这些腐朽思想文化的存在，严重破坏社会主义建设，侵蚀着我们党的健康肌体，败坏着社会风气和党风，是某些党员、干部腐败变质的重要思想根源。从根本上解决这个问题，一方面要通过社会主义建设逐步铲除这些腐朽思想文化存在的条件和土壤，另一方面要从思想上提高人们的认识水平，引导他们自觉地划清社会主义思想文化同封建主义、资本主义腐朽思想文化的界限。

同时我们还要看到，当今世界是开放的世界，经济全球化已经成为不可阻挡的历史潮流。各国不仅经济联系空前紧密，思想文化上的相互交流和影响也不断增强。我国要建设和发展社会主义，必须充分利用全人类的文明成果，对其他国家的思想和文化持开放的态度。在这种情况下，国外资本主义的各种腐朽思想文化必然伴随着各种积极有益的思想文化进入我国，影响人们的思想意识和精神生活。而西方敌对势力也千方百计输入资产阶级意识形态和他们的腐朽文化，对我国实施西化和分化，以达到其和平演变的目的。在这样的背景下，我们需要提高广大人民群众尤其是党员、干部对封建主义、资本主义腐朽思想文化的识别能力，划清社会主义思想文化同封建主义、资本主义腐朽思想文化的界限，真正搞清楚什么是社会主义思想文化，什么是封建主义、资本主义腐朽思想文化。这样才能做到在与国外进行思想文化交流的同时，自觉抵制腐朽思想文化的腐蚀和侵袭。

划清社会主义思想文化同封建主义、资本主义腐朽思想文化的界限十分重要，直接关系思想文化建设的方向和成效，是推进中国特色社会主义文化建设的一个根本问题。我们党是中国工人阶级的先锋队，同时是中国人民和中华民族的先锋队，如果不能自觉把握社会主义先进文化的前进方向，不能有效地构建起抵制封建主义、资本主义腐朽思想文化侵蚀的思想防线，就有腐化变质的危险，就有被西化和分化的危险。我们必须从这样的高度来认识党的十七届四中全会提出划清社会主义思想文化同封建主义、资本主义腐朽思想文化界限的重大意义。

二、正确把握社会主义思想文化与封建主义、资本主义腐朽思想文化的根本区别

社会主义思想文化与封建主义、资本主义腐朽思想文化存在着根本区别。

社会基础根本不同。思想文化是社会精神形态的上层建筑，其本质是由其赖以产生的经济基础和政治制度所决定的，并为其经济基础和政治制度的存在和发展服务。封建主义、资本主义腐

朽思想文化是在封建主义和资本主义的社会土壤上生长出来的，封建主义和资本主义社会的经济基础和政治制度是它们存在、发展的基础。众所周知，封建主义和资本主义社会都是建立在生产资料私人占有制基础上的阶级社会，阶级剥削和阶级压迫是整个社会关系的本质属性。在这样的社会制度下，封建主义、资本主义腐朽思想文化所反映的就是阶级社会这种人剥削人、人压迫人社会的本质，代表的是封建地主阶级和资产阶级剥削压迫人民群众的思想诉求，是为其剥削压迫制度进行辩护的意识形态，是与当今时代发展方向背道而驰的文化现象。从历史发展的观点看，这种思想文化尽管曾有其产生的历史必然性并在当时发挥过重要作用，但在社会主义已成为我国活生生的现实的今天，继续宣扬封建主义、资本主义的阶级剥削和阶级压迫思想，就与时代精神和我国社会发展要求相冲突。社会主义思想文化的社会基础是社会主义的生产关系和政治制度。在解放和发展生产力的基础上，消灭几千年来的剥削压迫制度，最终实现人类的彻底解放，是社会主义、共产主义的根本要求和本质所在。在这样的社会基础上所形成的思想文化，是与封建主义、资本主义腐朽思想文化根本不同的思想文化，是反映广大人民利益和为他们服务的人民大众的文化，是代表人类文明发展未来的崭新的文化。

价值取向根本不同。思想文化是为人的利益和需要服务的，不同人的不同利益和需要决定了思想文化的不同价值取向。在封建社会，人与人之间是直接的人身依附关系，反映这个社会本质的封建主义腐朽思想文化的价值取向是"位"本位，封建社会的等级观念、特权思想、专制主义、官僚作风等都是由此而产生的。在资本主义社会，人们取得了自己的独立性，但这种独立性是以物的依赖为基础的，人们的实际地位是由物决定的。于是，人与物的关系完全颠倒了，物尤其是货币这个一般等价物，以及这个一般等价物的资本形态，决定着人们的身份、地位、权力等。所以，反映资本主义社会本质的腐朽思想文化的价值取向是"物"本位，拜金主义、奢侈腐化等是其具体的表现。在社会主义和共产主义社会，由于剥削阶级、剥削制度的消灭，生产的发展和物质的丰富是为了满足人的需要，各种各样的社会事业归根到底也都是为人服务的。社会主义思想文化正是反映了社会主义、共产主义社会的这种根本要求，其价值取向是"人"本位，在当代中国的主要表现就是社会主义核心价值体系。

历史作用根本不同。这种不同主要表现在三个方面。一是推动社会发展还是企图复辟倒退。思想文化的历史作用是由其是否符合社会发展的需要决定的。社会主义思想文化是与当前我国社会主义初级阶段的历史条件和具体国情相适应的，能够有力地推动我国经济和社会发展，因而是一种先进的和进步的文化。而封建主义、资本主义腐朽思想文化是复辟倒退的文化，是企图在我国保留过时的封建主义残余影响，照搬资本主义制度模式，在新的历史条件下重开历史倒车，因而对我国社会发展起着阻碍和破坏的作用。二是为人民服务还是损人利己。社会主义思想文化来自人民群众又为人民群众服务，是以满足人民群众的精神需要为根本出发点的，是以人民群众满意不满意为根本标准的，因而深受人民群众欢迎。而封建主义、资本主义腐朽思想文化是个人利益至上和损人利己的，是危害国家、危害社会、危害人民的。它把个人利益凌驾于国家利益、社会利益之上，以个人利益损害国家利益、社会利益和他人利益，其主要表现是极端个人主义和极端利己主义。三是健康有益还是消极颓废。社会主义思想文化坚持以科学的理论武装人、以正确的舆论引导人、以高尚的精神塑造人、以优秀的作品鼓舞人，帮助人们树立正确的世界观、人生观、价值观，培养高尚的理想和道德情操，弘扬优良的民族精神和社会风气，并引领时代发展的潮流，是健康有益的思想文化的代表。而封建主义、资本主义腐朽思想文化则是与社会上的假恶丑相联系的，是违背科学和消极腐朽的。它污染社会风气，腐蚀人的思想，有损于人们的身心健康。

三、把人类文明成果与封建主义、资本主义腐朽思想文化区别开来

在划清社会主义思想文化同封建主义、资本主义腐朽思想文化界限的时候，要注意把人类文明成果与封建主义、资本主义腐朽思想文化区分开来。这是因为，以往的人类文明主要是在封建社会和资本主义社会发展起来的，旧社会遗留给我们的思想文化中既有长期积累起来的人类文明成果，又有封建主义、资本主义腐朽思想文化；我们同资本主义国家同处一个世界，在彼此交往中进入我国的资本主义思想文化，同样也是既有人类的文明成果，也有资本主义腐朽思想文化。只有对这二者加以区别对待，才不至于在借鉴和利用人类文明成果的时候把封建主义、资本主义腐朽思想文化一起吸收，也不会在抵制封建主义、资本主义腐

朽思想文化的时候将人类文明成果一起否定。

我们所说的精神文化，是指人类在社会历史发展过程中所创造的精神成果的总和。这些成果可以分为两大类：一类是有利于人类认识世界和改造世界，对社会进步、人类发展起积极推动作用的真善美的思想文化，如科学技术的进步、先进思想的提出、优美艺术品的创作等。另一类是违背自然和社会发展的客观规律，对社会进步、人类发展起阻碍和破坏作用的假恶丑的思想文化，它是与没落、谬误、邪恶、腐败等相联系的。我们可以按照这样的标准对人类在封建社会和资本主义社会所创造的思想文化进行区分，继承和发扬人类所创造的一切文明成果，抵制和批判封建主义、资本主义腐朽思想文化。当然，这是一个根本的、总体的标准，具体区分起来是有一定难度的。例如，有的精神成果既包含有文明的内容，也包含有腐朽的内容；有的精神成果内容是腐朽的，但形式可能是精美的；有的精神成果从总体上应当否定，但却包含有合理的内核或因素；等等。这就要求我们在对待以往人类文化的时候不能简单粗暴，而必须采取科学的态度和辩证的方法，进行具体的分析和清理，真正做到取其精华、去其糟粕。

在对人类文明成果和封建主义、资本主义腐朽思想文化进行区分的时候，还需要着重在以下三个问题上划清界限。

追求自身利益与极端个人主义的界限。社会主义思想文化与封建主义、资本主义腐朽思想文化的区别，并不在于是否承认个人利益及个人对自身利益的追求，而在于如何处理个人利益与社会利益（包括国家利益、集体利益）、他人利益的关系。如果损人利己，为了个人利益而损害社会和他人的利益，那就是极端个人主义。这样的思想集中反映了剥削阶级的人生观和价值观，是封建主义、资本主义腐朽思想文化中最根本的东西。

重视物质财富与拜金主义的界限。社会主义思想文化与封建主义、资本主义腐朽思想文化的区别，也不在于对物质财富的重视。因为物质财富生产是人类最重要的实践活动，物质文明是社会进步的根本标志，物质需要是人的基本需要。二者的真正区别在于如何处理人与物的关系，以及在这二者中是以人为本还是以物为本。按照社会主义思想，人是目的，物是手段，人是支配物的，物是为人服务的；而按照资本主义腐朽思想，以金钱为代表的物质财富是万能的，追求财富、追求金钱是目的，人是依赖物的，或者说是物支配人的。我们既要重视发展生产力、重视物质财富，但又必须摆正人与物的关系，不能把对物质财富的重视变为金钱万能、拜金主义和一切向钱看。

生活享受与享乐主义的界限。社会主义思想文化与封建主义、资本主义腐朽思想文化的区别，也不在于是否承认人们的生活享受，而在于它们所主张的是什么样的生活享受。马克思主义认为，人们进行劳动生产的目的是满足自己的物质和精神需要，追求改善物质和精神生活是社会发展的强大动力。正因为如此，我们承认人们追求物质和精神享受的正当性与合理性，并且千方百计满足广大人民群众日益增长的这种需要。但合理的和正当的生活享受与享乐主义是不同的：首先，文明的生活享受是健康的生活享受，而享乐主义是一种腐朽的生活享受，它带来挥金如土、奢侈糜烂、铺张浪费。其次，文明的生活享受是有益于社会和人的身心健康的，而享乐主义毒化社会风气、消磨人的意志、摧残人的身体、腐蚀人的灵魂。最后，文明的生活享受能够激励人们为实现自己的生活需要和改善自己的生活条件而奋斗，它与艰苦奋斗精神是不矛盾的，而享乐主义把享乐作为人生的唯一追求和最高价值，为了享乐不惜损人利己、违法犯罪，是没落的剥削阶级的生活方式的表现，属于封建主义、资本主义腐朽思想文化的范畴。

马克思主义中国化时代化基本理论研究

一、科学地对待马克思主义基本原理，是马克思主义中国化的首要前提

要把马克思主义成功应用于中国，首先必须对马克思主义有一个正确的认识和科学的态度，其中最重要的是要完整准确地把握马克思主义的基本原理和精神实质。

构成马克思主义基本原理的三个标准。马克思主义是一个博大精深的理论体系，内容极其丰富，其中哪些是属于基本原理，哪些属于具体结论？这里需要一个判断的标准。

我们认为应当有三个基本要求：第一，真理性的标准。马克思主义作家的著作，其中也包括经典作家的著作，并不可能句句都是真理。他们著作有的内容是为论证科学真理服务的，有的后来是有发展变化的，有的是回答和解决某些具体问题的。由于历史和认识的局限，他们的某些论断难免存在不足和缺陷，甚至出现个别错误也是难免的。所以对马克思主义的理解不能仅仅停留

在个别字句上，需要全面地系统地认识和思考，从理论体系上、相互联系上、发展变化上、精神实质上加以把握。正因为如此，不能把马克思主义基本原理简单地等于马克思主义经典作家著作的全部内容，也不能简单地把马克思主义经典作家著作中的每一句话都当作基本原理。它必须是马克思主义的科学真理。

第二，普遍性的标准。马克思主义作为一个科学真理的体系，与其他科学真理一样，是反映客观事物的内在关系和发展规律的，其所揭示的科学真理都是与一定的条件相联系的。而所揭示的真理的层次范围和历史时段的不同，使这些真理所具有的普遍意义和指导作用也不相同。有些科学真理反映了整个自然、社会和人的思维的发展规律，具有一般世界观和方法论的性质；有些科学真理揭示了整个人类社会发展规律或者某一个具体社会形态的发展规律，对认识和指导人类社会发展具有普遍性的指导意义；有些科学真理所研究的是整个无产阶级和全人类解放事业发展的规律，对于指导世界社会主义事业的发展具有普遍适用性和指导性。然而在马克思主义的科学真理中，也有一部分是同特殊的社会历史条件相联系的，只对这些具体事件或具体问题具有真理性和指导性，这一部分科学真理就不属于普遍真理的范围。这里需要指出，有些科学真理尽管是从具体的事件中抽象出来的，但却反映了更大范围的普遍性规律，我们决不能因为它是从具体事物中抽象出来的，而否定其普遍性的价值，而应按照每个科学真理所反映的客观规律的实际适用范围来决定其是否是普遍真理。这里还需要指出，普遍与特殊是一个相对的概念，一个科学真理相对于比它适用范围更宏观的领域而言，是属于具体的科学真理，但相对于比它更微观领域的科学真理，则属于普遍性的科学真理。这就看我们以哪个领域或范围为坐标来提出这个问题。我们党提出把马克思主义的普遍原理同中国的具体实际相结合，显然是以当时的中国为时空坐标的，凡是当时具有世界意义的或者说凡是包括了这个时空领域的马克思主义的科学真理，对于指导解决这个时期我国的问题都具有指导意义，都是我们应当遵循的。

第三，重要性的标准。对什么是马克思主义基本原理的判断，最初是从一般性的意义上提出的。马克思和恩格斯在 1872 年为《共产党宣言》所写的德文版序言中，用的就是一般原理的提法，他们说："不管最近二十五年来的情况发生了多大的变化，这个《宣言》中所阐述的一般原理整个来说直到现在还是完全正确的。"[1] 经典作家在这里所说的一般原理与普遍原理的意思是比较接近的。所以，我们党原来是更多地从普遍性的意义上来理解它。例如，党的七大用的就是马克思列宁主义一般原理的提法，党的八大用的是马克思列宁主义普遍真理的提法，邓小平在党的十二大开幕词中也用的是马克思列宁主义普遍真理的提法。而从党的十三大以后，党的代表大会的文件用的都是基本原理的提法，这无疑是在坚持普遍性的基础上强调了重要性的问题。按照"基本"这个词的含义，基本原理应当是指马克思主义中主要的、根本的和具有全局意义的那一部分内容。

马克思主义基本原理的层次和内容。马克思主义基本原理的内容可分为三个基本层次：第一个层次是辩证唯物主义的，包括

---

[1] 《马克思恩格斯选集》第一卷，人民出版社 1995 年版，第 248 页。

唯物主义和辩证法的基本原理,如世界的物质统一性的原理、物质世界是普遍联系和永恒运动的原理、世界是可知的原理、认识是辩证过程的原理,实践的观点、矛盾的观点、发展的观点,对立统一规律、量变与质变的规律、肯定与否定的规律等。

第二个层次是唯物史观和剩余价值学说。马克思和恩格斯把辩证唯物主义应用于研究人类社会,创立唯物史观,揭示人类社会发展的基本规律,形成了一系列的基本原理,包括社会存在决定社会意识、阶级斗争是阶级社会发展的直接动力、人民群众是历史的创造者、生产关系与生产力的矛盾和上层建筑与经济基础的矛盾是人类社会的基本矛盾、生产关系要适应生产力发展的要求以及上层建筑要适应经济基础发展的要求是人类社会发展的基本规律等基本原理。马克思和恩格斯在对人类社会的研究中,着重研究了资本主义社会,尤其是资本主义社会的经济关系和由它所决定的阶级关系,揭示资本主义剥削的秘密,创立剩余价值学说,并以剩余价值学说为核心,形成了自己的经济理论,其中包括一系列基本原理如劳动价值学说等。由于唯物史观和剩余价值学说的发现,他们科学地论证了社会主义代替资本主义的历史必然性,找到了实现这个历史使命的社会力量和现实道路,从而使社会主义从空想变为科学,创立了科学社会主义。

第三个层次是科学社会主义的基本原理。科学社会主义是马克思和恩格斯运用辩证唯物主义研究人类社会和资本主义经济得出的结论,从这个意义上,马克思主义经典作家有时把自己的理论称为科学社会主义。科学社会主义包括一系列的基本原理,如社会主义代替资本主义是历史的必然;无产阶级是资本主义的掘墓人和社会主义的建设者；无产阶级只有解放全人类才能最后解放自己；无产者联合和共产党领导是实现其历史使命的根本保证；无产阶级要通过革命取得政权使自己上升为统治阶级；从资本主义到社会主义有一个从前者到后者的革命转变时期，这个时期的国家政权是无产阶级专政；无产阶级取得政权后要尽快地发展生产力，并对生产资料进行社会主义改造；无产阶级专政必然导致阶级和国家的消亡；共产主义有一个很长的发展过程，分为第一阶段和高级阶段；共产主义第一阶段在经济上、道德上、精神上还存在旧社会的痕迹，必须实行按劳分配；共产主义高级阶段的基本特征是社会财富的一切源泉充分涌流、人们的精神境界极大提高，实现人的自由全面发展；等等。

二、正确认识基本国情是马克思主义中国化成功的关键所在

第一，立足中国基本国情，马克思主义中国化才能做到有的放矢。实行马克思主义中国化的目的是解决中国的问题。毛泽东同志形象地用"有的放矢"的比喻来说明这个道理，他说："要使马克思列宁主义的理论和中国革命的实际运动结合起来，是为着解决中国革命的理论问题和策略问题而去从它找立场、找观点、找方法的。这种态度，就是有的放矢的态度。'的'就是中国革命，'矢'就是马克思列宁主义。我们中国共产党人所以要找这根'矢'，就是为了要射中国革命和东方革命这个'的'的。"① 而

① 《毛泽东选集》第三卷，人民出版社 1991 年版，第 801 页。

要解决中国问题，就必须以中国的基本国情为对象，用马克思主义的立场观点方法，去对它进行分析研究。所以，在研究中国基本国情的基础上，解决中国的革命或建设问题，是马克思主义中国化的出发点和落脚点，离开了对中国基本国情的研究，马克思主义中国化就无从谈起，或者变成一句空话。正因为如此，毛泽东同志特别强调要对中国的历史和现状、国内国际的环境、革命的敌我友各方的动态等进行系统而周密的调查研究。

毛泽东同志的这段话是针对当时的第一次马克思主义中国化讲的，对于今天同样具有根本的指导意义。我们在进入社会主义社会以后，要进行马克思主义与中国实际的第二次结合，其目的也是为了解决在中国如何建设社会主义的问题，到马克思主义那里找立场观点方法，是用马克思主义之"矢"去射发展中国特色社会主义之"的"的。为了解决这个问题，我们必须正确认识当今中国所处的时代特点，认真研究中国的社会性质和发展水平，准确判断中国社会的主要矛盾和主要任务，深入分析中国的社会结构和社会关系，以便从总体上对中国的基本国情有一个正确的认识和把握，这样才能为解决当代中国问题提供基本的依据，使我们的理论政策扎根实际，使我们建设社会主义脚踏实地。许多人在社会主义初级阶段理论提出以后都有一种感觉，就是我们的社会主义从原来飘浮在天上落实到了地上，具有了扎实的现实基础。其原因就是我们用马克思主义解决中国社会主义建设问题，完全是从当今中国的现实出发，真正做到有的放矢。

第二，一切从中国基本国情出发，是马克思主义中国化的根本要求。在进行马克思主义中国化时，是从中国实际出发，让理论为分析和研究中国问题服务，还是从理论出发，用理论来剪裁中国的现实生活？这是实行马克思主义中国化遇到的首要问题，其实质是在马克思主义中国化问题上，坚持唯物主义还是唯心主义的问题。

马克思主义中国化要处理的基本关系，是马克思主义理论与中国具体实际之间的关系。这二者的关系，归根到底，是理论与实践的关系。辩证唯物主义认为，实践与理论相比是第一性的，实践是本源，是根基，理论源于实践、随着实践而发展，并接受实践的检验。正因如此，我们在马克思主义基本原理与中国具体实际相结合中，就必须坚持唯物主义的基本观点，以研究解决中国实际问题为中心，一切围绕中国实际问题，处处立足中国基本国情，完全从中国的实际出发，而不能从理论出发、从原则出发，颠倒了理论与实践之间的基本关系。然而理论也有其重要的作用，它是为解决实践的任务服务的。我们坚持以马克思主义为指导，是为了更好地认识实际、把握国情，真正做到从实际出发。马克思主义提供给我们的是研究问题的世界观和方法论，是已有的对自然、社会和人类思维发展规律的认识，是过去人类解决各种重大问题的历史经验，也就是说，它为我们提供的是解决问题的理论武器和历史借鉴，而绝不是解决中国问题的具体的答案和结论，这些答案和结论要靠我们运用马克思主义，从分析研究中国的实际情况，也就是具体的国情中产生出来。正因为如此，我们把马克思主义中国化定义为运用马克思主义基本原理解决中国问题的过程。而马克思主义基本原理的运用，正如马克思主义经典作家所说的，"随时随地都要以当时的历史条件为转移"。它绝不是机械地重复和照搬马克思主义的词句所能解决的，也不是把马克思主义的理论和原理简单地套用到现实生活中所能够见效的，而必须下大工夫研究中国的具体实际，从实际生活中引出必要的结论。毛泽东的新民主主义革命理论，邓小平的中国特色社会主义理论，都不是从马克思主义那里简单照搬过来的，而是从中国实际出发创造出来的。由此可见，马克思主义中国化是一个自觉地运用马克思主义解决中国问题的过程，同时是在解决中国问题中创造性地发展马克思主义的过程。在马克思和恩格斯创立自己的学说以后，马克思主义主要就是在解决时代所面临的重大课题和各国革命与建设的实际问题中向前发展的，而能不能一切从当时当地的实际出发，能不能从对实际情况的具体分析中得出正确的结论，则对其是否能够取得成功，起着至关重要的作用。

第三，形成符合中国国情的理论和政策，是马克思主义中国化成功的标志。马克思主义中国化取得成功的标志，是制定出符合中国实际的理论路线方针政策。第一次马克思主义中国化取得成功的标志，是新民主主义革命道路的开创和毛泽东思想的形成；第二次马克思主义中国化取得成功的标志，是中国特色社会主义道路的开创和中国特色社会主义理论的形成。在马克思主义中国化的过程中，我们党为什么能制定出正确的理论路线和方针政策呢，其根本的原因就在于，它们都是根据我国的具体国情提出来的，离开了对中国基本国情的正确认识和判断，这些理论路线方针政策就失去了自己的基本依据，是根本不可能制定出来的。例如，在新民主主义革命中，王明等人照搬书本和苏联经验，严重脱离当时中国的实际，给革命事业带来严重的损失。它说明，党的路线和政策如果不是根据中国的实际国情制定出来的，都是不会取得成功的，都不能解决中国的问题。而毛泽东同志能够成功制定出新民主主义革命的路线和政策，最根本的原因就在于，这些路线和政策是根据当时中国是一个半殖民地半封建性质的社会提出来的。正如他在《中国革命与中国共产党》一书中所指出的："只有认清中国社会的性质，才能认清中国革命的对象、中国革命的任务、中国革命的动力、中国革命的性质、中国革命的前途和转变。所以，认清中国社会的性质，就是说，认清中国的国情，乃是认清一切革命问题的基本的根据。"①

中国特色社会主义的理论和路线方针政策，完全是建立在对当代中国社会性质和发展水平的科学判断的基础上的，认清当代中国的基本国情，同样是解决中国社会主义建设一切问题的根本依据。进入社会主义社会以后，我们党对社会主义建设规律的探索一开始是比较成功的，取得了重要的认识成果，后来为什么突然走偏了探索方向，发生了严重曲折？根本的原因就在于1957年整风"反右"以后，对中国的基本国情的判断出现了严重失误。党的十一届三中全会以后，我们党端正了思想路线，重新认识当代中国社会，提出了人口多、底子薄、八亿人口在农村，是我国的基本国情，后来又在此基础上提出了系统的社会主义初级阶段理论。我国"一个中心，两个基本点"的基本路线、富强民主文明和谐的现代化建设目标、三步走的发展战略等，都是根据社会主义初级阶段的基本国情提出来的，目的都是解决社会主义

---

① 《毛泽东选集》第二卷，人民出版社1991年版，第633页。

初级阶段的主要矛盾，实现社会主义现代化建设任务。从这个意义上完全可以说，如果没有对社会主义初级阶段基本国情的准确把握，我们党的理论和路线方针政策就会脱离当代中国实际，从而失去自己赖以形成的条件和基础，在这种情况下，要实现马克思主义中国化的第二次历史性飞跃是不可能的。

要使党的路线和政策始终保持与实际相一致，还必须把握我国基本国情变与不变的辩证关系。在基本实现社会主义现代化以前，我国的基本国情始终是社会主义初级阶段，这是我们党制定路线和政策的根本依据。根据这个基本国情制定的党的路线和政策，包括党的基本路线和基本纲领，都是必须毫不动摇地加以坚持的。同时又要看到，我们的社会是在不断发展变化的，必然在社会主义初级阶段这个大的历史阶段中呈现出若干具体的发展阶段。我们在坚持从社会主义初级阶段基本国情出发的时候，不但要根据整个社会主义初级阶段的基本国情，还必须重视我国社会发展的阶段性特征，并据此不断地发展和完善我们的路线和政策，这样才能始终保持党的路线和政策的与时俱进，使其始终与我国的社会发展状况相适应。"三个代表"重要思想、科学发展观、习近平新时代中国特色社会主义思想，反映了我们党的理论和路线方针政策是随着时代和国情的发展而发展的。

三、按照实事求是精神进行理论创新，是推进马克思主义中国化的根本方法

怎样才能把马克思主义基本原理与中国具体实际相结合，其

根本的方法是实事求是。邓小平曾经说过，实事求是是马克思主义最根本最重要的东西，是毛泽东思想的精髓和活的灵魂，我们过去搞革命靠的是实事求是，现在搞现代化建设仍然要靠实事求是。而实事求是的含义，按照毛泽东的解释："'实事'就是客观存在着的一切事物，'是'就是客观事物的内部联系，即规律性，'求'就是我们去研究。我们要从国内外、省内外、县内外、区内外的实际情况出发，从其中引出其固有的而不是臆造的规律性，即找出周围事物的内部联系,作为我们行动的向导。"① 无论是民主革命时期的第一次马克思主义中国化，还是社会主义时期的第二次马克思主义中国化，我们党都是运用马克思主义这个理论武器，研究中国国情的具体过程，揭示事物之间内部联系的过程，认识事物的本质和发展规律的过程。总之，是要通过实事求是的方法，达到对中国国情的正确认识，为我们的行动提供科学的根据。通过实事求是的方法，正确认识中国的基本国情，并从中引出必要的结论，是马克思主义中国化的最基本和最重要的任务。

建国 70 多年来，我们党按照实事求是的要求，创造了许多立足实际生活的理论创新的经验。这些经验归结起来主要有两种：第一种是毛泽东同志所倡导的调查研究创新方法。这种理论创新有两种形式，一是通过对来自实际生活的大量的文献资料的研究进行理论创新。毛泽东同志认为马克思和列宁的许多著作就是通过这种方式进行理论创新的，而且把这种理论创新方式称为调查研究的创新方法。他说："马克思、恩格斯提出的那些原理原则是

---

① 《毛泽东选集》第三卷，人民出版社 1991 年版，第 801 页。

经过调查得出的结论。如果没有伦敦图书馆，马克思写不出《资本论》。列宁的《帝国主义论》，现在印出来的是一本薄薄的本子，他研究的原始材料，比这本书不知厚多少倍。"[①] 二是通过直接到实际生活中做调查研究进行理论创新。我们党继承和发扬了毛泽东同志在民主革命时期就一直倡导的这种调查研究的理论创新方法，从周密的系统的调查研究中得出理论上的结论。例如，被称为探索适合中国情况的建设社会主义道路的开山之作《论十大关系》，就是毛泽东同志在系统地调查研究的基础上形成的。后来他回忆说："那十大关系怎么出来的呢？我在北京经过一个半月，每天谈一个部，找了三十四个部的同志谈话，逐步形成了那个十条。如果没有那些人谈话，那个十大关系怎么会形成呢？不可能形成。"[②] 在探索解决我国三年困难的政策和办法时，毛泽东同志同样用的是调查研究的方法。他曾建议把1961年作为调查研究年，号召全党大兴调查研究之风。从上述情况可以看出，毛泽东是把调查研究视为马克思主义理论创新的根本方法。

第二种是邓小平同志所倡导的在试验基础上的创新方法。科学试验长期被认为是自然科学领域理论创新的一种主要方法，邓小平同志把它成功地应用于我国的改革开放实践，用于解决如何建设中国特色社会主义的问题。他说"改革开放是很大的试验""我们最大的试验是经济体制的改革"。[③] 我国在改革开放中的理论和体制创新，尤其是改革开放初期的创新，基本上是用试

---

① 《毛泽东文集》第八卷，人民出版社1999年版，第256页。

② 《毛泽东传（1949—1976）》（上），中央文献出版社2003年版，第471页。

③ 《邓小平文选》第三卷，人民出版社1993年版，第130页。

验的方法取得的。邓小平在民主革命时期把这种方法称为"摸着石头过河"，在改革开放中对它进一步加以发展，称之为试验的方法。这是一种通过试验性的实践来进行理论创新的方法。中国的改革开放是前无古人的伟大事业，没有任何现成的经验可供借鉴，只能边实践边探索，或者说是通过试验在实践中摸索前进。摸着石头过河的前提，是邓小平提出的"猫论"，即不管白猫黑猫，只要能抓住耗子就是好猫。具体来说，我们的探索目的是十分明确的，究竟哪一种理论和方法能够更好地实现我们的目的，完全靠实践来解决。摸着石头过河的要求是，"胆子要大、步子要稳"。所谓胆子要大，是指思想要解放，敢于去冒、敢于去闯，敢于提出别人不敢提的想法，敢于做别人没有做过的事情，用深圳人的说法，就是敢为天下先，这样才能打破旧传统旧习惯的束缚，进行理论创新和体制创新。所谓步子要稳，"这就要求我们每走一步，都兢兢业业，大胆细心，及时总结经验，发现问题就做些调整，使之符合实际情况"，[1] 也就是说，在探索中要注意总结经验，稳步向前推进，经常回过头看一看，发现错误就及时改正，这样就可以避免出现长期性的和全局性的错误。他特别强调，对于一时看不准的事情，一定要先进行试验，如果成功，就加以推广，行不通的就及时改正。对于看准了的事情，要坚决地干，但要允许看，即允许思想不通的人观望，等他们想通了自然就会跟上来。在探索中，邓小平同志提出不争论，强调在实践的基础上统一认识。应当说摸着石头过河的方法，或者说通过试验

---

① 《邓小平文选》第三卷，人民出版社1993年版，第263页。

马克思主义中国化时代化基本理论研究 /

摸索前进的方法，是邓小平同志在开创中国特色社会主义事业中所使用的主要创新方法，具有重要的中国特色和历史特点。正是运用这样的方法，我们开拓出了一条建设中国特色社会主义的成功道路，创立了中国特色社会主义理论。

这两种理论创新方法的共同之处在于，都是根据实践经验进行理论创新，是对实践经验的总结和升华，完全符合辩证唯物主义的认识论。但这两种方法运用唯物主义认识论的侧重点有所不同。调查研究的方法侧重于认识论的第一阶段，即通过系统而周密的调查，掌握客观实际和反映客观实际的材料，进行去粗取精、去伪存真、由此及彼、由表及里地研究思考，认识事物的内在联系和发展规律，进行理论上的创新，提出解决问题的思路和办法。而在试验中探索的方法侧重于认识论的第二个阶段，通过对提出的理论和方法的实际试验，用实践来检验它是否正确，是否符合客观实际，能不能达到我们的目的，能不能解决我们的问题，从而更直接地依靠实践来创新理论和完善理论。

四、马克思主义中国化与马克思主义时代化、大众化的关系

1. 马克思主义中国化与马克思主义时代化的关系

马克思主义中国化与马克思主义时代化是两个既相联系又相区别的问题。所谓联系是指它们都是马克思主义基本原理在中国具体运用中需要解决的问题。所谓区别，是指时代化所要解决的是时间发展所提出的问题，中国化所要解决的是空间变化所提出

的问题。从理论上我们可以把这两个方面区别开来，而实际上这两个方面又是不可分割的。因为"马克思主义与中国实际相结合"这个命题中的中国，只能是一定具体历史条件下的中国，而不可能是没有时间纬度的中国。从中国实际出发就意味着从当时当地的中国实际出发，从国内国际的实际情况出发。从这个意义上讲，马克思主义中国化的命题也包括时代化的问题。我们党把时代化单独提出来，是为了强调要从时间和空间坐标的经纬交叉点上准确把握中国的实际，解决中国的问题。马克思主义时代化，是指我们运用马克思主义的立场、观点、方法去研究我们所处的历史时代，认识当今时代的性质、主题、特征、趋势等重大问题及其对我国的影响，并据此制定出符合时代发展要求的理论和路线方针政策。正像马克思主义中国化是把马克思主义基本原理应用于中国实际以解决中国面临的问题一样，马克思主义的时代化是把马克思主义基本原理应用于当今中国所处的历史时代，以解决当今时代发展向中国所提出的问题。

马克思主义时代化包括三个方面的任务：第一，是运用马克思主义的立场、观点、方法去分析研究我们所处的时代，探寻当今世界发展的规律和历史趋势，从中得出科学的结论。例如，邓小平同志在20世纪80年代初，通过分析世界的发展变化，敏锐地洞察到时代主题的变化，得出了和平与发展是当今世界的两大主题的结论；后来我们党在世纪之交，根据世界形势的新发展进一步提出，当今世界呈现出政治多极化、经济全球化、科技加速发展的历史趋势。这些都是我们党用马克思主义研究当今世界得出的重要结论。第二，研究时代的发展变化对中国的影响，或者说给我们提出了哪些新问题和新任务。例如，从世界大战在相当长的时期内不可能爆发的判断中，得出了中国今后的发展可以有一个和平的国际环境的结论；从"当今世界是开放的世界"的判断中，得出"中国的发展离不开世界"的结论；从对 21 世纪初世界形势的总体判断，得出我国将有一个重要的发展机遇期的结论。第三，是要根据对时代及其发展趋势的认识，制定我国的内外政策。例如，我国的以经济建设为中心的历史性转折、独立自主和平外交政策的形成，是与和平与发展是当今时代的主题的判断分不开的；我国实行并不断扩大对外开放，是与"当今的世界是开放的世界"和对经济全球化趋势的判断分不开的。

在马克思主义时代化问题上需要防止两种错误的倾向：第一种是以时代的发展变化为理由，否定马克思主义基本原理。例如，在 19 世纪末 20 世纪初，当世界由自由资本主义时代进入帝国主义时代时，以伯恩斯坦为代表的第二国际领导人，认为由于时代变了，马克思主义已经过时了，主张对马克思主义进行全面和根本的修正。这种修正主义的主要错误在于，它否认马克思主义的普遍真理的性质。我们决不能因为时代的发展变化而否定它的普遍真理的性质和对实践的指导意义。当然我们也承认，马克思主义作为科学真理也和其他科学真理一样具有相对真理的性质，它也要在实践中不断发展并接受实践的检验。但这同借口时代的发展变化来根本否定马克思主义的真理性质和指导作用是完全不同的。

第二种错误倾向是不顾时代的发展变化，简单照搬过去的结论来回答现实的问题。他们不是把马克思主义当作世界观和方法论，而是机械照搬马克思主义的书本，企图从中找出解决当今问题的现成答案。邓小平同志尖锐地批评了这种做法，说："绝不能要求马克思为解决他去世之后上百年、几百年所产生的问题提供现成答案。列宁同样也不能承担为他去世以后五十年、一百年所产生的问题提供现成答案的任务。真正的马克思列宁主义者必须根据现在的情况，认识、继承和发展马克思列宁主义。"①

2. 马克思主义中国化与马克思主义大众化的关系

马克思主义中国化是解决马克思主义与中国实际的结合问题，然而这个过程中所形成的中国化的马克思主义要在实践中发挥作用，还必须进一步实行马克思主义的大众化。马克思说："批判的武器当然不能代替武器的批判，物质力量只能用物质力量来摧毁；但是理论一经掌握群众，也会变为物质力量。"② 马克思主义理论是改造世界的精神武器，它只有为广大群众所掌握，成为群众的行动指南，才可能从精神力量转化为物质力量，发挥改造世界的伟大作用。如果不为群众所认识所掌握，再完美的理论也不可能对实践产生作用。所以，马克思主义大众化是这个科学理论由少数人掌握到广大群众掌握的过程，它是马克思主义由精神力量转化为改造世界的物质力量的前提条件。马克思主义经典作家十分重视理论的普及和大众化问题，列宁说："最高限度的马克思主义＝最高限度的通俗化和简单明了。"③ 在他的倡导下，当时的苏维埃俄国曾经编写了大批通俗易懂、简单明了的理

---

① 《邓小平文选》第三卷，人民出版社1993年版，第291页。

② 《马克思恩格斯选集》第一卷，人民出版社1995年版，第9页。

③ 《列宁全集》第三十六卷，人民出版社1985年版，第467页。

论读物。

马克思主义大众化不仅是马克思主义中国化的必然要求，从某种意义上讲，也是马克思主义中国化的重要内容。众所周知，马克思主义产生于 19 世纪的欧洲，是从国外传入中国的。马克思主义创始人的著作，从内容、风格到语言表达都是外国的，在这些著作被翻译到中国以后，我们要通过马克思主义中国化，把它与中国实际包括中国文化传统和语言习惯结合起来，创造出反映中国内容、具有中国风格和中国气魄的中国化的马克思主义理论。只有这样的马克思主义理论才能直接解决中国人民的问题，才更容易为中国的群众所熟悉和掌握。正因为如此，马克思主义大众化与马克思主义中国化是密不可分的，把马克思主义中国化就是在做着促进马克思主义在中国大众化的工作。

马克思主义中国化与大众化密切相关，但又不完全相同。因为毕竟前者是通过马克思主义基本原理与中国具体实际相结合，创造中国化的马克思主义理论，后者是让群众掌握这种理论，并用以指导他们的实践。马克思主义大众化的关键是通俗化。因为只有把马克思主义通俗化，才能使博大精深的马克思主义理论变得通俗易懂、简单明了，容易为广大群众所掌握。毛泽东同志在这方面是我们的楷模，在他的著作中不仅大量引用中国人民所熟悉的格言、警句、寓言、成语、典故、谚语等，而且运用生动的历史和神话故事，如愚公移山、三打祝家庄等去说明深刻的道理。他经常用人们身边发生的典型事例，以群众所熟悉的语言来阐发马克思主义的基本观点，脍炙人口的《为人民服务》《纪念白求恩》就是这方面的代表作。邓小平同志也善于以通俗生动的语言表述深刻的道理，如人们所熟悉的"不管白猫黑猫，能抓住耗子就是好猫""摸着石头过河"等，就曾在群众中产生了广泛的影响。他更善于以简单明了的语言概括重要的理论观点和路线方针政策，其中最有代表性的是：发展是硬道理，一个中心两个基本点、两手抓两手都要硬，等等。

改革开放40多年来，我们在马克思主义中国化方面取得了伟大的成绩，创立了中国特色社会主义理论，与此同时，我们在马克思主义大众化方面也要做出相应的努力，坚持用中国特色社会主义理论武装全党、教育群众，使理论转化为改造客观世界的巨大物质力量，不断推进中国特色社会主义伟大事业向前发展。

我国民主政治的制度优势与基本特征

　　党的十七届四中全会强调，要加强党的意识形态工作和思想政治工作，引导党员、干部自觉划清中国特色社会主义民主同资本主义民主的界限。这对于提高全党的政治敏锐性和政治鉴别力，引导干部群众自觉坚持中国特色社会主义政治方向，澄清民主政治建设问题上的错误观点，抵制敌对势力西化和分化的图谋，具有重要而深远的意义。

一、走自己的路，还是照搬资本主义民主模式？

　　民主作为人类社会一种文明的政治制度，百余年来一直是中国人民孜孜追求的理想目标。但对于如何实现民主、实现什么样的民主，始终存在着两种根本不同的道路和模式：一种是把马克思主义基本原理与中国具体实际相结合，走自己的路，建设中国特色社会主义民主；另一种是走全盘西化道路，把资本主义民主照搬到中国。中国共产党把马克思列宁主义与中国革命的具体实践相结合，领导中国人民推翻了帝国主义、封建主义和官僚资本主义的统治，创建了工人阶级领导的工农联盟为基础的人民民主专政的国家，在中国第一次实现了真正的人民民主，并从中国的具体国情出发，创立了人民代表大会制度、共产党领导的多党合作和政治协商制度、民族区域自治制度、基层群众自治制度等基本政治制度和一系列具体政治制度，找到了中国特色社会主义政治发展道路，形成了与资本主义民主根本不同的政治模式。

中国特色社会主义民主与资本主义民主相比具有巨大的优越性，归结起来主要有两条：第一，中国特色社会主义民主是人类历史上先进的社会主义性质的民主，它把过去只有少数剥削者才能享受的民主变为大多数人都可以享受的人民民主，使广大人民群众真正成为国家和社会的主人，拥有广泛而真实的民主权利；第二，中国特色社会主义民主是中国人民创造的适合中国国情的民主。世界上并不存在唯一的、普遍适用的和绝对的民主模式，关键是要看它是否符合本国人民群众的要求，是否符合本国的实际情况。中国特色社会主义民主是中国共产党领导中国人民长期奋斗和艰苦探索得来的，既遵循民主发展的一般规律，又具有鲜明的中国特色，已经被实践证明是完全符合中国实际和中国人民愿望的政治制度。它实现了人民当家作主，有利于国家政治稳定，能够调动起广大人民建设美好幸福生活的积极性和创造性，为我国经济社会发展提供了强大动力和坚强政治保证。现在越来越多的人都在关注中国取得巨大成功的奥秘，研究中国发展模式的内在优势，其中的重要内容之一，就是中国特色社会主义民主与资本主义民主有什么不同、有什么优势。

二、真正的人民民主，还是实质上的金元民主？

民主是伴随着阶级和国家而产生的，具有鲜明的阶级性。在奴隶社会和封建社会，普遍实行的是专制政体，即使是极少数实行民主政体的国家，也只有奴隶主阶级和封建主阶级才享有民主权利。资本主义社会打破了封建等级制和特权思想，根据所谓"天赋人权"理论，在法律上承认所有公民都享有平等的民主权利，这无疑是历史的重大进步。然而，资产阶级法权有其不可克服的局限性，这就是它以同一的尺度去衡量实际情况各不相同的人，于是就产生了形式上平等而实际上不平等的结果。从形式上看，所有的公民都有选举权和被选举权，都可以参加国家事务管理，但由于资本主义社会是以生产资料私有制为基础的，存在着严重的阶级对立和贫富两极分化，这就使每个人实际享有的民主权利出现了天壤之别。

马克思在谈到人的发展历史时，称资本主义社会人的独立性是"以物的依赖性为基础的人的独立性"。表面上看，每个人都是独立、自由、平等的，但由于人与物的关系在这里是颠倒的，人是完全依赖于物的，所以在资本主义社会，金钱才是决定一切的，金钱能够左右政治，左右人们的民主权利。各个资产阶级垄断集团为了掌控国家政权，利用金钱收买选票，操纵媒体，推介自己的候选人。整个竞选活动实际上是资本集团的财力比拼，是资本操纵下的政治游戏。选举中当选的议员和政府官员大都是资本家或他们的代理人，实行的也主要是支持他们的垄断集团的政策，而普通民众根本无力与之竞争，很难在竞选中取胜，其根本的原因就在于金元民主，最后决定选举胜负的是金钱。正因为这样，资本主义国家的普通民众，尤其是下层的群众对金钱操纵的政治游戏逐步失去兴趣，参加议会和总统选举的人数越来越少，美国总统大选的选民投票率当前只有 50% 左右。这再清楚不过地表明，资本主义民主只不过是一些垄断集团的民主，是他们之间政治上的争权夺利。

中国特色社会主义民主则与资本主义民主根本不同。新中国成立后，我们建立了人民当家作主的人民政权，进行了生产资料的社会主义改造，消灭了剥削阶级和剥削制度，从而根除了引起人们在民主权利方面不平等的阶级根源，把只有少数富人才能真正享受的资产阶级民主，变为广大人民群众都可以真正享受的社会主义民主。应当承认，在我国，人们的富裕程度和其他许多情况是存在差别的，但这并没有成为人们独立、自由、平等地行使民主权利的障碍，因为中国特色社会主义是坚持以人为本的，也就是说是以最广大人民群众为本的。人和物的关系在我们这里和资本主义国家是根本不同的。我们的物质生产和精神生产都是为了满足人民群众日益增长的物质文化需要，而决不是像资本主义私有制国家那样以物来支配人，任何人都不允许用金钱来左右政治，干涉别人独立、自由、平等地行使自己的民主权利。人们不分民族、种族、性别、职业、家庭出身、宗教信仰、教育程度、财产状况和居住期限，都有选举权和被选举权，都可以享受到公民的各种民主权利，广大人民享受的民主权利是真实可靠的，是形式与本质相符的，是真正的人民民主。

三、人民代表大会一院制，还是三权分立两院制？

在资本主义国家，政治权力是由不同的国家机构分别行使的，其中议会行使立法权，总统和政府行使行政权，法院行使司法权，形成了三权分立的多元权力结构。这三个机构地位是平等的，彼此间没有从属关系；权力是平行运行的，彼此间相互制约、相互监督。资本主义国家的议会一般分为上议院、下议院或参议院、众议院，同样也是彼此地位平等而且相互制约，按多元方式行使立法权，被称为两院制。三权分立和两院制对反对封建专制主义、防止权力高度集中发挥了重要作用，其中体现的权力制衡与监督原则，是对人类民主政治发展的积极贡献。但是这种政治制度也存在着明显的内在缺陷，那就是权力多元行使所引起的各权力机关之间的互相扯皮、互相掣肘和政治权力运行效率不高、成本昂贵。这种缺陷在资本主义国家三权分立体制下是无法克服的。

我国是人民当家作主的国家，国家权力由人民选举产生的全国人民代表大会统一行使。人民代表大会直接行使立法权、监督权、重要人事任免权、重大事项决策权，国务院行使的行政权和最高人民法院、最高人民检察院行使的司法权都是人民代表大会授予的，它们都要向人民代表大会负责、定期向它报告工作并接受它的监督。国家的这种一元化权力结构是由我国的社会主义性质决定的，它体现了国家一切权力来自人民、一切权力属于人民的原则，有利于保证和实现人民群众当家作主。在权力运行方面，我们与资本主义国家也根本不同，人民代表大会是按照民主集中制原则集体行使权力的，重大问题都是由人大代表或人大常委会组成人员在集体讨论的基础上按照少数服从多数的原则作出决定，既充分发扬了民主，又避免了资本主义国家三权分立的互相牵制、互相扯皮，以及行政权膨胀和议会变成"清谈馆"之类的弊端，把民主与集中有机地结合起来了，把民主和效率成功地统一起来了。

四、共产党领导的多党合作，还是多党轮流执政？

在资本主义社会，代表不同利益集团的各个政党在选举中进行激烈竞争，由取得选举胜利的政党或政党联盟上台执政，而在竞选中遭到失败的政党则成为反对党，对执政党进行制衡和监督，这样就形成了两个或多个政党通过竞选轮流上台执政的局面。两党或多党竞争可以对资产阶级政党产生巨大的压力和动力，有利于维护资产阶级的政治统治。然而多党竞争、轮流执政又存在着无法克服的问题。首先，每个政党所代表的只是某一个或部分资本家集团的利益，无论哪个政党上台执政，都必然首先维护支持他们上台的资本集团的利益，不可能完全公平地对待其他社会力量，而广大劳动人民只不过是他们竞选时利用和拉拢的对象而已。其次，竞争是西方政党关系的本质和主流，这种相互竞争严重影响了政党之间的团结与合作，进而影响和削弱了全社会整体力量的凝聚和发挥。再次，制衡和监督本来是民主的必要条件，但由于资本主义国家的制衡与监督是建立在政党竞争的基础上，就使这种制衡与监督具有严重的政党偏见，容易失去对事物判断的客观性和公正性，往往是"你赞成的我就反对，你反对的我就赞成"，致使制衡与监督变成了相互攻讦与掣肘。

我国的政党制度是中国共产党领导的多党合作和政治协商制度，与资本主义国家的两党或多党轮流执政制度有着根本的区别。首先，合作共赢是我国政党制度的鲜明属性。社会主义社会不存在阶级对立，全体人民的根本利益是一致的，这构成了政党合作的坚实基础，使多党合作成为可能。社会主义社会各阶层人民的具体利益又存在着差别，需要政党来反映这种不同的利益和要求，这种差异性和多样性又使多党合作成为必要。社会主义社会的政党关系，不是资本主义社会那种对立的或者竞争的关系，而是友好合作的关系，各政党团结合作，群策群力，和谐相处，共同为实现全国人民的利益而奋斗。同时又尊重差异、包容多样，重视各阶层人民的不同利益和要求，重视各个政党的不同地位和作用，坚持全国人民根本利益与各阶层人民具体利益的统一，使各阶层人民在为中国特色社会主义事业共同奋斗中互利共赢，使各党派在多党合作中长期共存、共同发展。其次，共产党领导和执政是我国政党制度的核心内容。多党合作需要有一个坚强的领导核心，才能长期稳定地向前发展。中国共产党是以马克思主义为指导的无产阶级政党，是眼光最远大、胸怀最广阔、政治上最先进的政党，能够团结和带领各民主党派与无党派人士为中国人民的利益共同奋斗，从而保证我国多党合作的正确方向和坚强团结。坚持共产党领导与发挥民主党派作用是相辅相成、有机结合的。经过长期的实践和探索，我国已经形成了共产党领导、多党派合作，共产党执政、多党派参政的和谐政党关系格局，创立了中国特色社会主义的新型政党制度模式。再次，民主监督是我国政党制度的突出特征。我们的政党监督是相互合作的友好政党间的民主监督，监督的目的不是出于本党的私利，而是为了共同实现好中国人民的利益，这就使彼此的监督具有真诚的、不带偏见的、积极建设的性质，从而避免资本主义政党为了竞争需要而难以克服的相互拆台、相互攻讦、相互掣肘之类的弊端。

五、协商民主与选举民主相结合，还是代议制的选举民主？

在民主的实现形式方面，资本主义国家普遍采用代议制的间接民主，由选民通过投票选举产生国家权力机关，再由它们代表选民来行使国家权力。这就使投票选举在代议制民主中具有十分重要的意义，有人把这种民主称为选举民主或票决民主。但代议制的选举民主存在着内在的缺陷：选民只能通过投票来决定谁代表他们行使国家权利，而不可能自己直接参与国家权力的行使，他们的民主权利实际上就是隔几年参加一次选举投票。各利益集团在竞选中利用金钱操纵选举，进一步放大了代议制选举民主的这种问题和缺陷。资本主义国家的一些政治学者针对代议制民主的困境和问题，提出过多种构建协商民主的设想，试图对资本主义国家代议制选举民主进行修补和替代，从而引起了人们对资本主义国家选举民主的质疑和对协商民主的注意。

中国特色社会主义的民主形式是选举民主与协商民主相结合。我国的主要民主形式是选举民主。宪法规定，最高国家权力机关全国人民代表大会按照选举民主规则运行，各级人民代表大会的代表和领导机构是选举产生的，人民代表大会的各项决议是投票表决通过的。另外，我国有长期形成的中国特色协商民主，这种协商民主与选举民主是有机结合的。我国的协商民主主要通过两条渠道来进行：一是政党之间的协商。共产党作为执政党，经常就国家重大问题直接与参政的民主党派和无党派人士协商对话，充分听取他们的意见，这些协商意见被吸收到执政党提交给全国人民代表大会的建议中，作为人民代表大会决策和立法的基础。二是政协会议的协商。政协是历史形成的专门进行政治协商的组织，在政治协商会议上，共产党和各民主党派、人民团体、无党派人士及社会各界的代表人士，就国家重大问题进行协商讨论，这些协商成果作为政协的决议和议案直接提交给人民代表大会，作为人大制定法律和进行决策的重要依据。此外，我国每年一次同时举行的人大会议与政协会议，政协委员就人大讨论的问题充分发表意见，为人大的最后决策提供了直接的参考。党的十七大明确提出，要把政治协商纳入决策程序，这进一步推进了我国两种民主形式的结合，使党和国家的重大决策建立在充分政治协商的基础上，从程序上实现我国根本政治制度与基本政治制度的成功对接，不但扩大了公民的政治参与，拓展了民主的社会基础，而且增强了决策的科学性，提高了决策水平，从根本上克服了单纯实行选举民主所难以避免的缺陷。

中国特色社会主义民主是从中国实际出发形成的社会主义民主，是比资本主义民主更高类型的民主，具有自己的制度优势和鲜明特点。由于中国特色社会主义民主诞生的时间还比较短，要达到完善和成熟尚需一个长期的过程。我们必须把坚持与发展中国特色社会主义民主统一起来，坚定不移地走中国特色社会主义民主政治发展道路，不断总结人民创造的民主建设经验，既吸收和借鉴人类政治文明成果，包括资本主义民主中一切对我们有益和有用的东西，又坚决反对照搬资本主义民主模式，同资本主义民主划清界限，积极稳妥地发展中国特色社会主义民主，并在实践中展现其更加强大的生命力和吸引力。

准确把握马克思恩格斯的社会主义思想

　　马克思和恩格斯是科学社会主义的创始人，他们的学说创立一百多年来，在世界上产生了广泛而深刻的影响，研究他们学说的著作也浩如烟海，形成了各种不同的甚至完全对立的思想观点，于是如何准确把握和科学对待马克思和恩格斯的社会主义思想，对于编写马克思主义研究和建设工程重点教材《科学社会主义概论》（以下简称《科社概论》）就变得十分重要。由于充分认识和正确处理了这个重大而又困难的问题，大大提升了它的科学价值和学术含量，产生了许多值得重视的理论亮点。

一、进一步深化对社会主义从空想到科学的认识

　　《科社概论》把科学社会主义的产生与人类追求理想社会联系起来，指出人类自进入阶级社会以来，面对剥削压迫制度所产生的各种罪恶、苦难和仇恨，不断有思想家发出抗议和批判的声音，提出过多种关于理想社会的构想。这些构想反映了人类对美

好社会的向往和追求，它的内容归结起来主要有两个方面：一个是要求生产发达、生活富裕，一个是社会和谐、公平正义。科学社会主义对未来社会的构想是在吸收、借鉴这些优秀思想成果，尤其是空想社会主义的思想成果的基础上发展起来的。然而历史上的这些思想家提出的关于未来理想社会的构想，其历史的和阶级的局限性是十分明显的，即使是作为早期无产者思想反映的空想社会主义也不可避免。所以马克思和恩格斯创立科学社会主义又必须具备特定的社会历史条件，必须有马克思和恩格斯所做的创造性的理论研究工作。

《科社概论》首先从社会化生产的形成、资本主义生产方式的确立、无产阶级的发展壮大、资本主义社会基本矛盾的爆发四个方面系统地阐述了科学社会主义产生的社会历史条件，突破了原来主要是从无产阶级的成熟程度和无产阶级反对资产阶级斗争发展水平这个视角来论述科学社会主义产生的社会历史条件的局限，其中较有新意的是：第一，把社会化生产的形成作为论述科学社会主义产生的逻辑起点，这就突出了生产力对社会发展的最终决定作用，强调了社会主义必然代替资本主义，归根结底是由于它符合社会化生产发展的要求。当社会化生产已经形成，并成为普遍的和占统治地位的生产力的时候，必然要求突破资本主义私有制的束缚和限制，而且社会化生产的发展也势必造就代表其发展要求的社会力量——现代无产阶级。这就为科学社会主义的产生提供了必要的物质基础和阶级基础。第二，突出资本主义社会基本矛盾的形成和剧烈爆发。科学社会主义为什么会在19世纪40年代产生，从社会历史条件来看，根本的原因就在于，这时英国已经完成了产业革命，法、德、美等国的产业革命也正在进行，社会化生产和资本主义占有这个资本主义社会基本矛盾不但已经形成，而且从 1825 年开始剧烈地爆发出来，出现了大致十年就发生一次的周期性的经济危机。在经济危机中资本主义生产方式的内在矛盾充分暴露出来，资本主义私有制对生产力的束缚和破坏作用、对广大群众带来的苦难尖锐地显现出来，正是在这样的背景下，马克思和恩格斯才有可能突破空想社会主义的历史局限，使社会主义从空想变为科学。当然《科社概论》对无产阶级的发展壮大尤其是它在十九世纪中叶开始登上政治舞台这个重要的社会历史条件也十分重视，并没有因为强调社会化生产和资本主义社会基本矛盾面忽视这方面的社会历史条件。

马克思恩格斯如何把社会主义从空想发展为科学的，是研究科学社会主义产生问题的最重要的理论课题。《科社概论》科学论证马克思如何发现了唯物史观，揭示人类社会发展的客观规律，在人类历史上第一次把对历史发展的解释建立在唯物主义的基础上，接着又论证了马克思如何运用唯物史观研究资本主义社会，揭示了生产关系要适应生产力的规律必然导致社会主义代替资本主义，从而把社会主义代替资本主义建立在历史发展的必然性的基础上，从而科学地回答了社会主义为什么必然代替资本主义的问题，奠定了科学社会主义的第一块基石。《科社概论》进一步论证马克思通过对劳动力在市场上的交换价值与劳动力在使用过程中创造的价值的区分，揭露了资本家剥削工人的秘密，创立了剩余价值学说。马克思通过剩余价值学说的发现，揭示资本主义社会中资产阶级与无产阶级利益的根本对立，指出无产阶级要获得解放，必须消灭生产资料的资本主义占有制以及建立在这个基础上的资本主义生产关系，推翻维护这种生产关系的资产阶级国家机器，这就找到了实现社会主义代替资本主义的现实的社会力量和必然道路，从而解决了如何才能实现社会主义代替资本主义的问题，奠定了科学社会主义的另一块基石。

《科社概论》把 1848 年《共产党宣言》的发表作为科学社会主义诞生的标志，原因就在于，它作为世界上第一个共产党的纲领，科学地论证了社会主义代替资本主义的历史必然性，系统地阐述了科学社会主义的一般原理，明确地划清了科学社会主义与其他社会主义流派的界限，奠定了无产阶级政党学说的基础。这一切都表明，社会主义已经完成从空想到科学的转变，并开始与登上政治舞台的工人运动相结合，成为指导工人阶级实现伟大历史使命的理论武器。《科社概论》还充分阐述科学社会主义诞生的伟大意义，指出它是社会主义思想史上最伟大的理论成就，是无产阶级和人民群众争取解放的强大思想武器，为人类社会的未来指明了发展的方向和道路。

二、科学地对待经典作家关于未来社会的理论

马克思和恩格斯在批判旧世界的基础上对未来社会进行科学构想，指明了人类的未来社会是共产主义社会，并进一步揭示了共产主义社会的一般特征和发展阶段。今天我们建设中国特色社会主义，既要以马克思主义经典作家关于未来社会的理论为指导，又必须一切从中国实际出发，不能简单照抄照搬。这就必须

准确把握马克思主义经典作家未来社会思想的精神实质，科学地对待他们关于未来社会的论述。

关于什么是共产主义社会，人们有各种各样的理解和描述，这些理解和描述有些是符合马克思和恩格斯原意的，有的则是后人的发展或附加。《科社概论》严格按照马克思主义创始人的原意和他们关于不凭空设想未来的原则，把未来社会的一般特征概括为：共产主义是"以生产力的巨大增长和高度发展为前提"[①]的社会，是将"最终废除私有制"[②]的社会，是按照整个社会的要求自觉地组织生产的社会，是消灭了剥削、真正实现社会平等的社会，是人的精神境界极大提高的社会，是消灭了阶级与国家自行消亡的社会，是每个人自由而全面发展的社会，是人与自然和谐相处的社会。总之，共产主义是人类从必然王国到自由王国的飞跃，它彻底实现了人类的自由和解放。

马克思和恩格斯认为，共产主义社会不是一种静止的终极的状态，而是一个不断发展的过程。在《哥达纲领批判》这部著作中，马克思第一次把共产主义社会划分为第一阶段和高级阶段。《科社概论》根据马克思的思想论述这两个阶段的联系与区别，并强调指出，马克思关于共产主义两个阶段划分的理论具有重大的理论和实践意义：从理论上看，这一划分为我们科学把握共产主义社会提供了重要的方法论指导，并为我们进一步深化对社会主义和共产主义发展阶段的认识开辟了道路。从实践上看，它对我们正确把握前进的方向具有重大指导意义，一方面，要看到社

---

① 《马克思恩格斯文集》第一卷，人民出版社 2009 年版，第 538 页。

② 《马克思恩格斯文集》第一卷，人民出版社 2009 年版，第 687 页。

会主义和共产主义的本质联系，在社会主义建设中始终不忘共产主义远大目标。另一方面，也要看到这两个阶段的重大区别，不要把它们混同起来，以防止犯超越历史阶段的错误。

《科社概论》着重研究马克思和恩格斯设想未来社会的科学态度和方法，强调指出：在展望未来社会的问题上，是否坚持科学的世界观和方法论，是能否正确预见未来的基本前提，也是马克思主义与空想社会主义的根本区别。书中把马克思和恩格斯科学预见未来社会的态度和方法归结为三条：第一，依据历史规律预见社会发展的未来。他们认为，社会发展也像自然界的发展一样，具有自己的客观规律，揭示这些规律，就能为我们理解过去、把握现在和展望未来提供指导。第二，在批判资本主义旧世界中阐发未来新世界的一般特征。一方面，他们通过考察资本主义社会的弊端，从反面揭示未来新社会与资本主义社会根本不同的特征；另一方面，他们通过考察资本主义发展中孕育着的新社会因素，从正面对未来新社会的特征作出预见。他们在预测未来时，把社会发展的基本趋向与社会生活的具体形式区分开来，把未来社会的基本特征与具体细节区别开来，只限于对未来社会发展方向和基本原则作出预见，而把未来社会的具体形式和应采取的具体措施留给后人去实践回答。第三，反对把关于未来社会的预见当作一成不变的教条。恩格斯说："我们对未来非资本主义社会区别于现代社会的特征的看法，是从历史事实和发展过程中得出的确切结论；不结合这些事实和过程去加以阐明，就没有任何理论价值和实际价值。"① 我们必须以历史的辩证的观点来展望未

① 《马克思恩格斯文集》第十卷，人民出版社 2009 年版，第 548 页。

来社会，不把一些具体提法当成现成的答案，甚至作为剪裁当今实践的标准。

三、辩证地认识社会主义代替资本主义的必然性

社会主义必然代替资本主义是科学社会主义的核心内容，《科社概论》以辩证的思维论证和阐述了马克思和恩格斯的观点，指出社会主义取代资本主义是社会化生产与资本主义占有之间的矛盾，以及由此形成的无产阶级反对资产阶级的斗争发展的必然结果。其中最为重要的有三方面的内容：

第一，辩证地论证了社会主义代替资本主义的历史必然性与实现过程的长期性和曲折性的关系，指出社会主义代替资本主义是历史发展的必然趋势，但这个趋势的最终实现和完成又是一个长期而曲折的过程。只看到发展的必然性而忽视长期性和曲折性，容易犯急于求成和超越阶段的错误，只看到发展过程的长期性和曲折性而看不到历史的必然性，就会对社会主义前途失去信心。

《科社概论》在对这个问题的阐述中，着重回答了理论上的一个重大难点问题，这就是马克思所讲的"两个必然"与"两个决不会"的关系。书中指出，"两个必然"阐述了资本主义灭亡和社会主义胜利的客观必然性，"两个决不会"阐述了这种必然性内在包含的客观条件。"两个必然"告诉我们，社会主义代替资本主义是必然的；"两个决不会"告诫我们，"两个必然"的实现需要相应的条件，而在这些条件基本具备之前决不会成为现

实。所以"两个决不会"不是对"两个必然"的否定，而是对"两个必然"的确认、补充和完善。它表明马克思所说的社会发展的必然性不是抽象的，而是具体的历史的；它表明社会主义取代资本主义的必然性的实现是需要有历史条件的。

第二，辩证地论证了社会主义代替资本主义的一般性和特殊性的关系，指出社会主义是世界历史进程与民族道路的有机统一。社会主义的兴起是世界性的现象，社会主义代替资本主义是世界性的历史进程，应当用世界历史的眼光站在人类历史发展的高度，来认识和把握社会主义产生和发展的规律，把握社会主义代替资本主义的历史趋势。而社会主义的世界进程是通过各民族人民的奋斗来实现的，由于各国社会历史条件的不同，社会主义兴起的过程和社会主义代替资本主义的过程，在不同的国家和民族中必然会有不同的实现形式，只能走具有自己特色的道路。

《科社概论》在对这个问题的阐述中，突出了东方落后国家与西方先进国家的不同，专门介绍和研究了马克思和恩格斯的东方社会理论。强调指出，马克思和恩格斯的东方社会理论的价值，一方面是为了解决社会发展过程中的一般规律与特殊规律的关系，从中得出的一条重要结论，是东方国家在一定条件下有可能跨越资本主义"卡夫丁峡谷"；另一方面也是为了解决世界无产阶级革命的战略策略问题，探求西方无产阶级革命和东方人民革命之间的相互影响和相互作用。

第三，辩证地论证了社会主义代替资本主义的历史趋势与历史主体的能动性的关系。指出社会规律与自然规律、社会发展的必然性与自然界运动的必然性，虽然就其客观性来说是共同的，但在表现形式和实现方式上有着明显的不同。自然的运动是自发的，它不借助于人的参与而自发完成。而社会规律是通过人的活动而形成并表现出来的。社会规律得以发挥作用，社会发展必然性得以实现，离不开人和人的活动。正因为如此，社会主义代替资本主义的历史必然性，共产主义理想的最终实现，离不开无产阶级和广大人民群众的积极追求，离不开无产阶级政党的正确领导。

四、全面理解资本主义向社会主义过渡的条件和途径

马克思和恩格斯在论证社会主义代替资本主义的历史必然性的同时，对社会主义如何代替资本主义问题，即向社会主义过渡的实现条件和途径问题进行研究，创立了无产阶级革命和无产阶级专政理论。

《科社概论》把马克思和恩格斯关于由资本主义向社会主义转变的理论分为三个方面：第一，无产阶级和无产阶级政党的理论。无产阶级是社会主义代替资本主义历史使命的承担者，这个伟大的历史使命包括三个互相联系的方面：一是推翻资产阶级的统治，变革资本主义生产方式；二是创建社会主义新社会，推动经济社会和精神文化巨大发展；三是消灭阶级差别和由这些差别所产生的社会关系及思想观念，最终实现全人类的彻底解放。无产阶级要担当起这样的历史使命，必须组织起自己的革命政党。这个政党是由无产阶级优秀分子所组成的，是用科学理论武装起

来的，是有统一的纲领和严格的组织纪律的。无产阶级政党的正确领导是无产阶级革命斗争取得胜利的根本保证。

第二，阶级斗争和无产阶级革命理论。阶级斗争是阶级对立社会发展的直接动力，而无产阶级反对资产阶级的斗争是推动资本主义社会进步和发展的直接动力。无产阶级反对资产阶级的斗争有经济斗争、政治斗争和思想（理论）斗争三种主要形式。无产阶级革命是无产阶级斗争发展的结果，无产阶级反对资产阶级的斗争能否转变为无产阶级革命需要具备许多主客观条件，这种转变在一些国家里将是一个漫长和复杂的过程，需要无产阶级及其政党长期不懈的努力。革命的根本问题是国家政权问题，无产阶级通过革命斗争从资产阶级手中夺取国家政权，使自己组织成为统治阶级，这是无产阶级革命取得胜利的最根本的前提和首要的标志。无产阶级革命的目的是夺取政权，但革命的形式并不是单一的。马克思和恩格斯认为，无产阶级夺取政权，打碎资产阶级国家机器，根据一般规律，需要通过暴力革命，但他们并没有因此把暴力革命绝对化。他们强调，无产阶级不应当排除在一定条件下采用和平方式夺取政权的可能性。马克思和恩格斯关于无产阶级在一定条件下可以用和平方式取得政权的思想表明，无产阶级革命的形式不存在固定的模式。资本主义转变为社会主义，既可以通过暴力的方式，也不排除一些资本主义国家有可能通过渐进的和平方式转变为社会主义。无产阶级的革命斗争还必须有正确的战略策略，它的正确与否直接关系到社会主义运动的兴衰成败。正确的战略策略，可以加速社会主义运动的发展和胜利；错误的战略和策略，则会导致社会主义运动的挫折甚至失败。《科社概论》明确地把马克思和恩格斯关于无产阶级革命斗争的战略和策略主要归结为三条：一是当前斗争与长远目标相结合；二是团结一切可以团结的力量；三是坚持原则的坚定性与策略的灵活性。

第三，过渡时期和无产阶级专政理论。马克思认为，无产阶级在取得革命胜利后，不可能立即进入作为共产主义第一阶段的社会主义社会。在资本主义社会和社会主义社会之间有一个从前者变为后者的革命转变时期。这主要是因为：社会主义制度的建立需要以改造私有制为前提，而且还需要"经过一系列将把环境和人都加以改造的历史过程"。也就是说，社会主义制度的建立，不仅要改造私有制以及由此产生的一切经济关系，而且要改造一切社会关系；不仅要改造一切社会关系，而且要改造文化，改造人本身，改造人的思想观念。由此决定从资本主义社会转变为社会主义社会，需要有一个过渡时期。

马克思进一步指出，"同这个时期相适应的也有一个政治上的过渡时期""这个时期的国家只能是无产阶级的革命专政"[1]。这就是说，无产阶级专政是由资本主义过渡到社会主义的根本政治保证，如果没有无产阶级专政，从资本主义过渡到社会主义是不可能的。也正是从这个意义上，马克思说，"这个专政不过是达到消灭一切阶级和进入无阶级社会的过渡"[2]。但是无论过去和现在，对于什么是无产阶级专政，存在着各种误读和曲解，其中最为流行的是把无产阶级专政说成是只要专政不要民主。针对这种

---

[1] 《马克思恩格斯文集》第三卷，人民出版社 2009 年版，第 445 页。
[2] 《马克思恩格斯文集》第十卷，人民出版社 2009 年版，第 106 页。

误读和曲解,《科社概论》指出，无产阶级专政是一个国家概念，是无产阶级建立的国家政权。它是无产阶级争得的民主，是对广大人民群众的民主与对极少数人的专政的结合，其实质是无产阶级的民主政治制度。广大人民群众对极少数人的专政是建立在无产阶级和人民群众当家作主的基础之上，建立在广大人民群众的支持和拥护的基础之上，其目的是保卫人民取得的民主权利和革命成果。《科社概论》重申提出无产阶级专政思想是马克思的重大理论贡献。

高举旗帜至关重要

中国特色社会主义是中华民族复兴的伟大旗帜，是中国人民团结奋斗的伟大旗帜，自觉地高举这面伟大旗帜关系到中国的发展方向和前途命运，是我们必须高度重视的最重要的理论和实践问题。

一、中国特色社会主义是发展中国的伟大旗帜

1840 年鸦片战争失败以后，中国逐步成为半殖民地半封建社会，为了实现中华民族的伟大复兴，中国人民面临着两大历史任务：一个是求得民族独立和人民解放；一个是实现国家繁荣富强和人民幸福。中国共产党在领导中国人民实现这两大任务的过程中，曾经先后高举起两面伟大的旗帜。第一面旗帜是拯救中国的新民主主义革命旗帜，第二面旗帜是发展中国的中国特色社会主义旗帜。

新民主主义革命旗帜是一面与过去的旧民主主义革命不同的

崭新的旗帜。这主要表现在：第一，以往的民主革命是资产阶级所领导的，而新民主主义革命是由无产阶级领导的；第二，以往的民主革命是以资产阶级自由、平等、博爱思想为指导的，而新民主主义革命是以无产阶级的革命理论马克思主义为指导的；第三，以往的民主革命的结果是建立资产阶级政权，发展的前途是资本主义，而新民主主义革命的结果是建立人民民主政权，发展前途是社会主义；第四，以往的民主革命属于世界资产阶级革命的一部分，而新民主主义革命属于世界无产阶级革命运动的一部分。正因为如此，新民主主义革命不但是最坚决、最彻底的民主革命，而且是与无产阶级的历史使命和社会主义的发展前途紧密相连的革命。

新民主主义革命旗帜，又是一面具有中国特色的民主主义革命的旗帜。它与俄国布尔什维克从俄国实际出发所进行的民主革命，以及其他一些国家共产党所领导的民主革命，也不完全相同，具有鲜明的中国特色。这主要表现在：第一，中国共产党在运用马克思主义解决中国革命问题的过程中，坚持把马克思主义基本原理与中国革命的具体实践相结合，形成了符合中国革命实际的革命理论——毛泽东思想。它从理论上正确地回答和解决了中国革命所遇到的各种各样的问题。第二，在马克思列宁主义和毛泽东思想的指导下，中国共产党坚持实事求是的根本原则，一切从本国实际出发，制定了新民主主义革命的路线方针政策，通过农村包围城市的武装斗争夺取政权，在实践上开创出了一条中国特色的民主革命道路。由于坚持一切从中国实际出发，反对机械照搬外国的经验和做法，中国共党在领导中国新民主主义革命的过程中丰富和发展了马克思主义关于民主革命的理论和实践。

中国特色社会主义旗帜同样首先是一面不同于资本主义的旗帜。中国人民从争取国家独立和民族解放的实践中，深切地认识到，资本主义在中国是行不通的，因为帝国主义和封建主义以及作为他们代理人的官僚资产阶级，都不愿意中国成为一个新兴的资本主义国家，而中国的民族资产阶级由于它与帝国主义、封建主义有着千丝万缕的联系，经济上软弱、政治上动摇，也不可能领导中国完成民主革命，建立独立自主的资本主义国家。所以中国共产党从开始领导中国人民进行新民主主义革命的时候，就确定了中国革命胜利后的未来发展方向是社会主义，所以中国人民从长期的实践中形成了一种坚定的信念，就是只有社会主义才能救中国，也只有社会主义才能发展中国。于是在完成了新民主主义革命以后，中国共产党领导我国人民毫不犹豫地走上了社会主义发展道路，从1949年到1956年，建立了人民当家作主的国家政权和社会主义基本制度，完成了中国历史上最深刻的社会制度的变革，并开展了社会主义经济和文化建设，为我国的发展奠定了根本的政治保证和制度基础，社会主义制度的优越性在我国开始明显地显现出来。这就使社会主义成为引领中国人民继续前进的伟大旗帜。

然而实践证明，过去中国的民主革命不能照搬外国的经验和模式，现在建设社会主义同样也不能照搬外国的经验和模式。从1956年我国正式进入社会主义社会开始，中国共产党就开始自觉地探索中国社会主义建设道路。1956年4月，毛泽东同志明确提出，要实行马克思主义与中国实际的第二次结合，探索中国自己的建设社会主义道路。在以苏为鉴、探索中国社会主义建设道路的过程中，我们虽然曾历经艰难曲折，甚至有一段时间走偏了方向，发生过"文化大革命"那样严重的错误，但在 1978 年党的十一届三中全会后开辟出一条中国特色社会主义道路，形成了中国特色社会主义理论，确立了中国特色社会主义制度。这就全面突破和超越了苏联社会主义，形成了一种适应当今时代特点和符合当代中国实际的中国特色社会主义。这样，引领当代中国的社会发展的旗帜，就发展成为中国特色社会主义。

改革开放三十多年来，在中国特色社会主义伟大旗帜的指引下，我国取得了举世瞩目的辉煌成就。从 1979 年到 2010 年，我国的国内生产总值以年均 9.9% 的增长速度向前发展，由 1978 年底的 3645 亿元增加到 2011 年底的 471564 亿元，先后超过英、法、德、日等发达资本主义国家，成为世界第二大经济体，钢、煤、发电量、水泥、化肥、棉布等主要工业品的产量和粮食、棉花、肉类、水果等主要农产品的产量都位居世界前列。改革开放四十多年来，我们不断扩大对外开放，加快发展开放型经济，联通国内国外两个市场、用好两种资源建设社会主义，已经成为世界第二进口贸易大国和第一出口贸易大国，2011 年的进口贸易总额达到 17435 亿美元，出口贸易总额达到 18986 亿美元，国家外汇储备总额高达 31811 亿美元，位居世界第一。改革开放三十多年，是我国城乡居民收入增长最快、得到实惠最多的时期，从 1978 年到 2011 年，全国城镇居民人均可支配收入由 343 元增加到 21810 元，农民人均纯收入由 134 元增加到 6977 元，人民生活在解决了温饱问题之后，达到了总体小康水平，正在建设全面的小康社会。改革开放四十多年来，我们全面推进经济政治文化社会建设，在经济建设快速发展的同时，民主法制不断进步，文化事业繁荣发展，社会事业全面推进，综合国力显著增强，香港、澳门回归祖国，祖国和平统一迈出了重大步伐，我国的国际地位显著提高，国际影响力明显增强。改革开放三十多年来我国发生的巨大变化充分说明，只有中国特色社会主义才能发展中国，它是指引当代中国发展的伟大旗帜。

二、高举中国特色社会主义伟大旗帜的重大意义

旗帜代表着党和国家的整体形象。旗帜问题对于一个党来说是至关重要的，人们总是根据这个党高举什么旗帜来认识和判断一个党，包括它的性质、任务、纲领、主张，以及它与其他政党的区别等，从这个意义上讲，旗帜就是一个党的总体形象。在新中国成立以前，我们党直接为之奋斗的事业是进行新民主主义革命，新民主主义革命是当时我们党所从事的一切事业的总称，所以当时我们党高举的是新民主主义革命的旗帜。在当代中国，中国特色社会主义是我们党为之奋斗的伟大事业。我们党所从事的一切，概括起来就是建设中国特色社会主义。我们总是用建设中国特色社会主义，来表述我们现阶段为之奋斗的事业，因此党的十七大提出，我们高举的旗帜是中国特色社会主义。这也就是说，旗帜作为党在现阶段为之奋斗的事业的总称，包括了党在现阶段的目标任务和实现这些目标任务的理论路线方针政策，它是

我们党现阶段的全部主张的集中体现，鲜明地代表了我们整个党和国家的形象。

旗帜引领着党和国家的前进方向。在整个社会主义历史时期，中国特色社会主义始终是我们所从事的伟大事业，建设中国特色社会主义伟大旗帜始终指引着我们前进的方向。当前我国正处在社会主义初级阶段，这个历史阶段建设中国特色社会主义的目标任务，是按照邓小平同志制定的三步走发展战略，把我国建设成为富强、民主、文明、和谐的社会主义现代化国家。在这个历史阶段，我们要始终高举中国特色社会主义伟大旗帜，排除一切干扰，克服各种艰难险阻，沿着中国特色社会主义道路前进。在社会主义初级阶段以后，我国的社会主义还会经历新的发展阶段，当时的社会历史条件和建设任务都会发生很大的变化，但建设中国特色社会主义依然是我们高举的伟大旗帜，我们所要建设的仍然是中国特色社会主义。正如江泽民同志所说的："社会主义初级阶段，是整个建设有中国特色社会主义的很长历史过程中的初始阶段。随着经济发展和社会全面进步，将来条件具备时，我国社会主义建设会进入更高的发展阶段。"[1] 这里需要指出，社会主义是历史的选择和人民的选择，我们将毫不动摇地始终坚持社会主义的前进方向，但决不会重犯照搬外国经验和模式的教条主义的错误，也不会重新回到党的十一届三中全会以前的老路上去，我们坚持的是改革开放以来所开创的中国特色社会主义道路。

---

[1] 《江泽民文选》第三卷，人民出版社 2006 年版，第 293 页。

　　中国特色社会主义是开放的和不断发展的，在建设中国特色社会主义的过程中，我们要十分重视吸收和借鉴人类社会所创造的一切优秀文明成果，包括资本主义和民主社会主义的一切有价值的东西，但是这一切都是为了发展中国特色社会主义，都是为建设中国特色社会主义服务的，决不能因此而模糊或动摇了中国特色社会主义的方向和道路。要始终坚信，只有牢牢扎根于中国土壤的中国特色社会主义才能发展中国，资本主义和民主社会主义是不适合中国国情的，无论过去、现在还是将来，在中国都是行不通的。

　　旗帜凝聚着党心和民心。在拥有 56 个民族和十四亿多人口的中国，如何把全国各族人民团结起来，是一个关系国家和民族兴衰的重大问题。在新中国成立以前，中国是一盘散沙，四分五裂，任凭帝国主义列强宰割，根本的原因是国家的贫穷和落后。社会主义在中国的胜利，不但使中国人民站起来了，也使中国人民团结起来了，开始以新的姿态自立于世界民族之林。改革开放以来的 30 多年，中国特色社会主义又使中国强大起来了，使人民的生活富裕起来了，在国际事务中发挥着越来越重要的作用。人们从无数事实中深切地感受到，在高举中国特色社会主义的伟大旗帜下，中国正以令人震惊的速度在世界上和平崛起，中华民族正在中国特色社会主义道路上实现伟大的复兴，中国的未来呈现出了前所未有的光明前景。中国人民从实践中深切地感受到，只有社会主义才能救中国，只有中国特色社会主义才能发展中国。尤其是改革开放三十多年中国所发生的巨大变化，使国家面貌发生了巨大的变化，给人民带来了很大的实惠。中国特色社会主义的优越性已经完全为历史所证明，它符合党心民心，顺应时代潮流，赢得了中国人民的衷心拥护和支持。广大群众从改革开放前后发展的对比中，从自身生活所发生的巨大变化中，从国家国际地位的提高中，越来越清楚地认识到，中国特色社会主义是实现中华民族伟大复兴的必由之路及希望所在，是广大人民根本利益所在，中国特色社会主义是与国家的命运和自己的利益息息相关的，从而自觉地团结在中国特色社会主义伟大旗帜之下，把中国特色社会主义作为共同的理想，努力为建设中国特色社会主义而奋斗。

三、如何才能高举中国特色社会主义伟大旗帜

高举中国特色社会主义伟大旗帜，必须坚持和发展中国特色社会主义理论体系。中国特色社会主义之所以完全正确，之所以能够引领中国发展进步，关键在于中国共产党把马克思主义基本原理与当代中国实际相结合，在建设中国特色社会主义的伟大实践中，形成了包括邓小平理论、"三个代表"重要思想以及科学发展观等重大战略思想在内的中国特色社会主义理论体系，系统地回答了什么是马克思主义和怎样对待马克思主义、什么是社会主义和怎样建设社会主义、建设什么样的党和怎样建设党、实现什么样的发展和怎样发展等一系列重大问题。这个理论体系既坚持了科学社会主义的基本原则，又根据我国实际和时代特征赋予其鲜明的中国特色，是马克思主义中国化的最新成果，是党最宝贵的政治和精神财富，是全国各族人民团结奋斗的共同思想基

础。高举中国特色社会主义伟大旗帜，必须坚持已经为实践所证明的中国特色社会主义理论体系。同时又要看到，当前我国建设中国特色社会主义的实践进入了一个新的历史阶段，正面临着许多现实的重大问题需要从理论上作出回答，而且建设中国特色社会主义的实践在发展中，会不断提出新的问题和新的任务，同样需要我们从理论上作出回答，我们必须发扬马克思主义的联系实际、与时俱进、服务人民的理论品质，继续推进马克思主义的中国化、时代化和大众化，勇于进行马克思主义理论的创新，不断用新的思想、新的观点丰富和发展中国特色社会主义理论体系。这里需要指出，在中国特色社会主义理论创新问题上，必须处理好方法与结论的关系。在 30 多年建设中国特色社会主义实践中，我们党从实际出发得出了一系列的重要结论，这些结论是中国特色社会主义理论的重要组成部分，是我们建设中国特色社会主义的重要思想成果，对这些成果我们必须高度重视和发挥它的指导作用。然而在中国特色社会主义理论中，更为重要和更为根本的，是得出这些结论的科学态度和方法，掌握了这种科学的态度和方法，我们就不会停留在过去已有的结论上，而是会用这种态度和方法不断地去研究新的实际，不断用新的思想观点去补充、修改过去的结论，创新和发展过去的结论，这既是对中国特色社会主义理论的最好的坚持，也是对它的真正的发展。

高举中国特色社会主义伟大旗帜，必须坚持和发展中国特色社会主义道路。党的十七大把改革开放以来我们党所开创的中国特色社会主义道路概括为："在中国共产党领导下，立足基本国情，以经济建设为中心，坚持四项基本原则，坚持改革开放，解放和发展社会生产力，巩固和完善社会主义制度，建设社会主义市场经济、社会主义民主政治、社会主义先进文化、社会主义和谐社会，建设富强民主文明和谐的社会主义现代化国家。"①这条道路是实现社会主义现代化的必由之路，是创造人民美好生活的必由之路。我们高举中国特色社会主义伟大旗帜，就必须坚持和发展这条来之不易的道路。

改革开放是决定当代中国命运的关键抉择，是发展中国特色社会主义、实现中华民族伟大复兴的必由之路，要坚持和发展中国特色社会主义道路，最重要的是要坚持和推进我国的改革开放。众所周知，党的十一届三中全会以来，中国特色社会主义道路是在改革开放的推动下逐步形成和发展起来的，其原因就在于，改革开放是社会主义的自我发展和完善，是社会主义发展的强大动力，我们只有通过改革，才能不断破除阻碍社会经济政治文化发展的各种制度和政策，逐步形成符合我国社会主义初级阶段国情的路线方针政策，开拓出建设中国特色社会主义的正确道路。只有通过开放，才能把我国的发展融入世界经济体系之中，置于人类文明发展的大潮之中，利用国内国外两个市场、两种资源和吸收全人类优秀文明成果加速我国的发展。当前我国的经济体制改革正处在攻坚克难的关键时期，要解决经济发展方式和资源环境等问题，要解决关系民生的各种重要问题，尤其是收入差距过大的问题，都必须依靠推进改革开放。我国的政治体制改革也面临如何适应社会主义市场经济要求，不断地扩大人民民主，

---

① 《中国共产党第十七次全国代表大会文件汇编》，人民出版社 2007 年版，第 11 页。

加强对权力的制衡和监督，尤其是对一把手的监督和约束，有效地防止权力滥用和遏制腐败蔓延等问题。我国的社会领域和文化领域的全面改革刚刚起步，改革的任务十分艰巨。我们要直面诸如此类的问题，在改革中破旧立新，进一步发展和完善中国特色社会主义道路，让这条道路越走越宽广。

高举中国特色社会主义伟大旗帜，必须坚持和发展中国特色社会主义制度。改革开放三十多年来，我国积极推进社会主义制度的自我完善和发展。在政治方面，我们坚持和完善了人民代表大会这一根本政治制度，中国共产党领导的多党合作和政治协商制度、民族区域自治制度以及基层群众自治制度等构成的基本政治制度，并把民主建设与法治建设相结合，形成了中国特色社会主义法律体系，在此基础上创立了共产党领导、人民当家作主、依法治国有机统一的中国特色社会主义政治体制。在经济方面，我们确立了公有制为主体、多种所有制经济共同发展的基本经济制度，建立了现代企业制度和产权制度，创立了股份制、股份合作制、家庭联产承包责任制等公有制实现形式，并把社会主义基本经济制度与市场经济的各项制度相结合，创建了具有中国特色的社会主义市场经济体制。在文化领域，我们坚持以社会主义核心价值体系为主导、多元文化共同发展，形成了党委领导、政府管理、行业自律、社会监督、企事业单位运营的文化管理体制和富有活力的文化产品生产经营机制。在社会领域，确立了以按劳分配为主体、多种分配方式并存的社会主义分配制度，劳动、资金、技术、管理等生产要素按贡献参与分配，正在形成体现社会公平正义的社会劳动制度、社会保障制度、社会管理制度等。这些制度是当代中国发展进步的根本制度保证，集中体现了中国特色社会主义的特点和优点，高举中国特色社会主义伟大旗帜，就必须坚持我们所取得的这些制度成果。同时我们又要看到，制度带有根本性、全局性、稳定性和长期性的特点，制度的形成需要建立在长期的丰富的实践的基础上，制度的建立在时间上总是滞后于实践的发展，所以我们现在建立起来的某些制度，特别是文化领域、社会领域的一些制度，还是不完善和不成熟的，要使它们完善和成熟起来，成为比较定型的制度，还需要相当长的时间。邓小平同志 1992 年在视察南方的谈话中就曾明确地提出："恐怕再有三十年的时间，我们才会在各方面形成一整套更加成熟、更加定型的制度。"① 我们应当充分认识制度建设的长期性和艰巨性，在发展中国特色社会主义制度上做出更大的努力。

---

① 《邓小平文选》第三卷，人民出版社 1993 年版，第 372 页。

超越资产阶级民主的理论思考

如何认识和对待西方发达国家的资产阶级民主，是我们在推进政治体制改革和发展社会主义民主政治的过程中经常遇到的一个问题，是一个关系到我国政治体制改革和民主政治建设的指导思想和方向道路的重大问题，需要加以深入研究和准确把握。

中国特色社会主义民主在本质上超越了资产阶级民主

中国共产党在领导中国人民实现民族复兴伟大梦想的历史进程中，把马克思主义基本原理与中国具体实际相结合，建立了人民当家作主的社会主义国家政权，开创了中国特色社会主义政治发展道路，形成了中国特色社会主义政治制度。中国特色社会主义民主尽管还需要一个很长的发展和完善过程，但它本质上已经超越了资产阶级民主，是一种比资产阶级民主更高的社会主义民主政治。

中国特色社会主义民主彻底摆脱了金钱对民主的操纵，确保广大人民群众享有真正的民主权利。资产阶级民主的最大问题，是人们的民主权利形式上是平等的，而实际是不平等的。造成这种现象的根本原因，是金钱对政治的干预和操纵。在资本主义国家，资产阶级尤其是垄断资产阶级只占人口的少数，但他们掌握着社会的大部分财富，依靠金钱的干预，掌握着国家权力，维持资产阶级的统治。既然代表资产阶级利益的资本主义国家不能真实代表广大人民的利益，那么，这些国家的民主，无论它在表面上看来如何公平，也无论它如何自我标榜，实质都是资产阶级民主。我国是人民当家作主的社会主义国家，广大人民群众享有完全平等的政治权利。虽然我国尚处在社会主义初级阶段，社会上还存在着影响人民群众平等行使民主权利的各种因素，但党和政府始终以最大的努力不断消除这些因素，尤其是坚决排除金钱对选举的操纵和金钱对政治的干预，根除贿选、行贿等不法行为的存在，从根本上保证人民享有真正的民主权利，真正成为国家的主人，这是中国特色社会主义民主能够超越资产阶级民主，成为更高类型民主的关键所在。

中国特色社会主义民主把协商民主与选举民主有机地结合起来，弥补了单一的选举民主的不足。两党制、多党制和议会制作为资本主义国家的民主实现形式，其主要特点是通过选举的方式实现政党轮流执政，以维护资产阶级的根本利益。资本主义国家的选举民主存在着内在缺陷：选民只能通过投票来决定谁代表他们行使国家权力，他们的民主权利实际只是隔几年参加一次选举投票。各利益集团在竞选中利用金钱操纵选举，有时为了选票也会适当考虑普通民众的意愿，但这种选举实际上是一种金钱政治，是少数有钱人的游戏。与此形成鲜明对比的是，我国社会主义民主是选举民主与协商民主的结合。人民代表大会制度作为我国的根本政治制度，是中国人民当家作主的重要途径和最高实现形式。中国共产党领导的多党合作和政治协商制度作为我国的一项基本政治制度，是实现人民当家作主的又一重要形式。中国共产党和各民主党派通过民主协商，在治国理政中形成了高度政治认同和强大社会凝聚力，既尊重多数，又照顾少数，能够充分反映和协调各方面的意愿与利益，具有资本主义国家民主不可比拟的广泛性、包容性和真实性。

中国特色社会主义民主用和谐的政党关系取代竞争的政党关系，避免了由政党竞争所引起的社会震荡和社会分裂。社会主义同资本主义的一个根本区别，是资本主义社会存在阶级矛盾和阶级斗争，政党竞争是阶级矛盾和统治阶级内部矛盾的集中表现。我国已经消灭了剥削阶级和剥削制度，人民群众的根本利益是一致的，社会和谐已成为中国特色社会主义的本质特征，它使我国的政党关系成为一种新型的和谐的政党关系。和谐的政党关系克服了资本主义国家竞争型政党制度的缺陷，在政党关系上实现了统一性与多样性的有机统一，是一种合作共赢的政党制度。这种政党制度首先承认各个政党是独立自主的，地位是完全平等的，它们彼此同心合作，共同为建设中国特色社会主义而奋斗。共产党作为执政党，在多党合作中发挥先锋作用、凝聚作用、协调作用、模范作用，使我国的多党合作有一个坚强的领导核心。各民主党派是中国特色社会主义参政党，他们代表着各自所联系的社会阶层，通过各种途径积极参政议政，在中国特色社会主义建设中发挥着重要作用。这种政党制度既充分发挥了各个政党的作用，又保证了社会的团结统一，能够团结一切可以团结的力量，为实现共同的社会理想而奋斗，从根本避免了资本主义国家政党争斗所产生的各种问题。

中国特色社会主义民主是对资产阶级议会制和三权分立的超越。我国的根本政治制度是人民代表大会制度。这种制度规定，人民代表大会是国家的最高权力机关，并直接行使立法权，行政机关的行政权、政法机关的司法权都是人民代表大会赋予的，它们都要接受人民代表大会的领导和监督。这种制度既鲜明地体现了我们国家一切权力归人民的社会主义性质，又把权力的分工与统一有机地结合起来，克服了资产阶级民主片面强调分权所带来的统一性不足的问题。同时，我国的人民代表大会实行民主集中制，把民主与集中有机地结合起来，既充分发扬民主，又具有较高的工作效率，这就克服了资本主义国家片面强调权力制衡，各权力机构之间互相扯皮、效率低下的问题。邓小平同志曾多次指出我国人民代表大会在这方面的优越性，强调要保持这个优势，保证社会主义的优越性。

中国特色社会主义民主超越资产阶级民主，还表现在共产党领导与人民当家作主、依法治国的有机统一上。社会主义民主的本质要求是人民当家作主。共产党发挥领导作用，是为了使人民更好地行使当家作主的民主权利。正因为如此，我们把共产党执政定义为领导和支持人民当家作主。同样，我国的宪法和法律是由人民代表大会制定的，共产党的作用是领导人民制定法律，并在法律颁布后带头遵守法律，这些都是为了使法律制定和实施得更好。共产党作为执政党实施依法治国方略，自己的政策和主张要通过人民代表大会，变为国家的法律制度。应当说，有了共产党的领导，人民群众能够更好地行使国家权力，宪法和法律得到了更好的制定和遵守，这正是中国特色社会主义民主超越资产阶级民主的重要表现。但是一些人却要开历史倒车，宣扬在中国搞西方所谓的宪政民主，他们刻意地把党的领导与人民当家作主对立起来，与依法治国对立起来，要害就是要取消共产党的领导。一旦共产党的领导被取消，人民当家作主和依法治国就失去根本保证，中国民主政治的社会主义性质乃至整个国家的社会主义性质就会改变，东欧剧变和苏联解体的惨痛教训已经为我们提供了前车之鉴，决不可掉以轻心。

全面超越资产阶级民主是一个长期过程

中国特色社会主义民主政治，就其根本政治制度和基本政治制度而言，是比资本主义民主优越的社会主义民主，是适合我国基本国情和得到人民群众拥护的民主，对于中国特色社会主义政治发展道路我们充满了信心。中国特色社会主义民主从总体来说，还处在形成和发展的过程中，形成成熟的和完善的社会主义民主政治制度体系，充分显示出社会主义民主的优越性，还需要一个很长的历史过程。

要大力发展社会主义经济和文化，为社会主义民主的发展奠定坚实的物质技术基础和必要的思想文化条件。民主政治作为上层建筑，是根据经济基础发展的要求建立起来的，社会主义民主政治的发展需要坚实的物质技术基础作支撑。同时我们还要看到，民主政治建设是需要一定的思想文化条件的。我国原来是一个半殖民地半封建社会，没有经过资产阶级民主充分发展阶段，封建专制主义有着根深蒂固的影响，人们缺乏民主生活的素养和习惯，教育水平和文化水平也相对较低，这些都会严重制约和影响我国社会主义民主的发展。这就要求我们全面贯彻习近平新时代中国特色社会主义思想，以社会主义核心价值体系为统领，大力推进社会主义思想文化建设，努力提高人们的思想文化水平，为我国社会主义民主政治创造良好的思想文化条件。

要进一步推进政治体制改革，不断发展和完善中国特色社会主义政治制度。我国的根本政治制度和基本政治制度，从一建立就在本质上超越了资产阶级民主，但我国的政治体制和运行机制在某些方面还存在缺陷和不足。改革开放后，我国在建立社会主义市场经济的过程中，对这些问题进行了相应的政治体制改革，情况比过去已经有了很大改变。但我国的体制改革毕竟只有40多年的时间，政治体制改革仍然任重道远，需要我们长期不懈地努力奋斗，才有可能不仅在根本政治制度和基本政治制度上超越资产阶级民主，而且在具体的政治体制和运行机制上超越资产阶级民主。

要积极借鉴人类文明创造的有益成果，但不能在国际比较中丢失甚至否定自我。我国的政治体制改革和民主政治建设，必须立足于我国的基本国情，走中国特色社会主义的政治发展道路，决不能机械照搬其他国家的民主政治模式。我们应当借鉴和吸收资产阶级民主中一切对我们有用的东西，善于运用人类的政治文明成果包括资本主义政治文明成果，来建设和发展中国特色社会主义民主政治。对资本主义国家的政治制度应当采取具体分析的态度。西方资产阶级的基本政治制度，如两党或多党轮流执政、三权分立、议会制等，这些都是与西方资本主义生产关系相适应的，是反映资产阶级民主政治的阶级本质的东西，决不能把这些制度移植到中国来。但是资本主义国家政治体制中那些对我国有参考价值的东西，我们应当批判地学习借鉴。这并非简单拿过来就行了，而是要结合我国的具体实际进行研究和创新，使之为我所用。那种把资产阶级民主视为普世价值，采取顶礼膜拜、机械照搬的态度，是绝对创造不出超越资本主义的社会主义政治文明的，那种"外国的月亮比中国圆"的论调，是罔顾事实，根本站不住脚的。近年来美国等西方国家发生了金融危机、债务危机，经济陷入困境，这不就是资本主义制度的弊端吗？美国讲自由民主、网络自由，不是在暗地里大规模监听公民通话和通信吗？美国等西方国家大谈平等，不是发生了抗议贫富悬殊的"占领华尔街"等事件吗？西方国家到处输出他们的价值观念和制度模式，在哪个国家获得了真正的成功？对此，我们应有清醒认识，对西方国家"唱衰"中国的险恶用心保持高度警惕。要不断增强我国国际话语权和文化影响力，更好地向世界传播中国声音，增进国际社会对我国的了解，充分展示我国民主进步、文明开放的国家形象，营造有利的国际舆论环境，努力改变"西强我弱"的国际舆论态势。

回首共产主义运动波澜壮阔的历史，我们信心满怀。共产主义运动在一个半多世纪风云中，充满了高潮、低潮、推进、反复、成功、挫折、探索，但总的趋势是在曲折中不断前进。在这一过程中，什么时候坚定对马克思主义的信仰、对社会主义和共产主义的信念，什么时候共产主义运动就能蓬勃发展。反之，就会经历挫折乃至失败。历史和现实反复证明，革命理想高于天，对马克思主义的信仰，对社会主义和共产主义的信念，是共产党人的政治灵魂，是共产党人经受住任何考验的精神支柱，是共产主义事业不断向前的强大精神力量！

论党的群众路线的时代特征

群众路线是党的生命线和根本工作路线。无论任何时期，党的工作都必须坚持群众观点，走群众路线。但同时要看到，我们党在不同的历史时期坚持群众观点和群众路线，具体的环境条件、解决的主要问题、采用的路径方法是不完全相同的，因而会形成各自不同的特点。正确把握不同时期的这些特点，可以使党的群众路线教育实践活动更加切合当前实际，更加具有现实针对性，从而收到更好的效果。

一、环境条件的特点

中国共产党所处的历史方位曾先后发生过两次根本性的变化，一次是在 1949 年中华人民共和国成立以后，由原来不掌握国家政权的革命党，变成了掌握国家政权的执政党；一次是在 1978 年实行改革开放以后，由计划经济条件下的执政党，变成了社会主义市场经济条件下的执政党。党所处历史方位发生的这些重大变化，使贯彻执行群众路线所处的环境和条件发生了重大变化。

首先，在过去的革命和战争年代，国家政权掌握在帝国主义、封建主义和官僚资本主义势力手里，我们党在这种极其严酷的条件下要生存和发展，要和掌握着国家政权的三大敌人作斗争，除了依靠广大人民群众之外，没有其他的途径和方法。我们的党员和干部深切地体会到，党和群众之间是鱼和水的关系，党一时一刻都离不开广大群众的保护和支持。因此，党为什么必须依靠人民群众比较容易为党员干部所理解，当时的主要问题，是怎样发动和组织群众，是怎样使群众相信和支持我们党的问题。但是，到了共产党转变为领导党和执政党之后，党与群众的关系就与过去相比发生了明显的变化。这时我们党已经掌握了国家政权，可以直接依靠政权的力量解决问题，这无疑有利于我们党更好地为人民谋利益，但事情总是有它的两个方面，恰恰正是由于手中有了权力，就产生了用权力为人民服务还是为个人谋私利的问题，就产生了是继续依靠群众还是单纯依靠权力的问题，就产生了是当官作老爷还是当人民的勤务员的问题，等等。这些问题归结起来，就是马克思在总结巴黎公社的经验时所说的，在无产阶级掌握了国家政权以后，国家干部面临着由人民的公仆转变为人民的主人的危险。

其次，实行改革开放以后，我国经济由计划经济转变为社会主义市场经济，中国共产党也由实行计划经济条件下的执政党变为实行市场经济条件下的执政党。市场经济给我国的经济社会发展带来了巨大的生机与活力，在很大程度上改变了人与人之间的社会关系，使与市场经济相适应的民主思想、公平意识、效率观念等社会意识迅速发展起来。同时，市场经济所产生的某些消极作用也影响着人们的思想，其中最突出的问题，是"金钱万能"等拜金主义思想的发展。在某些人的眼里，人与人之间的关系就是赤裸裸的金钱关系。一些党员和干部也受到这种思想的侵蚀，出现了"一切向钱看"的现象，办什么事都是为钱，办什么事都是靠钱。金钱观念代替了群众观点，为人民币服务代替了为人民服务，从而淡薄了全心全意为人民服务的宗旨意识，忘记了必须依靠群众的群众观点，变成了金钱的奴隶，有些党员干部甚至为了钱走上了犯罪的道路。

二、面临问题的特点

党所处历史方位的变化，使党与群众的关系面临的问题也发生了变化，这些问题主要是围绕着如何对待人民群众与权力、金钱的关系展开的。

一是以人为本，还是以物为本。众所周知，我国社会现阶段的主要矛盾是人民日益增长的物质文化需要同落后的社会生产之间的矛盾，要解决这个矛盾必须大力发展生产力，这是我们党和国家的根本任务。然而，我们还要进一步认识到，发展生产力是途径和手段，满足人民日益增长的物质文化需要才是目的，而且生产力中最积极、最活跃的因素是劳动者，要发展生产力必须首先依靠广大人民群众。正是针对这方面存在的问题，我们党提出了以人为本、全面协调可持续的科学发展观，强调发展为了人民，发展依靠人民，发展成果由人民共享。这是党的群众观点在发展问题上的创造性运用，赋予了党的群众路线以鲜明的时代特色。

二是执政为民，还是以权谋私，这是中国共产党成为执政党以后，对每个党员尤其是党的领导干部的最重要的也是最严峻的考验。新中国成立 60 多年来，我们党领导广大群众建立了人民当家作主的国家政权和社会主义制度，开创和发展了中国特色社会主义，不但使广大群众翻身得解放，成为国家和社会的主人，而且使他们解决了温饱问题，开始过上了小康生活，正在向共同富裕的目标迈进。应当承认，我们党以实际行动证明了自己不愧为一个立党为公、执政为民的党，它的全心全意为人民服务的光辉业绩是有目共睹的。但是，也不能不看到，有些党员干部经受不住执政和发展市场经济的双重考验，抗拒不住金钱美色等的诱惑，利用手中的权力谋取个人私利，有的甚至违法乱纪，大搞权钱交易、贪污受贿，沦为腐化变质分子。我们要清醒地看到，在我们党已经成为执政党的条件下，以权谋私是导致脱离群众和引起群众不满的最大问题，也是党所面临的最为严重的危险。现在贪污腐败这个毒瘤正在侵害着党的健康机体，严重地损害了党和政府在人民群众中的威信，解决这个问题已经直接关系到党的兴衰存亡，是一个刻不容缓的必须解决的问题，必须引起我们的高度重视。

三是联系群众，还是官僚主义。从根本上来说，广大人民群众是国家的主人，党员干部手中的权力是人民群众赋予的，他们是为人民群众服务的勤务员，人民群众与他们之间是主人与公仆的关系，但是由于我们部分党员干部处在各级领导岗位，手中掌握着国家的各种权力，他们与一般群众之间的关系又是领导者与被领导者、管理者与被管理者的关系。在我国的社会主义民主还不够发达，民主政治制度还不够健全的情况下，许多党员干部看到和感受到的往往是后面这样一种关系，甚至把我们的党群关系、干群关系完全等同于旧社会的官民关系，于是千百年来根深蒂固的官僚主义就不知不觉地滋长和泛滥起来。他们把当干部视为做官，高踞于人民群众之上，以官僚主义的态度对待群众，其结果必然是脱离实际、脱离群众。而脱离实际、脱离群众的党风问题，直接关系到党的生死存亡，决不可掉以轻心。

四是艰苦奋斗，还是享乐主义。在过去的革命战争年代，我们党的处境十分艰险，生活条件极其艰苦，广大党员始终保持着顽强的革命斗志，过惯了艰苦的生活。这样的环境和条件形成了共产党员的艰苦奋斗的优良作风，这是党能够团结广大群众夺取革命战争胜利的重要因素。新中国成立以后，特别是改革开放以来，随着物质文化生活的日益丰富，部分党员干部中的享乐主义和奢靡之风日益滋长起来。有的党员干部丢掉了党的艰苦奋斗的优良传统，对国家财产挥霍浪费，利用公款吃喝玩乐；有的党员干部忘记了党的根本宗旨，思想空虚，精神颓废，把追求享乐作为人生目的；有的党员干部由于生活腐化堕落，不顾党纪国法，贪污受贿，沦为蜕化变质分子。享乐主义和奢靡之风损害党的形象，败坏党的声望，引起人民群众的不满，是新时期使党有可能脱离群众的巨大危险，必须引起我们的高度警惕。这里需要指出的是，共产党人并不否认人们合理的物质利益和正当的生活享受。中国共产党所奋斗的一切，就是要让广大人民群众过上富裕和幸福的生活。但是如果把追求个人享乐作为自己人生的目的，则与党的奋斗目标是不相符的。而为了满足个人享乐的需要，肆意挥霍浪费人民财产，甚至走上违法犯罪的道路，更是与共产党人立党为公、执政为民的根本宗旨完全背道。

三、途径方法的特点

党的群众路线是在新民主主义革命时期形成的，当时从革命战争的实际情况出发，创造了许多成功的经验和做法。这些经验和做法，有许多仍然保持着自己强大的生命力，是我们必须继续坚持的，但也有一些做法，如大搞群众性的政治运动和群众性的阶级斗争，显然已经过时了。随着党的地位由革命党变为执政党，党的工作由以阶级斗争为中心转变为以经济建设为中心，我们必须适应时代变化的需要，创造和发展群众路线的新的实现途径和方法。

总结新中国成立以来，特别是改革开放以来我们党解决如何坚持群众观点和群众路线的经验和做法，最重要的创新和做法有两条：一是进行群众路线教育，不断提高党员干部对群众路线的认识，增强他们坚持群众路线的自觉性。二是进行群众路线方面的制度建设，逐步形成科学、严密的制度体系，为贯彻执行群众路线提供根本保障。

要保证群众路线的贯彻执行，首先必须提高广大党员、干部对群众路线的重要性的认识，使坚持群众路线成为他们的自觉行动。现在正在开展的群众路线教育实践活动，在继承过去进行党员教育活动的成功经验的基础上，充分运用改革开放以来党员教育活动的创新成果，形成了一整套具有当今时代特点的做法。例如，群众路线教育实践活动首先从党中央最高层领导做起，中央政治局委员以身作则，带头与党章进行对照检查，开展批评和自我批评；实行开放式教育实践活动，领导机关的教育实践活动向群众公开，吸收人大代表、政协委员和群众代表参加会议，通过各种形式广泛听取各方面的意见；把过组织生活会作为党员教育活动的一个重要环节，围绕这次教育活动的主题在会上开展严肃认真的批评和自我批评；由上级机关向开展群众路线教育实践活动的单位派出督导组，负责监督检查活动开展情况，以防止教育活动走过场；等等。所有这些，都体现了党的群众路线教育实践活动在方法上的与时俱进。

要保证群众路线的贯彻执行，最重要的是加强制度建设。这种做法体现了新时期最鲜明的时代特征。原因就在于，重视制度建设是我们党在十一届三中全会以后通过总结新中国成立后的经验教训，特别是"文化大革命"的教训得出的一个十分重要的结论。邓小平同志说："我们过去发生各种错误，固然与某些领导人的思想、作风有关，但组织制度、工作制度方面的问题更重要。这些方面的制度好可以使坏人无法任意横行，制度不好可以使好人无法充分做好事，甚至会走向反面。"[1] 他还说："不是说个人没有责任，而是说领导制度、组织制度问题更带有根本性、全局性、稳定性和长期性。"[2] 所以要从全局上根本上解决党与群众的关系问题，必须重视制度建设。我们要通过制度和法制建设，

---

[1] 《邓小平文选》第二卷，人民出版社 1994 年版，第 333 页。

[2] 《邓小平文选》第二卷，人民出版社 1994 年版，第 333 页。

保证人民群众在国家中的主体地位，鼓励党员全心全意为人民服务，抑制各种影响党群和干群关系的行为，惩治一切损害和破坏人民群众利益的犯罪现象。也正因为如此，这次党的群众路线教育实践活动，把制度建设放在了重要的地位，提出要对贯彻党的群众路线已有制度进行梳理，经实践检验行之有效、群众认可的，要长期坚持，抓好落实；对不适应新形势新任务要求的，要抓紧修订完善。而且明确提出，要注重总结实践中的好经验好做法，建立并完善党员干部直接联系群众制度和畅通群众诉求反映渠道制度、体现群众意愿的科学民主决策机制、干部作风状况考核评价机制等多种制度和机制，推动改进工作作风、密切联系群众常态化、长效化。

社会主义改变了中国的命运

在世界社会主义 500 多年的历史中，社会主义在中国的传播与发展，占有十分重要的地位。社会主义改变了中国的命运，中国也改变了社会主义的命运，使社会主义运动展现出勃勃生机。

取得了民族独立和人民解放。中国是一个有着 5000 年悠久历史的文明古国，曾经创造过辉煌的历史文化，长期处在世界发展的前列。但是到了近代，却逐渐被西方资本主义国家超越，又不断遭到外国列强的侵略，山河破碎，国土沦丧，民族危机，人民生活在水深火热之中。为了挽救民族危亡，中国人民进行了艰苦卓绝的英勇斗争。这些斗争虽然冲击了帝国主义、封建主义统治，促进了人民的觉醒，但并没有改变中国的贫穷落后面貌，也没有结束中国人民的悲惨命运。十月革命一声炮响，给我们送来了马克思列宁主义，使苦苦寻求救国良方的中国先进分子看到了实现民族复兴的希望，中国人民历史性地选择了社会主义。中国人民从此有了争取独立和解放的强大思想武器。中国共产党把科学社会主义基本原理与中国革命的具体实际相结合，领导人民进行了以社会主义为未来的新民主主义革命，经过 28 年的英勇奋斗终于推翻了国民党的反动统治，建立了中华人民共和国和人民当家作主的国家政权。新中国成立后，坚决废除旧中国签订的不平等条约，取消帝国主义在中国的特权，肃清帝国主义在中国的势力和影响，使我国完全以一个独立自主的国家屹立于世界民族之林，长期受压迫和被歧视的中国人从此真正站立起来了，成了国家和自己命运的主人。

正在实现国家富强和人民富裕。新中国成立后，仅用了 3 年时间就恢复了遭到严重破坏的国民经济，到 1952 年底，工农业生产的各项指标全都大幅度超过了历史上的最高水平。从 1953 年起，我国开始实行第一个五年计划，到 1957 年，全国工业总产值比 1952 年增长 128.3%，平均每年增长 18%；农业总产值比 1952 年增长 25%，平均每年增长 4.5%。然而，建国初期由于缺乏经验，经济体制基本上是照搬苏联的。1956 年苏共二十大后，我们党在总结世界社会主义历史经验的基础上，及时提出，要"以苏为鉴"，把马克思主义普遍原理和中国实际进行"第二次结合"，独立探索出一条适合中国情况的社会主义建设道路。从 1956 年开始，我们党进行了长期的艰辛探索，终于在 1978 年党的十一届三中全会以后，开创出了一条中国特色社会主义道路，由此中国的面貌、人民的生活都发生了翻天覆地的变化。

1949 年，我国的社会生产总值只有 557 亿元，到 2013 年，我国的国内生产总值已经达到 56.9 万亿元，是世界上的第二大经济体；全年货物进出口总额 258267 亿元，是全球货物进出口贸易第一大国；外汇储备 38213 亿美元，是世界外汇储备最多的国家。新中国成立时，我国是一个典型的农业国，工业生产十分落后，基本没有自己的机械制造业，1949 年只能年产 15.8 万吨粗钢，12.1 万吨原油，3243 万吨煤炭，43.1 亿度电。2013 年我国跃居世界第一机械制造大国，能够年产粗钢 7.79 亿吨，原煤 36.8 亿吨，原油 2.09 亿吨，电 53975.9 亿千瓦小时。我国的钢、煤、发电量、水泥、化肥、棉布、谷物、肉类、水果等主要工农业产品的产量已经位居世界第一。在科学技术方面，我国不仅早已有了两弹一星，而且有了自己的航空母舰、宇宙飞船和全球卫星定位系统等，2013 年又实现了神舟十号载人飞船与天宫一号成功对接，嫦娥三号探测器在月球软着陆和巡视勘查，"蛟龙号"载人潜水器从深潜海试到科学应用的跨越。在生产发展的基础上，我国人民的生活水平有了很大提高。在 1952 年，我国的人均国内生产总值只有 119 元。经过 70 多年来的努力，我国人民生活有了根本性的变化，不但成功地解决了温饱问题，而且在世纪之交达到了总体小康水平，现在正在建设全面小康社会。2013 年，我国城镇居民的人均可支配收入达到 26955 元，农村居民人均纯收入达到 8896 元，人均国内生产总值约 41908 元。按照世界银行 2013 年的标准，中国已成为上中等收入国家。

为人类和平、发展作出重大贡献。新中国成立以来，我国一直奉行独立自主的和平外交政策，按照和平共处五项原则积极发展与各国的友好关系，坚持国家不分大小、强弱、贫富一律平等，反对任何形式的民族侵略和民族压迫，努力推动建设持久和平、共同繁荣的和谐世界。日益强大的社会主义中国，已经成为维护世界和平的重要力量，为世界和平作出了重大的贡献。改革开放以来，中国的国内生产总值以年均 9.8% 的速度持续高速增长，远远高于同期世界经济平均增长速度，已经成为世界经济增长的最重要的引擎之一，对亚洲乃至世界的经济拉动作用越来越强劲。中国经济对世界经济增长的贡献率在 2007 年就已经超过了美国，位居世界首位，现在中国对世界经济增长的贡献率将近 30%，对亚洲经济增长的贡献率已经超过 50%。中国作为世界首屈一指的货物进出口大国，也对世界经贸发展作出了举世瞩目的贡献。2000 年至 2013 年，中国累计进口总额近 13 万亿美元，为世界各国直接创造了至少上亿个就业岗位。2000 年至 2012 年，中国对世界出口额增量的贡献率为 15%，进口额增量的贡献率为 11.86%，而美国分别只有 6.63% 和 8.53%。在 1997 年的东南亚金融危机中，中国坚持人民币不贬值；在 2008 年金融危机中，中国对一些欧洲国家提供了力所能及的支持。这些都是有口皆碑的。

中国的命运之所以能够发生根本改变，中国的发展之所以能够取得辉煌成绩，中国人民之所以能为人类作出更大贡献，根本的原因是选择了科学社会主义，走出了一条中国特色社会主义道路。这条道路是中华民族实现伟大复兴中国梦的必由之路，它的作用和影响已远远超出了中国本土的范围，为广大发展中国家提供了民族振兴的宝贵经验，也为世界提供了与"华盛顿共识"不同的另一种选择。

邓小平与改革开放伟大事业

邓小平同志作为党的第二代领导集体的核心，以巨大的政治勇气开创了我国改革开放的伟大事业，被誉为我国改革开放的总设计师。在回顾他对改革开放事业的伟大贡献时，人们难免会提出这样一个重要问题：在他之前，许多社会主义国家都曾进行过改革尝试，有的还曾取得了令人赞叹的成就，但最终却无一避免地都以失败告终，而唯独由邓小平同志设计和领导的中国改革取得了成功，创造了中国特色社会主义的辉煌，其中的原因究竟是什么？这就需要我们放眼国际视野来观察和研究邓小平的改革思想，破解中国改革开放取得伟大成功之谜。

一、改革决定中国命运

邓小平同志对我国改革开放事业的贡献，首先在于他把改革开放的地位和作用，提到前所未有的高度，使人们充分认识到改革开放的价值和意义。改革开放 40 多年来中国共产党之所以能够始终坚持和发展改革开放事业，顶住来自各方面的压力，克服遇到的种种困难，与对改革开放认识上的高度自觉是密切相关的。

马克思和恩格斯指出，人类社会是在生产力与生产关系、经济基础与上层建筑的矛盾运动中向前发展的。这些矛盾在阶级社会是通过阶级矛盾表现出来的，阶级斗争是阶级社会发展的直接动力。然而进入社会主义社会以后，阶级斗争已经基本消灭了，阶级矛盾已经不是社会的主要矛盾，无产阶级革命也不再是共产党的根本任务，这时生产力与生产关系、经济基础与上层建筑的矛盾是否依然存在，阶级斗争还是不是社会发展的直接动力？斯大林作为第一个社会主义国家的主要领导人，必须面对和回答这个遇到的新问题。在相当长的一段时间内，斯大林不承认社会主义社会矛盾的存在，他认为"苏联社会的一致和苏联各族人民的友谊"，是苏联"取之不尽的力量的源泉"。直到逝世前一年，他才在《苏联社会主义经济问题》一书中承认，弄得不好，生产力与生产关系、经济基础与上层建筑会产生矛盾。在这种思想观点的指导下，人们普遍认为苏联已经基本建成社会主义，其社会制度不存在任何矛盾和问题，当然也就谈不到对它进行改革和完善了。只有南斯拉夫在苏南冲突之后，从 1950 年开始对原来的苏联体制进行了根本性改革，开始实行自治社会主义。

在斯大林逝世后，尤其是在苏共二十大会议上赫鲁晓夫作了《关于个人崇拜及其后果》的"秘密报告"，对斯大林进行了全面批判和否定以后，人们开始公开承认苏联和其他社会主义国家存在着各种各样的问题，如对领袖的个人崇拜，违背集体领导原则，破坏民主和法制，农业、轻工业发展缓慢，中央权力过度集中，领导职务终身制，思想上的封闭禁锢等。于是在理论上开始承认社会主义社会存在矛盾，包括生产力与生产关系、经济基础与上层建筑的矛盾，在实践上开始对存在的问题进行解决。包括苏联在内的大多数社会主义国家，从这个时候开始了社会主义改革。但当时旧观念对改革的阻力是很大的，大多数国家的改革都是时断时续或者时进时退，一些激进的改革措施经常被说成是背离社会主义的，东欧国家的改革还经常受到来自苏联的干涉。

行动上的迟疑和反复，说明这些国家对改革必要性的认识还不到位，还远没有达到理论自觉的高度。邓小平同志在领导中国改革开放的实践中，从理论上对为什么必须进行改革作了完全令人耳目一新的回答。他说："革命是解放生产力，改革也是解放生产力。推翻帝国主义、封建主义、官僚资本主义的反动统治，使中国人民的生产力获得解放，这是革命，所以革命是解放生产力。社会主义基本制度确立以后，还要从根本上改变束缚生产力发展的经济体制，建立起充满生机和活力的社会主义经济体制，促进生产力的发展，这是改革，所以改革也是解放生产力。过去，只讲在社会主义条件下发展生产力，没有讲还要通过改革解放生产力，不完全。应该把解放生产力和发展生产力两个讲全了。"① 这就找到了在社会主义条件下解放和发展生产力的根本途径，找到了社会主义制度自我完善和发展的根本途径，找到了社会主义社会发展的直接动力。这也就清楚地回答了为什么在社会主义社会还要进行改革的原因，从根本上讲清了进行社会主义改

---

① 《邓小平文选》第三卷，人民出版社 1993 年版，第 370 页。

革的必要性和重要性。尤其值得注意的是：邓小平同志把改革与过去进行新民主主义革命，推翻帝国主义、封建主义、官僚资本主义相提并论，摆在了同等重要的战略地位，明确指出，"改革是中国的第二次革命"①。在此基础上，邓小平同志提出了一个对改革作用定位的重大命题："坚持改革开放是决定中国命运的一招"②，这就是说，过去决定中国命运的关键性的选择是进行新民主主义革命，由于取得了这场革命的胜利，中国发生了天翻地覆的变化，中华民族从此站立起来了，中国人民从此获得了解放。现在决定中国命运的关键性的选择是改革，只有通过改革才能使国家繁荣富强起来、人民生活富裕起来，才能逐步达到中华民族的伟大复兴。在过去的旧中国，其他道路的选择都是死路一条，唯有新民主主义革命才是必由之路，邓小平同志同样认为，在当代中国也只有改革开放才是必由之路，不改革、不开放所有的路都是死路。他一再提醒全党："如果现在再不实行改革，我们的现代化事业和社会主义事业就会被葬送。"③

邓小平对改革开放的这种高屋建瓴的认识不仅对我们党作出实行改革开放的历史性决策，发挥了极其重要的作用，而且对于我们能够始终自觉坚持改革开放，同样发挥了极其重要的作用。其中最令人不能忘记的是，在20世纪的80年代末90年代初，国内曾经出现过"六·四"政治风波，国外发生了震惊世界的东欧剧变和苏联解体，面对把改革变为改向的国际思潮，要不

---

① 《邓小平文选》第三卷，人民出版社1993年版，第113页。
② 《邓小平文选》第三卷，人民出版社1993年版，第368页
③ 《邓小平文选》第二卷，人民出版社1994年版，第150页。

要继续高举改革开放的旗帜，是对中国共产党的一大考验。这时邓小平连续发表讲话，强调必须旗帜鲜明地坚持改革开放，他说："这一点，我讲过几次。如果没有改革开放的成果，'六·四'这个关我们闯不过，闯不过……。"① 并再一次重申："不坚持社会主义，不改革开放，不发展经济，不改善人民生活，只能是死路一条。"② 这就在"黑云压城"的艰难复杂的国内外形势下，进一步坚定了全党和全国人民的决心和勇气，把我国的改革开放继续不断地推向前进。党的十七大丰富了邓小平同志关于改革开放作用和意义的论述，指出改革开放是决定中国命运的关键性抉择，是发展马克思主义的必由之路，是发展中国特色社会主义的必由之路。这种高度的理论自觉是我们毫不动摇地坚持改革开放的巨大力量源泉。

二、在试验中探索前进

中国的改革开放事业之所以能够取得伟大的成就，不仅在于理论上的高度自觉和思想上的高度重视，而且在于有一套符合实际的指导改革的方法论。苏联和许多东欧国家长期受到教条主义和计划经济的思维方式影响，严重地妨碍了他们从实际出发进行体制改革。就以南斯拉夫来说，它是社会主义国家改革最早的，态度也是最坚决的，其改革的步伐也不能说不大。但他们在彻底否定苏联模式之后，却教条地照搬马克思主义经

---

① 《邓小平文选》第三卷，人民出版社 1994 年版，第 371 页。

② 《邓小平文选》第三卷，人民出版社 1994 年版，第 370 页。

典作家关于社会自治的论述，在刚刚建立社会主义不久，就开始削弱无产阶级专政国家的职能，普遍实行工人自治制度和社会自治制度，片面强调基层和民族共和国的自治权力，削弱了凝聚整个联邦国家的中央政府和南共中央的权力，南联盟最后的分崩离析不能不说是与此有重大的关系。再以苏联来说，戈尔巴乔夫担任苏联共产党中央委员会总书记不久，就在1986年3月举行的苏共二十七大上提出了经济社会发展的"加速战略"，计划在15年时间完成经济体制改革。事实证明，这不过是一个脱离实际的主观设想，实行不久实际上就被变相地放弃了。1988年苏共第十九次代表会议，把改革的重心转向了政治体制改革。过了一年多，苏共又拟定了一个分三阶段向可调节市场经济过渡的构想，计划到1995年完成向可调节市场经济过渡。这个计划还没有怎么实施，就发生了"8·19"事件，接着就是苏联解体。这说明按照计划经济的思维方式搞改革也是不能成功的。

邓小平同志是坚持一切从实际出发指导改革开放的。他认为，进行社会主义改革是一件前无古人的伟大事业，没有任何现成的成功经验，必须从中国的具体实际出发，在实践中探索前进。为此，他提出要恢复解放思想、实事求是的思想路线，把人们的思想从对马克思主义的错误的和教条式的理解中解放出来，从各种束缚着人们思想观念的保守僵化思想中解放出来。他特别强调，是不是真正做到解放思想、实事求是，必须接受实践的检验，实践是检验真理的唯一标准。这就确立了我国改革的根本指导思想。

对于如何具体进行改革，他首先提出改革开放是很大的试验。究竟怎样进行这场试验？他坚持自己的一贯思想，不论白猫黑猫，只要能抓住耗子就是好猫，提倡大胆地试，大胆地闯，鼓励人们要敢想、敢闯、敢冒，在实践中大胆创新，这样就完全解放了人们的思想，充分调动起人们改革的勇气和热情；同时又要求在改革中探索前进，经常回过头看一看，及时总结经验教训，经过试验证明对了的就继续坚持，错了的就及时改正，这样做就可以及时发现问题和纠正错误，避免出现大的错误和偏差。邓小平同志将这种推进改革的方法称为探索前进，人们形象地称其为摸着石头过河。这种摸着石头过河的方法的基本要求，邓小平同志将其概括为胆子要大，步子要稳，或者说，是思想要解放，步子要稳妥。邓小平同志主张在改革中不争论，用实践对问题作出回答。对于一时还看不准的事情，先进行试验，证明是正确的或者是可行的就坚持，不正确或者不可行的就改正。对于看得准的事情要坚决去做，但容许看，让人们在实践中逐步接受。我国改革开放的许多重大突破，包括包产到户的推广，兴办经济特区，所有制结构调整，分配制度创新，国企改革攻关，股份制改革，等等，都是采用这种在试验中探索前进的方法取得成功的。

　　邓小平同志提出的通过试验在探索中前进的改革方法，从根本上保证了我国能够不断破解改革中的各种难题，能够不断把改革成功地向前推进。改革是一项宏大而又艰难的事业，在这个过程中出现这样或者那样的偏差和错误是难以避免的，采取这种科学的方法，就可以使我们能够及时发现和改正错误，防止小的错误发展为长期的全局性的错误。为什么我国二十世纪五六十年代关于中国社会主义建设道路的探索，在开始时曾取得了一系列重大的成就，后来却发展为"文化大革命"这样长期的全局性错误？同样，东欧一些国家，如波兰、匈牙利，在改革的某个时期也曾取得令人赞叹的成绩，后来却长期陷于困境难以自拔？应当说都与在探索中缺乏这样一种科学的方法论是有一定关系的。

在试验中探索前进的改革方法，决定了我国的改革开放不会一步到位，而是一个由易到难、由表及深、由点到面、由外围到中心的逐步推进的长期的过程，这也就是人们通常所说的渐进式的改革。对于像中国这样情况十分复杂的大国，对于尚无系统改革经验的社会主义国家来说，选择这样的改革方法和改革方案是不可避免的。起码到目前为止，社会主义国家还没有改革一步到位的成功先例。同时又要清醒看到，我国现在已经发展到全面系统改革阶段，面临大量的深层次的和难以解决的问题，在这种情况下，只靠典型试验和摸着石头过河的方法显然已经不够了，必须从实际出发把顶层设计和摸着石头过河结合起来，把全面推进与重点突破结合起来。但是邓小平同志的通过试验探索前进的方法，仍然是我们破解各种改革难题的根本方法，是必须继续加以坚持的。

三、破解姓"社"姓"资"难题

我国进行的是社会主义改革，从理论上真正搞清楚什么是社会主义，对于正确进行改革至关重要。苏联和东欧社会主义国家改革出现的一个共同问题，是在开始改革的时候思想不解放，害怕改革会伤害社会主义、走向资本主义，长时间迈不开改革开放的步子，不敢对传统的经济政治体制进行实质性的改革。不仅如此，苏联还打着捍卫社会主义的旗号，对东欧一些国家的改革进行干涉。这就严重影响了改革的推进。在改革长期不能见效之后，这些国家又对在科学社会主义的框架内进行改革丧失信心，放弃了社会主义最根本的东西，致使改革走偏方向，导致了社会主义在这些国家遭受严重挫折。产生这个问题的一个重要原因，是对于什么是社会主义没有完全搞清楚。因为科学地认识社会主义，是进行社会主义改革的理论前提，只有真正搞清楚了什么是社会主义，才能知道哪些是必须坚持的社会主义的根本的东西，哪些是必须改革的违背社会主义本质要求的东西。否则就可能在这个问题上发生重大失误，或者不敢大胆改革那些应当改的东西，或者不敢勇敢坚持那些不能放弃的东西。无论是哪一种情况，都不会取得社会主义改革的成功，甚至会葬送掉社会主义。

姓"社"姓"资"问题，也是长期困扰我国改革的一个大问题。邓小平同志在我国的改革开放中成功地解决了这个问题。在改革开放初期，我国同时出现了两种错误思潮：一种是不敢大胆进行改革开放的僵化保守思想，他们怀疑改革开放是在偏离社会主义、走向资本主义；另一种是资产阶级自由化思潮，他们借改革否定和丑化社会主义，企图走西方资本主义道路。面对这种情况，邓小平同志及时提出在改革开放和现代化建设中必须毫不动摇地坚持四项基本原则，即必须坚持社会主义道路，无产阶级专政，共产党的领导，马列主义、毛泽东思想。他进一步指出，改革开放是我们的强国之路，四项基本原则是我们的立国之本，它们相辅相成、互相促进，构成了党的基本路线的两个基本点。也就是说，我们的改革开放，是坚持四项基本原则的改革开放，我们的四项基本原则，是实行改革开放的四项基本原则。这就从根本上解决了在改革开放中怎样坚持社会主义的问题，也就是怎样才能保证改革开放的社会主义方向的问题。它可以使人们在坚持四项基本原则的前提下，放开手脚大胆地推进改革开放事业。

我们改革的对象是传统的苏联经济政治模式。但这种模式是苏联社会主义的实现形式，怎样才能做到改革苏联模式而又不伤害社会主义，这是改革中必须解决的重大问题。针对这个问题，邓小平同志指出，我们在改革传统的苏联模式的时候，要把社会主义的基本制度和体制加以区分。对于社会主义基本制度我们必须坚持，对它的改革是在坚持基础上的发展和完善，从这个意义上可以说，改革是社会主义制度的自我完善。我们要通过改革使这些制度不断发展和完善起来，形成日趋成熟和定型的中国特色社会主义制度。而对于作为社会主义制度实现形式的传统体制，必须进行根本性的改革，从这个意义上讲，改革又是一场革命性的变革。由于传统的苏联模式虽然存在着严重弊端，但它毕竟是社会主义的一种实现形式，我们决不能因为要革除它的这些严重弊端，而否定它所体现的社会主义制度，也不能因为要坚持社会主义制度，而不对它的体制弊端进行根本革除。所以邓小平同志作出这样的区分，既有利于我们在改革中坚持社会主义基本制度，又有利于我们坚决改革旧体制的弊端，理论价值和实践意义是很大的。

要从根本上解决改革中的姓"社"姓"资"难题，彻底解放人们的思想，还必须真正搞清楚什么是社会主义的本质。这又涉及对什么是社会主义的认识。由于我国的改革是从经济领域开始的，所以当务之急便是如何认识计划经济体制。众所周知，我国在新中国成立后基本上照搬了苏联的计划经济体制，并认为它是社会主义的本质特征。对社会主义认识上的这一误区，成了我国对经济进行市场化改革的最大思想障碍，不从理论上解决这个问题，经济体制改革便难以向前推进。邓小平同志从国际国内的实际出发，多次指出，社会主义与市场经济不存在根本矛盾，社会主义也可以搞市场经济。他指出，计划多一点还是市场多一点，不是社会主义与资本主义的本质区别。计划经济不等于社会主义，资本主义也有计划；市场经济不等于资本主义，社会主义也有市场。计划和市场都是经济手段。社会主义的本质，是解放生产力，发展生产力，消灭剥削，消除两极分化，最终达到共同富裕。这就从根本上解除了人们对搞市场经济的顾虑，为我国建立社会主义市场经济奠定了理论基础。

除了市场经济之外，当时对特区和股票等都存在着是姓"资"还是姓"社"的争论，邓小平同志关于社会主义本质的理论，把人们对社会主义的认识提到了一个新的高度，为如何正确看待这些问题提供了有力的武器。根据对社会主义本质的认识，邓小平同志提出了衡量改革得失成败的"三个有利于"标准。他说："判断的标准，应该主要看是否有利于发展社会主义社会的生产力，是否有利于增强社会主义国家的综合国力，是否有利于提高人民的生活水平。"这些理论观点把人们从姓"社"还是姓"资"的争论中解放出来，只要是符合于社会主义本质要求的事情，符合"三个有利于"标准的事情我们都可以放手去做，这就为我国改革开放的顺利发展扫平了前进的主要思想障碍，为充分利用人类的一切优秀文明成果建设社会主义铺平了道路。正因为如此，在邓小平同志提出社会主义本质理论和"三个有利于"判断标准以后，全党和全国人民的思想获得了一次新的解放，在党的十四大上明确地提出我国经济体制改革的目标是社会主义市场经济，接着又在党的十四届三中全会上确定了社会主义市场经济的基本框架，成功地把我国的改革开放推向了一个新的发展阶段。

四、营造和平稳定环境

国际国内环境对改革开放事业的成败具有重要作用，有时甚至起决定作用。苏联等东欧国家改革最终遭到失败与此是有一定关系的。这些国家的改革是在 20 世纪 50—80 年代的冷战时期进行的，当时社会主义国家与资本主义国家处在严重的军事对立状态，西方国家千方百计对社会主义国家进行和平演变，为了团结一致与西方国家进行对抗，苏联加强了对东欧国家的控制，与它们结成了华沙军事条约组织。在这样的外部环境下，这些国家的改革开放经常受到东西方尖锐对立的影响，东欧国家的改革还经常受到苏联的制约和干涉。这种冷战的外部环境对这些国家的改革开放显然是十分不利的。在国内条件方面，由于历史的原因，东欧各国共产党的领导层一般都分为两派：一个是长期生活在国内、土生土长起来的国内派；一个是长期生活在苏联、第二次世界大战后从苏联回国的国际派。在这两派中，国际派总体上是坚持苏联的传统模式的，在改革问题上比较保守；国内派总体上是比较注意从本国实际出发，对改革苏联传统体制比较积极。由于东欧国家有着维护苏联体制的强大势力，他们得到苏联的直接支持，从而使这些国家的改革，往往是同摆脱苏联控制结合在一起，与党内两派的斗争结合在一起。特别值得注意的是，在1948年苏南冲突后，这些国家国内派的一些领导人被打成铁托分子，受到严重的摧残和迫害，这又使改革与争取为这些人的平反结合在一起。如此复杂的国内外环境，大大增加了改革的难度，使改革艰难曲折，既出现过与苏联激烈较量的波兰事件，也出现过一波三折的匈牙利事件，还出现过被苏联等国扑灭的布拉格之春。

中国从1978年党的十一届三中全会开始的改革，同苏联等东欧国家相比要顺利得多。这固然有所处时代条件的不同和具体国情的不同，更重要的是以邓小平同志为核心的第二代中央领导集体作出的一系列正确决策，为我们进行改革开放营造了良好的国际国内环境。

邓小平同志认为，要进行改革，必须有一个和平的国际环境。我国开始进行改革开放的时候，东西方之间的冷战还没有完全结束，但他以伟大战略家的眼光，已经敏锐地觉察到世界发展趋势的变化，经过综合分析影响国际形势发展的各种因素，作出了"大战打不起来"的重要判断。他进一步指出，当今世界有两个主要问题：一个是和平问题，一个是发展问题。根据对国际形势的这种判断，邓小平同志认为完全有可能为我国的改革开放争取一个长期的和平的国际环境。为此，他对我国的国际战略进行了必要的调整，实行独立自主的和平外交政策。他把独立自主作为我国外交政策的立足点，不再以意识形态和社会制度划线，不与任何国家或国家集团建立结盟关系，完全根据事情本身的是非曲直，从中国人民和世界人民的根本利益出发决定对国际问题的态度。在独立自主的基础上，我们坚持按照和平共处五项原则广泛与各国发展和平友好关系，积极推动建立世界经济政治新秩序，从而开创了对外关系的新局面。

要为我国营造和平的国际环境，关键是要实现和西方国家关系的正常化。在党的十一届三中全会前后，邓小平同志为实现我国同西方国家关系正常化作出了巨大的努力，发挥了十分重要的作用。在邓小平同志的积极推动下，中日关系首先实现了新的突破。1978年8月12日，中日和平友好条约在北京签订；10月22日，邓小平到日本访问，在23日出席了中日和平友好条约两国批准书互换仪式，开启了中日友好的新篇章。接着，邓小平又高瞻远瞩，抓住机遇，促成中美在1979年1月1日建立了正式外交关系。1月28日，邓小平应邀访问美国，双方就国际关系和经济合作等问题交换意见，对发展两国关系达成了重要共识。邓小平说："这次访问，使我更加坚信，中美两国和两国人民在各个领域——政治、经济、科技、文化——的合作有广阔发展前途。"[1] 这个时期，邓小平还接见了欧洲一些国家的领导人，并听取了谷牧率团考察西欧五国的报告。邓小平在中国启动改革开放的关键时刻，推动中国与西方国家关系走上了正常化轨道，果敢地打开了向西方国家开放的大门。这在世界上引起很大的震动，1979年1月上旬，邓小平被美国《时代》周刊评为1978年度世

---

① 《邓小平年谱（1975—1997）》上册，中央文献出版社2004年版，第477页。

界风云人物，称他是"一个崭新中国的梦想者"，"向世界打开了'中央之国'的大门"。除此之外，我国还与周边国家积极发展睦邻友好关系，很快实现了与苏联等东欧国家关系正常化，进一步加强了与发展中国家的团结与合作，并按照独立自主、完全平等、互相尊重、互不干涉内部事务的原则，同各国各地区政党和政治组织发展友好关系。这就为我国的改革开放营造了和平的国际环境。

邓小平认为，要进行改革开放，还必须保持国内的政治稳定。他强调政治稳定是进行改革开放的前提条件。也正是从这个意义上，他提出稳定压倒一切。邓小平说："中国一定要坚持改革开放，这是解决中国问题的希望。但是要改革，就一定要有稳定的政治环境。"[①] 邓小平一直都是十分重视保持国家的政治稳定的，其中具有决定意义的贡献主要有两次。

第一次是党的十一届三中全会决定停止以阶级斗争为纲，从而去掉了造成长期政治不稳定的关键因素。我国 1956 年进入社会主义社会以后，阶级矛盾已经不是社会的主要矛盾，但我们仍然不断强调阶级斗争，坚持以阶级斗争为纲，发动一次又一次的政治运动和党内斗争，严重影响了社会的政治稳定，最后导致"文化大革命"的爆发，出现了长达十年的内乱。党的十一届三中全会决定把党的工作重心转移到经济建设上来，就去除了引起政治动乱的主要根源。在此基础上，党的十一届六中全会通过了邓小平同志领导起草的《关于建国以来党的若干历史问题的决

---

① 《邓小平文选》第三卷，人民出版社 1993 年版，第 284 页。

议》，统一了全党思想，为改革开放营造了和谐稳定的政治局面。

第二次是在 1989 年政治风波前后。当时在戈尔巴乔夫的所谓"新思维"的推动下，东欧社会主义国家正在发生剧变，苏联解体也"山雨欲来风满楼"。我国的资产阶级自由化思潮与之遥相呼应，在这年的春夏之际掀起了一场政治风波，试图使我国改革也像苏联东欧国家一样改变方向。在这个关键时刻，邓小平发表了《压倒一切的是稳定》的谈话，果断地处理了这场政治风波，使我国的改革沿着社会主义方向继续前进。在政治局势稳定之后，邓小平在 1992 年初又到南方视察，发表了著名的"南方谈话"，推动我国的改革开放取得了新的更大的成就。

形成中国风格中国气派的话语体系

发展 21 世纪中国的马克思主义是一个宏大的系统工程，既要在内容上与时俱进和系统创新，又要精心打造中国风格中国气派的话语体系，努力实现内容与形式的有机统一和完美结合。要打造 21 世纪中国的马克思主义话语体系，主要应当做好三方面的工作。

实现中国马克思主义话语的体系化。1978 年，党的十一届三中全会以后，中国共产党人创立了中国特色社会主义理论，同时形成了中国特色社会主义的理论话语，其中有许多家喻户晓。例如，发展才是硬道理，"一个中心、两个基本点"，"两手抓、两手都要硬"，立党为公、执政为民，空谈误国、实干兴邦，打铁还需自身硬，把权力关进制度的笼子里，中华民族伟大复兴的中国梦，等等。这些理论话语生动具体地展现了它的内涵，是党和人民的伟大创造，具有很强的生命力和感召力，深受广大群众的喜爱和欢迎，为我们发展 21 世纪中国的马克思主义、打造中国风格中国气派的话语体系奠定了坚实基础。但同时又要看到，我们的理论话语体系还不够完善和成熟，我们在国际上的话语权与我国的世界大国地位也不相称，不能完全适应理论发展的要求，不能满足国际话语权竞争的需要。这就要求我们在现已初步形成的话语体系的基础上，全面推进中国特色社会主义话语体系创新。

话语体系的打造，必须遵循语言发展的规律。首先，理论是对实践经验的总结和对科学真理的探索，真实性是理论话语的首要的和基本的要求。理论话语越是贴近实际、反映真理，就越具有强大生命力，就越能对实践发挥指导作用。其次，时代在变化，实践在发展，理论话语也必须不断创新。邓小平同志十分重视理论话语创新，一再要求我们要讲新话。他在改革开放以后，为我们创造了一系列新的理论话语。再次，群众性是理论话语建设必须解决的又一个重大问题。话语是人们思想沟通的工具，是否适应群众的需要，是否受到群众的喜爱，对于话语体系建设至关重要。

推进中国马克思主义话语的民族化。习近平总书记要求"发展 21 世纪中国的马克思主义"，这里的"21 世纪"不仅是时间定位，而且指时代特征；这里的"中国"不仅是地理定位，而且指中国特色。发展 21 世纪中国的马克思主义就不仅是指马克思主义的发展要与 21 世纪中国的实际相结合，而且是指马克思主义的发展要有中国特色、中国风格、中国气派。中国特色社会主义是马克思主义与当代中国实际相结合的产物，是在中国的土壤上生长起来的科学理论，其内容是中国的，其话语体系也应该是中国的。因为，越是中国的，越能为中国的老百姓所接受；越是中国的，也越是世界的，越能在世界话语体系中凸显我们的特色和个性，越具有影响力、吸引力。我们有 5000 年的悠久历史和文化传统，有 14 亿多智慧勤劳的人民群众，在建设中国特色社会主义、实现民族伟大复兴的实践中，创造出了无比丰富多彩的感人语言。问题的关键是我们要善于利用这些宝贵财富，去表述中国特色社会主义理论的深刻内涵，在日积月累中形成中国自己的话语体系。党的十八大以来，习近平总书记的系列重要讲话，就颇具中国特色中国气派。他经常借用中国的诗词、成语、典故、历史故事等说明中国特色社会主义建设中的重要理论和实践问题，把中国的文化和语言巧妙地融合在理论的阐发之中。这不但加深了人民群众对理论的理解，而且从感情上拉近了距离。如果坚持不懈沿着这个方向走下去，我们就一定能够成功地打造出 21世纪中国的马克思主义话语体系。

提高中国马克思主义话语的国际融通力。话语体系承载着特定思想价值观念，是国家文化软实力的重要组成部分，是一个国家在国际舞台上确立话语权的前提和基础。当今时代，谁的话语体系更具道义感召力和思想穿透力，谁的话语和叙事更能打动人，谁就拥有国际话语权，谁就在国际竞争中赢得优势。语言是用来交流和沟通的。强调 21 世纪中国的马克思主义话语体系的中国特色，并不是要阻断我们与他国人民的交流和沟通，而是破除对西方话语体系的盲目崇拜，形成自己独特的话语体系，改变我们在国际话语中的弱势状态，掌握话语主动权，形成与我们的大国地位相匹配的话语地位。这就要求我们的话语体系不仅要有中国特色，而且要有国际表达力，要着力打造融通中外的新概念、新范畴、新表述，不仅让外国人觉得新鲜，而且首先要让他们听得懂、听得进，不仅是能够接受，而且要达到乐于接受。也就是说，打造民族风格的理论话语体系，与提高话语体系的国际融通力不是对立的，而是相互促进、相辅相成的统一关系。按照这个思路来推进话语体系建设，"越是中国的"与"越是世界的"才能真正一致起来。

社会主义具有强大生命力

社会主义出现以来，历经沧桑而不衰，成为不可阻挡的历史潮流，吸引着亿万群众为之奋斗。这就向我们提出一个令人深思的问题：社会主义为什么具有如此强大的生命力？

社会主义的生命力，在于它适应人类社会发展的客观规律，不断地解放和发展生产力。生产力是人类社会发展的根本动力，也是社会进步的最积极最活跃的因素，历史的发展、文明的进步、制度的变革，归根结底都是生产力的发展变化所引起的。任何社会的生产关系和上层建筑都必须适应生产力发展的要求，而不能禁锢和阻碍生产力的发展，否则最终就会被适合生产力发展的新的生产关系和上层建筑所代替。这个不以人们意志为转移的客观规律，过去曾经导致封建社会取代奴隶社会、资本主义社会取代封建社会。现在资本主义也无法摆脱这个规律的作用，社会化生产的发展终将导致资本主义的灭亡和社会主义的胜利。

社会主义制度建立以后，要使自己完善和发展起来，始终保持强大的生命力，同样需要清醒地认识生产力对社会制度的最终决定作用，同样需要不断地解放和发展生产力，否则它的生命力就会日益枯竭，优越性就会逐步丧失。东欧剧变和苏联解体发生的一个重要原因，就是苏联社会主义模式长期僵化保守，没有根据生产力发展的需要适时对其进行革命性的变革。我国在探索自己社会主义建设道路的过程中，也曾出现过不能完全正确对待生产力的问题。在1958年"大跃进"期间，社会生产关系明显地超越了生产力发展水平，造成了国民经济的巨大损失。"文化大革命"时期，又以阶级斗争为纲，大批所谓"唯生产力论"，使经济到了崩溃的边缘。党的十一届三中全会的伟大历史转折，实际上主要是围绕如何对待生产力的问题展开的。从以阶级斗争为纲到以经济建设为中心，就是要把发展生产力放在最重要的位置；从封闭保守到实行改革开放，就是要改革阻碍生产力发展的僵化体制，并借鉴人类优秀文明成果来发展生产力。党的历史上这个伟大转折从根本上摆正了社会主义制度与生产力的关系，把解放生产力和发展生产力确定为社会主义最根本的任务，并找到了改革开放这个解放和发展生产力的方法，从而使我国的社会主义制度充满生机活力。实行改革开放仅40多年，就基本改变了国家贫穷落后面貌，经济总量跃居世界第二，进出口贸易总额和许多主要工业产品产量位居世界第一，已跨入上中等收入国家行列。社会主义的强大生命力，正在当代中国绽放出十分诱人的光彩。

社会主义的强大生命力还在于，它与人类对美好社会的追求联系在一起，代表了历史的前进方向。社会主义作为争取工人阶级和全人类解放的伟大事业，包含着两个互相联系的历史任务：一是要通过工人阶级领导的革命斗争，把人类从包括资本主义在内的一切剥削和压迫制度下解放出来，这就使它能够赢得占人口绝大多数人的同情和支持，只要世界上还存在着人对人的剥削和压迫，社会主义运动就会不断地发生和发展。二是要在取得社会主义革命胜利以后，建设一个幸福美好的社会主义社会，实现人类梦寐以求的共同富裕的伟大理想。这就使它能够动员和吸引最广大的人民群众为之奋斗，显示出无比的优越性和强大的生命力。

中国社会近百年来的历史变迁，是社会主义强大生命力的一个缩影。19 世纪末 20 世纪初，正当中华民族面临生存危机，四处寻找救国救民真理的时候，社会主义开始传入中国，并在十月革命后为中国先进分子所接受，中国的社会发展从此由"山穷水复疑无路"，进入"柳暗花明又一村"。中国共产党把科学社会主义理论与中国实际相结合，探索出了一条切合中国国情的革命道路，经过 28 年的英勇斗争，终于在 1949 年推翻了帝国主义、封建主义和官僚资本主义的统治，建立了中华人民共和国，实现了国家独立、人民解放。"只有社会主义才能救中国"，是中国人民从这个时期的实践中得出的最重要的结论。在建立了社会主义基本制度以后，中国共产党又经过艰辛探索，于党的十一届三中全会以后开辟了中国特色社会主义道路，经过 40 多年的改革开放和现代化建设，国家的面貌发生了翻天覆地的巨大变化，中国人民长期追求的国家强盛、人民富裕正在变成活生生的现实。事实又再次向世人证明："只有中国特色社会主义才能发展中国。"党的十八大以后，以习近平同志为核心的党中央统筹推进"五位一体"总体布局协调推进"四个全面"战略布局，领导全国人民在中国特色社会主义道路上为实现"两个一百年"奋斗目标、实现中华民族伟大复兴的中国梦而奋斗。现在中国特色社会主义道路举世瞩目，吸引着世界愈来愈多的国家和人民。它以一个世界人口最多国家的巨变向世人证明，只有社会主义才是人间正道。

社会主义的强大生命力也在于，它是广大人民群众自己的事业，具有最广泛最深厚的群众基础。马克思和恩格斯在《共产党宣言》中指出："过去的一切运动都是少数人的或者为少数人谋利益的运动。无产阶级的运动是绝大多数人的、为绝大多数人谋利益的独立的运动。"①马克思主义经典作家的这段话向我们揭示了社会主义具有强大生命力的原因，是它深深扎根于广大人民群众之中。社会主义之所以有力量，就在于它是广大人民群众自己的事业，社会主义之所以深得人心，就在于它是为广大人民群众谋利益的。人民群众是社会主义充满生机的生命源泉，为人民群众谋利益是社会主义的根本价值追求，处理好同人民群众的关系对于社会主义运动至关重要，直接关系到社会主义事业的兴衰成败。根据人民群众与社会主义事业的这种关系，我们可以说：对待人民群众和人民事业的态度，是区分真假共产党人的分水岭，检验真假社会主义的试金石。无论是脱离和欺压群众的官僚主义，还是以权谋私的贪污腐化行为，都是与社会主义的本性背道而驰的，会严重动摇社会主义的根基，给社会主义带来致命的伤害，是我们任何时候都必须防止和纠正的。

为社会主义而奋斗的中国共产党充分意识到这个问题的重要

---

① 《马克思恩格斯文集》第二卷，人民出版社 2009 年版，第 42 页。

性，把密切联系群众确定为党的根本路线，把全心全意为人民服务确定为党的唯一宗旨。我们建设中国特色社会主义，必须心中时刻装着群众，永远与群众保持密切联系，把为群众谋利益作为想问题和办事情的出发点和落脚点，把紧紧依靠群众，充分调动群众的积极性、主动性、创造性，作为搞好工作的基本保证。要坚持群众利益高于一切，用人民群众满意不满意、赞成不赞成、高兴不高兴、答应不答应作为衡量一切事业的标准。党领导的中国特色社会主义事业牢牢扎根于亿万群众之中，有着无限力量和智慧，定会不断激励我们战胜前进中的任何风险和困难，创造更加美好的明天。

走向复兴的坚实之基

　　制度问题与中国命运密切相关。在中华民族复兴的历史上，中国人民选择了社会主义制度，走出了一条成功的制度兴国之路。经过新社会制度的建立、对体制机制的改革，不断释放制度活力与潜能，我们国家日益发展强大起来，比以往任何时候都更加接近实现中华民族伟大复兴的梦想。可以说，制度是中华民族走向复兴的坚实之基。

　　回望历史，不难发现正是制度改变了中国的命运。中国在1840年鸦片战争后，逐步沦为一个半殖民地半封建社会。先进的人们开始寻求救亡图存、民族复兴之路，在尝试多种制度之后，终于找到社会主义制度这一正确方向。经过28年的英勇奋斗，中国共产党带领全国人民推翻"三座大山"，成立中华人民共和国，建立社会主义制度。新制度对生产力和人民群众的巨大解放作用，有力地推动了经济社会的发展，使我国面貌发生日新月异的巨大变化。党的十一届三中全会作出实行改革开放的战略决策，推动中国经济社会再次腾飞。改革是社会主义制度的自我完善和发展，通过不断破除阻碍经济社会发展的体制性障碍，促进适合经济社会发展的体制机制不断完善和发展。经过 40 多年的改革，中国特色社会主义制度随着时代的变化和实践的发展而不断完善，体现了强大的优越性，充满着无限生机与潜能。

放眼今天，我国正由大变强。经过 40 多年的高速发展，我国进入一个新的发展阶段。我国的经济发展方式正在由速度增长型向质量效益型转变，人民生活正在由实现小康向全面小康转变，人与环境的关系正在由强调开发利用向人与自然友好相处转变，等等。在这些转变的过程中会产生许多新矛盾新问题，但更蕴含着新机遇。解决矛盾和问题的过程，也是我国发展由速度上的腾飞向质量上的飞跃转变的过程，更是体制机制不断完善和发展的过程。

以习近平同志为核心的党中央高度重视我国发展中的制度问题。党的十八届三中全会作出了《关于全面深化改革若干重大问题的决定》，接着十八届四中全会又作出了《关于全面推进依法治国若干重大问题的决定》。这两个"决定"如同文章的上下篇，都是实现全面建成小康社会目标的战略举措，都是坚持和完善中国特色社会主义制度、推进国家治理体系和治理能力现代化的重要部署。但二者的着重点又有所不同，前一个"决定"是解决中国特色社会主义制度更加成熟更加定型的问题，后一个"决定"是解决如何运用中国特色社会主义制度进行国家治理的问题。全面深化改革有两个着力点：一个是全面推进，更加注重改革的系统性、整体性、协调性，这样才能形成完整的制度体系；二是攻坚克难，着力从体制机制上解决现阶段我国所面临的各方面的重大问题，使中国特色社会主义制度得到新的发展。全面依法治国，是要建设中国特色社会主义法治体系，通过实行依法治国，把中国特色社会主义制度的作用充分发挥出来。党的十八届四中全会要求贯彻中国特色社会主义法治理论，形成完备的法律规范体系、高效的法治实施体系、严密的法治监督体系、有力的法治保障体系以及完善的党内法规体系。坚持依法治国、依法执政、依法行政共同推进，法治国家、法治政府、法治社会一体建设，实现科学立法、严格执法、公正司法、全民守法，促进国家治理体系和治理能力现代化。

制度和法律是行动的准绳，执行是制度和法律的灵魂。我们通过全面深化改革，正在有力地推进制度的系统化和现代化；通过全面依法治国，使我们制度的作用和能量充分发挥出来，这必将有力地推动现阶段我国所面临各种问题的解决，提高发展质量和水平，使我国的发展实现由世界大国向世界强国的飞跃，为最终建成社会主义现代化强国奠定坚实的基础。

坚定共产主义理想不动摇

科学社会主义的创立，如同壮丽的日出，照亮了人类发展的历史进程，成为争取无产阶级和全人类解放的理论武器。在这一科学理论体系中，马克思和恩格斯指明了人类的未来社会是共产主义社会，并进一步揭示了共产主义社会的根本性质、一般特征和发展阶段。共产主义就是共产党人的远大理想，共产党就是为实现这一理想而产生、而奋斗的。我们必须正确把握理想与现实的辩证关系，坚定前进方向，既志存高远又立足现实，脚踏实地为实现共产主义远大理想而奋斗。

一、共产主义理想是科学的

共产主义作为人类的伟大理想并不是凭空产生的，而是具有深刻的社会基础。19世纪上半叶，资本主义的发展进入了一个历史转折时期。产业革命一方面促进了生产技术和生产力的迅猛发展，另一方面社会化生产和资本主义私人占有的矛盾已经发展到激烈对抗的地步，它周期性地爆发而根本无法解决；它一方面创造出一个富有的工业资本家阶级，另一方面创造出一个贫困的产业工人阶级。马克思和恩格斯通过对整个人类历史特别是对资本主义社会的研究，发现了唯物史观和剩余价值学说，奠定了科学社会主义的理论基石，使社会主义从空想变为科学。马克思和恩格斯运用唯物史观分析人类社会发展的历史过程，深刻揭示生产力与生产关系、经济基础与上层建筑的矛盾运动规律，科学地阐释资本主义同其他社会一样，都有其产生、发展、灭亡的历史必然性。当一种社会制度适应生产力发展要求的时候，它就会有力促进生产力和整个社会的发展，这时它就会应运而生并发展成熟起来；而当它与生产力发展要求不相适应的时候，就会阻碍生产力和整个社会的发展，这时它就会被适合生产力发展要求的新的社会制度所代替，走向衰落直至最后灭亡。这在人类历史上第一次把对历史发展的认识建立在唯物主义的基础上，揭示了人类社会发展的客观规律。

这个规律同样适用于资本主义社会。资本主义制度是适应社会化生产的要求而产生的，这种制度的确立曾经极大推动了生产力的发展。马克思和恩格斯指出："资产阶级在它的不到一百年的阶级统治中所创造的生产力，比过去一切世代创造的全部生产力还要多，还要大。"[1] 但是资本主义生产方式中包含着一个无法克服的矛盾，即社会化生产同生产资料私人占有之间的矛盾。社会化生产越是向前发展，它与生产资料资本主义私有制的矛盾就越

---

① 《马克思恩格斯选集》第一卷（第三版），人民出版社 2012 年版，第 405 页。

尖锐，这时社会化的生产力就要打破这种过时的生产关系，建立适应自己发展要求的以公有制为基础的社会主义生产关系，这就决定了资本主义必然被社会主义所代替，决定了社会主义的胜利和资本主义的灭亡是不可避免的。

社会规律与自然规律不同，生产力发展的要求是要通过人的活动来实现的。那么在资本主义社会中谁是实现这一历史使命的社会力量呢？马克思用剩余价值学说科学回答了这个问题。资本家正是利用自己对生产资料的私人占有来剥削被其雇佣的工人的。只要有资本主义制度存在，工人阶级就不可能摆脱资本家的剥削和压迫，只有消灭资本主义、建立社会主义，他们才能获得自身的彻底解放。这就得出了无产阶级是资本主义掘墓人和共产主义建设者的科学结论，找到了担当社会主义取代资本主义这个历史使命的社会力量。

社会的发展像自然界的发展一样，具有自己的客观规律。揭示这些规律，就能为我们理解过去、把握现在和展望未来提供科学指导。在马克思主义产生以前，人们对未来社会的预见之所以带有浓厚的神秘性质和空想色彩，就是因为他们不懂得人类社会的发展规律。马克思和恩格斯揭示了人类社会发展的一般规律和资本主义社会发展的特殊规律，从而为展望未来社会提供了科学依据。正如列宁所说："马克思提出共产主义的问题，正像一个自然科学家已经知道某一新的生物变种是怎样产生以及朝着哪个方向演变才提出该生物变种的发展问题一样。"[1]

---

[1] 《列宁选集》第三卷，人民出版社 2012 年版，第 187 页。

二、共产主义运动在实践中前进

马克思创立的共产主义理论与当时正在兴起的工人运动相结合，形成了争取实现共产主义的国际共产主义运动。它最先出现在欧洲少数国家，经过一个多世纪的发展，现已遍及世界各大洲和大多数国家，团结和影响着数以亿计的广大群众，汇成不可阻挡的浩荡世界潮流。这充分说明，为共产主义伟大事业而奋斗，绝不是什么与现实无关的事情，而是极其现实的社会思潮和社会运动，直接与广大群众的利益和行动紧密联系在一起。

共产主义要在生产力高度发展的基础上，达到物质产品的极大丰富、人们思想觉悟的极大提高和每个人的自由全面发展，它的实现将是一个很长的历史过程，需要经历若干既相连接又相区别的阶段。马克思和恩格斯曾经预测过取代资本主义的未来社会将经历"过渡时期"，经历共产主义"第一阶段"和"高级阶段"。列宁把共产主义"第一阶段"称作社会主义社会，认为社会主义也将经历若干阶段，并提出了"初级形式的社会主义"等概念。从大的阶段来说，首先必须建立无产阶级的革命政党，动员和组织群众通过革命斗争取得政权，接着要经过一个从资本主义到社会主义的过渡时期，然后再经过很长的社会主义建设，才能最终实现共产主义社会。特别是在中国这样经济文化比较落后的国家，这个过程要比西方发达国家经历的时间更长，所面临的任务也更为艰巨复杂，需要我们付出巨大的努力。

社会主义是共产主义初级阶段，共产主义是我们的最高奋斗目标，这两者无论在理论逻辑、实践逻辑还是历史逻辑上都是相通的。我们当前做的是社会主义初级阶段的事情，但不能忘记初衷，不能忘了我们的最高奋斗目标。没有现实正确道路支撑，远大理想会变成空想；没有远大理想指引，现实道路会迷失方向。坚持和发展中国特色社会主义，像"愚公移山"那样世代接力、不懈奋斗，就一定能在实现中华民族伟大复兴中国梦的基础上，一步步地实现我们的远大理想。反之，共产党人如果没有信仰、没有理想，或信仰理想不坚定，就会导致政治上变质、经济上贪婪、道德上堕落、生活上腐化。不但远大理想无法实现，我们当前做的事情也会出现偏差，甚至半途而废。共产主义远大理想，同我们当前干的事业，就是如此紧密地联系在一起。

社会主义代替资本主义，比封建社会代替奴隶社会、资本主义社会代替封建社会困难得多、深刻得多。要完成这样的伟大变革，必然要经历无数的风险和困难。回顾社会主义发展过程，不难发现，社会主义的成功与挫折之间是有规律可循的。这个规律就是：社会主义发展的每个历史时代都会提出所要解决的主要问题，在这个主要问题获得解决之前，社会主义必然要经过反复探索，寻求正确的途径和方法，在这个过程中往往会发生各种失误，甚至有重大的挫折和失败。而正是这些挫折和失败，促使人们深刻地思索失败的原因和教训，寻求正确的道路和方法。一旦找到了正确的道路和方法，社会主义事业就获得突飞猛进的发展，甚至出现历史性飞跃。

社会主义在发展进程中出现某些暂时的挫折和失败是难以避免的，关键是我们以什么态度来对待。如果像第二国际领导人和苏联和东欧国家的某些领导人那样，在困难和挫折面前悲观失望，在社会主义发展攻坚克难的关键时刻，放弃科学社会主义，乞灵于民主社会主义和资本主义，就要葬送社会主义事业。历史证明，只有认真分析困难和挫折发生的原因和教训，积极探索解决社会主义发展进程中所面临的新问题，才能在实践中发展马克思主义，把社会主义大踏步向前推进。

三、坚定不移走中国特色社会主义道路

马克思和恩格斯在预测未来时，他们坚持把社会发展的基本趋向与未来社会的具体形式区分开来，把未来社会的基本特征与具体细节区别开来，只限于对未来社会发展方向和基本原则作出预见，而把未来社会的具体形式和应采取的具体措施留给后人的实践去回答。

中国共产党团结带领人民进行了艰辛的探索，作出了令人信服的回答。新中国成立 70 多年来特别是改革开放 40 多年来，我们党把马克思主义基本原理同中国具体实际和时代特征相结合，坚持从中国国情出发，以非凡的勇气和创造力，在艰辛探索中成功开辟了中国特色社会主义道路，创造出令世人惊叹的"中国奇迹"。我们在短短几十年内走完发达国家上百年才走过的工业化历程，充分彰显了社会主义制度独特的创造力和强大生命力。历史和现实充分证明，只有社会主义才能救中国，只有中国特色社会主义才能发展中国。在当代中国，坚持和发展中国特色社会主义，就是真正坚持社会主义。

但是，有些人却无视我国发展"风景这边独好"的事实，质

疑中国特色社会主义究竟是不是社会主义，说它是"资本社会主义"，甚至说是"国家资本主义"，认为实现共产主义遥遥无期、是不现实的，企图以此动摇人们对共产主义的信心。这是完全错误的。

中国特色社会主义既坚持了科学社会主义基本原则，又根据我国实际和时代特征赋予其鲜明的中国特色。比如，在国体和政体上，实行人民民主专政及人民代表大会制度，以工人阶级为领导、以工农联盟为基础，其实质就是无产阶级专政。比如，在经济制度上，鼓励、支持和引导非公有制经济发展，允许和鼓励资本参与分配，让市场在资源配置中起决定性作用，但公有制和按劳分配仍然占主体，国有经济仍然控制着国民经济命脉，政府对市场活动仍然要发挥宏观调控作用。比如，中国共产党领导的多党合作和政治协商制度、民族区域自治制度以及基层群众自治制度等基本政治制度和中国特色社会主义法律体系，等等。显然，中国特色社会主义是社会主义，而不是资本主义，也不是其他什么主义。中国特色社会主义既体现了科学社会主义的基本特征，又有区别于其他社会主义国家的"中国特色"。可以说，中国特色社会主义既没有丢弃老祖宗，又别开生面；不是僵化教条地"照着讲"，也不是另起炉灶地"另外讲"，更不是改旗易帜地"反着讲"，而是继承发展地"接着讲""接着干"，是沿着科学社会主义方向继续开拓前进。正如习近平总书记指出的，中国特色社会主义，是科学社会主义理论逻辑和中国社会发展历史逻辑的辩证统一，是植根于中国大地、反映中国人民意愿、适应中国和时代发展进步要求的科学社会主义。

回首共产主义运动波澜壮阔的历史，我们信心满怀。共产主义运动在一个半多世纪风云中，充满了高潮、低潮、推进、反复、成功、挫折、探索，但总的趋势在曲折中不断前进。在这个过程中，什么时候坚定对马克思主义的信仰，对社会主义和共产主义的信念，什么时候共产主义运动就蓬勃发展；反之，就会经历挫折乃至失败。历史和现实反复证明，革命理想高于天，对马克思主义的信仰，对社会主义和共产主义的信念是共产党人的政治灵魂，是共产党人经受任何考验的精神支柱，是共产主义事业不断向前发展的强大精神力量。

澄清历史坚定信念

　　十月革命是 20 世纪人类最伟大的历史事件之一。它开创了世界社会主义和民族解放运动的新阶段，为世界和平发展和人类解放事业作出了重大贡献，在人类发展史上写下了灿烂辉煌的篇章。但是从十月革命胜利的那天起，就不断出现怀疑和否定十月革命的思潮，其主要手段就是大搞历史虚无主义。这股思潮延续了数十年之久，在苏共二十大尤其是苏联解体之后达到了高潮，已经成为当今世界上主要的历史虚无主义思潮之一，对我国的思想界也产生了一定的影响。为了更好地坚持和发展十月革命开创的社会主义道路，对于被这种思潮搞乱了的历史进行必要的澄清，是十分必要的。

一、十月革命符合历史发展规律，而不是超越历史阶段的"早产儿"

　　历史虚无主义否定十月革命，是从否定它的历史必然性开始的。十月革命胜利后，第二国际领导人和孟什维克就说它违背社会发展规律，要使封建落后的俄国跳过发展资本主义阶段，直接进入社会主义，并预言它由于没有"客观经济前提"，是存活不了的"早产儿"。（苏联解体后，这种论调再次活跃起来，说苏联解体证明了当年的"早产儿"论断。）列宁当时就批驳了历史发展问题中的这种形而上学观点，他说："世界历史发展的一般规律，不仅丝毫不排斥个别发展阶段在发展的形式或顺序上表现出特殊性，反而是以此为前提的。"[1] 既然如此，那么我们为什么不能在条件十分有利的条件下先取得政权，然后在工农政权和苏维埃制度下，取得西方国家在资本主义制度下所达到的人类文明。十月革命后的百年历史证明，列宁的这个论断是十分正确的。在这么长的历史时期，社会主义并没有在西方主要资本主义国家取得胜利。相反，却在众多经济文化比较落后的国家，包括中国取得胜利。这充分说明，十月革命在当时的俄国发生是符合世界历史发展规律的，经济文化比较落后的国家首先取得革命胜利，是历史的潮流而非历史的误会。

二、十月革命是伟大的人民革命，而不是少数人发动的所谓"政变"

历史虚无主义肆意歪曲十月革命的性质，说它是少数人搞的"政变"，是一场人为的"灾难"。这显然是站在被推翻的临时政府的立场上，否定十月革命的广泛群众基础和历史进步性。

---

[1] 《列宁选集》第四卷，人民出版社 2012 年版，第 776 页。

沙皇统治被推翻后，临时政府和支持他们的孟什维克及社会革命党人，坚持继续进行世界战争，拒绝解决人民最关心的和平、土地、面包问题，并以武力镇压和平示威群众，把整个国家推向了绝境。全国经济处于崩溃状态，广大群众备受贫困、饥饿、失业煎熬。"大难临头，出路何在？"广大工农群众从切身体会中认识到，只有在布尔什维克的领导下才能使俄国摆脱危机、走出绝境。各地的工农群众和苏维埃，纷纷表示支持布尔什维克，尤其是彼得格勒和莫斯科的苏维埃这时都转向了布尔什维克方面。社会力量对比和民心所向，发生了有利于布尔什维克的决定性变化。十月革命正是在这样的情况下发生的。这再清楚不过地说明，十月革命是人民的起义，它使俄国摆脱了危机、走出了绝境。

三、十月革命开辟了现代化新路，而不是让俄国脱离了人类文明大道

历史虚无主义极力抹杀十月革命的历史作用，其中最典型的，是说它中断农奴制改革开启的现代化进程，使俄国脱离人类文明发展大道。这里首先需要指出，农奴制改革开启的俄国现代化，保留着浓厚的封建主义残余，又同军事专制主义相结合，即使在资本主义现代化中，也是存在严重缺陷的。1914 年，是沙皇政府自己决定加入世界大战，中断了俄国的现代化过程。十月革命后，是列宁领导的布尔什维克，继续推进俄国现代化，并且开创了与资本主义不同的现代化道路。这条道路不仅避免了资本主

义给劳动群众造成的无数苦难，而且大大加快了现代化进程，使苏联工农业生产总值，由第一次世界大战前的欧洲第四、世界第五，上升为欧洲第一、世界第二，并在反法西斯的战争中发挥了中流砥柱作用，为保卫人类文明作出了重大贡献。第二次世界大战以后，苏联很快恢复了国民经济，首先试验氢弹成功和把人造卫星送上太空，成为仅次于美国的世界强国。历史虚无主义无视十月革命后苏联所取得的这些成就，大肆渲染苏联革命和建设中出现的某些问题，甚至不择手段进行各种造谣中伤，其目的就是根本否定十月革命和社会主义。

四、苏联解体是由于背离了十月革命道路，而不是十月革命导致了苏联解体

历史虚无主义把苏联解体作为他们否定十月革命的王牌，说什么苏联解体的根源在十月革命，这种说法完全是颠倒黑白。苏联模式社会主义出现问题，并不在于它通过革命走上社会主义道路，而在于它在建设中所形成的高度集中的体制模式。这种模式对加速社会主义工业化和取得反法西斯战争胜利，曾经发挥过十分重要的作用。但20世纪50年代进入和平建设时期以后，它就不再适应苏联经济社会发展的要求，成了一种日益僵化保守的体制模式，严重影响了社会主义的生机活力，导致苏联发展速度逐步减缓以至出现停滞状态。这时，苏联虽然也开始对传统体制进行改革，但由于思想僵化保守，不敢触动旧体制的根本问题，改革长期没有取得明显成效，苏联也无法摆脱面临的社会危机。到

了20世纪80年代中期以后，苏共领导人在改革遇到的困难和挫折面前，理想信念和价值取向发生动摇，把对传统体制的改革变为对社会主义的否定，公然宣布取消共产党的领导，否定马克思列宁主义的指导地位。这就使苏联各族人民失去了坚强的领导核心和团结的思想政治基础，各加盟共和国纷纷宣布独立，第一个社会主义国家苏联在1991年解体。事实十分清楚，苏联解体的发生，并不是由于它坚持了十月革命道路，而是当时的苏共领导把改革变为改向，完全背离了十月革命开辟的社会主义道路。苏联解体是苏共领导背弃十月革命道路结出的恶果。我们从苏联解体中得到的正确结论，应当是毫不动摇地坚持十月革命道路。

从新的历史起点出发奋力实现中国梦

2017 年 7 月 26 日，习近平总书记在省部级主要领导干部"学习习近平总书记重要讲话精神，迎接党的十九大"专题研讨班开班式上的重要讲话（以下简称"7·26"重要讲话）中指出，我国发展站到了新的历史起点上，中国特色社会主义进入了新的发展阶段。深刻认识新的历史起点，要求全党牢牢把握社会主义初级阶段这个最大国情，牢牢立足社会主义初级阶段这个最大实际，同时更准确地把握我国社会主义初级阶段不断变化的特点，不断振奋精神、砥砺奋进，为实现"两个一百年"奋斗目标和中华民族伟大复兴的中国梦不懈奋斗。

牢牢把握社会主义初级阶段这个最大国情

党的十一届三中全会后，我们党总结我国及其他社会主义国家的经验教训，逐步创立并发展社会主义初级阶段理论。这使我们党对当代中国的基本国情有了符合客观实际的正确认识，真正做到从中国实际出发建设社会主义。党的十八大后，习近平总书记进一步强调，社会主义初级阶段是建设中国特色社会主义的总依据和立足点。习近平总书记指出："强调总依据，是因为社会主义初级阶段是当代中国的最大国情、最大实际。我们在任何情况下都要牢牢把握这个最大国情，推进任何方面的改革发展都要牢牢立足这个最大实际。"

社会主义初级阶段包括两层含义：一是我国已经进入社会主义社会，二是我国的社会主义社会正处于并将长期处于初级阶段。第一层含义是指我国的社会性质，在这个初级阶段都是社会主义；第二层含义是指我国社会主义的发展水平处于初级阶段，在这个初级阶段我们要努力实现现代化。但是，社会主义初级阶段不是一成不变的，而是处于不断发展变化之中。正因为如此，习近平总书记在"7·26"重要讲话中强调要更准确地把握我国社会主义初级阶段不断变化的特点。比如，改革开放初期，中国特色社会主义尚在探索之中；而发展到今天，中国特色社会主义已经日益完善。又如，虽然在整个社会主义初级阶段我国都处在现代化建设过程中，但新中国成立初期我国工业化刚刚起步，还是一个一穷二白的国家；而发展到今天，我国现代化建设已经取得举世瞩目的成就，成为世界第二大经济体。因此，我们在把握社会主义初级阶段这个最大国情的时候，既要看到我国正处于并将长期处于社会主义初级阶段，也要看到我国社会发展不同阶段呈现出来的新特征；不仅要看到基本国情不变的方面，也要看到具体国情变化的方面。只有把变与不变有机统一起来，才能准确把握我国国情。

在"7·26"重要讲话中，习近平总书记特别强调，认识和把握我国社会发展的阶段性特征，要坚持辩证唯物主义和历史唯物主义的方法论，从历史和现实、理论和实践、国内和国际等的结合上进行思考，从我国社会发展的历史方位上来思考，从党和国家事业发展大局出发进行思考。这事实上阐明了观察社会主义初级阶段的方法论。认识和把握当前我国社会所处的发展阶段，既要考虑我国社会原来的历史和基础，又要考虑现在发生的巨大变化；既要考虑国内的实际情况，又要考虑时代变化和国际环境对我国的影响；既要把握好社会主义初级阶段这个大的历史方位，又要着力研究我国社会发展现阶段的特征。只有这样，才能牢牢把握社会主义初级阶段这个最大国情。

牢牢把握我国社会发展的阶段性特征

当前，我国社会发展已经进入一个新的历史阶段，呈现出一系列阶段性特征，这是新形势下我们坚持和发展中国特色社会主义必须牢牢把握的。其中，以下几方面特征尤其需要深入认识和把握。

经济发展进入新常态。新常态是一种客观状态，是我国经济发展到今天必然会出现的一种状态。面对经济发展新常态，党中央因势而谋、因势而动，主动适应这种变化，适时提出新发展理念，着力推动发展方式从规模速度型转向质量效益型，经济结构调整从增量扩能为主转向调整存量、做优增量并举，发展动力从主要依靠资源和低成本劳动力等要素投入转向创新驱动。这些变化是我国经济向形态更高级、分工更优化、结构更合理的阶段演进的必经过程，是我国经济由大到强的必由之路。

社会全面、多样化发展。我国现代化建设由总体小康转向全面小康以后，全面发展成为社会发展的基本趋势。党的十八大以来，以习近平同志为核心的党中央统筹推进"五位一体"总体布局、协调推进"四个全面"战略布局，着力突出全面性要求，着力解决长期想解决而没有解决的问题。与此同时，随着我国现代化建设的推进和人民生活水平的提高，人们的需求更加多样化。正如习近平总书记所指出的，经过改革开放近40年的发展，我国社会生产力水平明显提高；人民生活显著改善，对美好生活的向往更加强烈，人民群众的需要呈现多样化、多层次、多方面的特点。

国家治理走向现代化。经过长期以来的改革发展，我国已经基本形成中国特色社会主义制度体系。在此基础上，党的十八届三中全会明确提出通过全面深化改革完善和发展中国特色社会主义制度、推进国家治理体系和治理能力现代化。党的十八届四中全会又就全面推进依法治国作出重大部署，提出要贯彻中国特色社会主义法治理论，形成完备的法律规范体系、高效的法治实施体系、严密的法治监督体系、有力的法治保障体系，形成完善的党内法规体系，促进国家治理体系和治理能力现代化。党的十八大以来，以习近平同志为核心的党中央在治国理政方面采取一系列创新举措，中国特色社会主义治国理政理论日益完善，我国国家治理现代化水平日益提升。

大步走向世界舞台中央。我国已成为世界第二大经济体，为人类社会发展作出了重大贡献。现在，我国每年对世界经济增长的贡献率高达 30% 以上；我国货物进出口总额位居世界第一，是许多国家的最大贸易伙伴；我国对外投资也迅速增长。更为重要的是，中国道路、中国方案在世界上产生广泛影响，为解决人类社会发展问题作出了特殊贡献。随着国力增强，我国正在大步走向世界舞台中央，给世界许多国家带来实实在在的好处。在国际事务中，我国提出构建以合作共赢为核心的新型国际关系、打造人类命运共同体等主张，为维护世界和平、促进共同发展贡献了中国智慧、提供了中国方案。

朝着中华民族伟大复兴目标奋勇前进

当前，我国正处于建设中国特色社会主义、实现中华民族伟大复兴中国梦的关键历史时期。我们党要带领全国人民全面建成小康社会，实现第一个百年奋斗目标；接着又要带领全国人民踏上建设社会主义现代化国家的新征程，为实现第二个百年奋斗目标而努力。这是一个承前启后、继往开来的关键节点，也是我国发展新的历史起点。我们要从新的历史起点出发，朝着中华民族伟大复兴的目标奋勇前进。

习近平总书记在"7·26"重要讲话中指出，2020 年全面建成小康社会后，我们要激励全党全国各族人民为实现第二个百年奋斗目标而努力，踏上建设社会主义现代化国家新征程，让中华民族以更加昂扬的姿态屹立于世界民族之林。党的第二个百年奋斗目标是在新中国成立一百年时建成富强民主文明和谐美丽的社会主义现代化国家。习近平总书记把第二个百年奋斗目标与中华民族伟大复兴的中国梦联系起来。他指出，中国已经确定了未来发展目标，这就是到 2020 年国内生产总值和城乡居民人均收入比 2010 年翻一番、全面建成小康社会，到本世纪中叶建成富强民主文明和谐美丽的社会主义现代化国家。我们形象地把这个目标概括为实现中华民族伟大复兴的中国梦。习近平总书记把中华民族伟大复兴中国梦的内涵概括为实现国家富强、民族振兴、人民幸福。这是我们从新的历史起点出发需要为之不懈奋斗的目标。

国家富强。经过改革开放近 40 年的发展，我国已经成为世界经济大国，有 220 多种工业品产量位居世界第一，但是我国经济仍然大而不强。回顾历史，我国清代经济总量曾经很大，却被经济总量比我国小得多的一些西方国家打败。这一历史教训告诫人们，大并不等于强，关键在于要有先进的生产方式和科学技术。只有使我国由经济大国变为现代化强国，人均收入达到中等发达国家水平，才谈得上国家富强。

民族振兴。中华民族有 5000 多年文明历史，创造了辉煌灿烂的中华文明。在长达数千年的时间里，中华文明长期处在世界前列，为人类文明发展作出重大贡献。但是到了近代，中华文明逐渐落后了，中华民族遭到帝国主义的侵略和压迫，直到 1949 年才实现民族独立和人民解放。新中国成立特别是改革开放以来，中华民族走上持续快速发展之路，中华文明也日益走向复兴，对世界的影响越来越大，但同当年中华民族、中华文明在世界上的地位和影响相比还有较大差距。为了实现民族复兴大业，再铸中华文明新辉煌，我们还需要付出巨大努力。

人民幸福。第二个百年奋斗目标的实现必须落实到满足人民对美好生活的向往上。人民对美好生活的向往，就是我们的奋斗目标。习近平总书记十分重视人民生活幸福问题，强调："我们的人民热爱生活，期盼有更好的教育、更稳定的工作、更满意的收入、更可靠的社会保障、更高水平的医疗卫生服务、更舒适的居住条件、更优美的环境，期盼孩子们能成长得更好、工作得更好、生活得更好。"[1] 人民对美好生活的向往是多方面的，也是不断发展变化的。我们要不断解放和发展社会生产力，全面推进经济、政治、文化、社会和生态文明建设，使人民生活越来越美好、越来越幸福。

---

① 《习近平著作选读》第一卷，人民出版社 2023 年版，第 60 页。

不断实现自我完善和发展

　　中国特色社会主义进入新时代，意味着近代以来久经磨难的中华民族迎来了从站起来、富起来到强起来的伟大飞跃。与此同时，中国特色社会主义制度（以下简称"中国制度"）也在不断完善和发展，日益强起来。中国制度为什么能强起来？因为它具有强大的学习吸收能力和自我变革能力，能够在学习吸收、自我变革中实现自我完善和发展。

　　中国制度之所以能强起来，首先得益于它具有强大的学习吸收能力。中国制度根植于我国历史和现实，具有鲜明中国特色，是符合当代中国实际的先进制度。同时，中国制度是一个开放的、发展的体系。它以广阔的国际视野、开放包容的态度看待人类创造的优秀制度文明成果，广泛吸收世界各国制度的有益因素。纵观中国制度走向强起来的历程，其中许多重要内容，如社会主义市场经济体制、社会主义法治体系、社会治理体系、现代企业制度等，都是通过学习借鉴其他国家的经验和做法而逐步发展起来的。当然，这种学习吸收绝不是简单照搬，而是与中国具体实际相结合，在马克思主义指导下，创造性地加以运用和发展。这样，中国制度既广泛吸收各国制度的优点和长处，又牢牢立足于中国人民的智慧和创造，因而能够适应中国发展的实际和需要。应当说，正是因为具备极强的学习吸收能力，中国制度才得以逐步强起来，才能在经济上实现持续快速发展，在政治上实现比资本主义国家更高更切实的民主，稳步构建更为和谐美好的社会。

中国制度强大的自我变革能力，是其能强起来的另一个重要原因。习近平总书记指出，中国的改革是中国特色社会主义制度的自我完善和发展。可以将改革与制度的关系概括为两个方面：一是通过改革不断破除阻碍生产力发展的体制机制弊端，从这个意义上讲，改革就是解放和发展生产力；二是通过改革建立适应生产力发展的新体制机制，从这个意义上讲，改革也是我国社会主义制度的自我完善和发展。中国制度的强大自我变革能力、自我发展能力，源自中国共产党人对体制机制改革的深刻认识、高度自觉和执着坚守。改革开放后特别是党的十八大以来，我国发展取得的举世瞩目成就证明，改革让中国制度大踏步赶上时代，让中国制度永不停滞、永不僵化、充满生机活力；改革能不断解放和发展生产力，有力推动社会发展进步；改革赋予中国制度以根本动力，使其在自我变革中不断发展完善。概言之，是改革确保中国制度与客观实际相适应，并随着客观实际的变化而发展，从而成为我国经济社会持续向前发展的强大力量和有力保障。40多年的改革开放史，也是中国制度不断自我变革的历史，是中国特色社会主义的制度优势不断巩固和发挥的历史。事实证明，根据客观实际的发展变化，对现有制度不断进行改革完善，已成为中国制度的鲜明特征，也是中国社会发展进步、由弱变强的制度优势所在。

当前，我国正处在由大向强转变的关键时期。在这一时期，中国制度正在走向强起来。全面建设社会主义现代化强国，实现中华民族伟大复兴的中国梦，必须坚持全面深化改革、不断扩大对外开放，着眼于解决我国发展面临的一系列突出矛盾和问题，继续推进中国制度自我完善和发展，努力实现经济社会持续健康发展。实现这一目标，既要对我国依靠制度优势所取得的伟大成就充满自信，又要清醒认识到目前一些制度机制还存在不少需要完善的地方，前进道路上还有不少问题和挑战。例如，发展不平衡不充分的问题亟须解决，自主创新能力亟待增强，产业结构需要加快调整升级，等等。这些问题和挑战也是我们改革的动力。

习近平总书记强调，我们中国共产党人干革命、搞建设、抓改革，从来都是为了解决中国的现实问题。可以说，改革是由问题倒逼而产生，又在不断解决问题中而深化。在解决问题、应对挑战中全面深化改革，关键是把完善和发展中国特色社会主义制度、推进国家治理体系和治理能力现代化作为总目标，勇于推进理论创新、实践创新、制度创新以及其他各方面创新，让制度更加成熟定型，让发展更有质量，让治理更有水平，让人民更有获得感、幸福感、安全感。这样，中国制度就会越来越强，人民生活就会越来越好。中国特色社会主义是改革开放以来党的全部理论和实践的主题，是党和人民历尽千辛万苦、付出巨大代价取得的根本成就。

党的十八大以来，以习近平同志为核心的党中央团结带领全党全国各族人民，推动党和国家事业发生历史性变革、取得历史性成就，中国特色社会主义进入了新时代。习近平总书记指出，新时代中国特色社会主义是我们党领导人民进行伟大社会革命的成果，也是我们党领导人民进行伟大社会革命的继续，必须一以贯之进行下去。

在新时代新征程上，我们要更加紧密地团结在以习近平同志为核心的党中央周围，高举中国特色社会主义伟大旗帜，全面贯彻习近平新时代中国特色社会主义思想，深刻领悟"两个确立"的决定的意义，增强"四个意识"、坚定"四个自信"、做到"两个维护"，不断开创新时代中国特色社会主义事业新局面。

创造新时代中国特色社会主义的新辉煌

中国特色社会主义是改革开放以来党的全新理论和实践的主题，是党和人民历尽千辛万苦付出巨大代价取得的根本成就。党的十八大以来，以习近平同志为核心的党中央团结带领全党、全国各族人民，推动党和国家事业发生历史性变革、取得历史性成就，中国特色社会主义进入了新时代。习近平总书记指出，新时代中国特色社会主义是我们党领导人民进行伟大社会革命的成果，也是我们党领导人民进行伟大社会革命的继续，必须一以贯之进行下去。在新时代新征程上，我们要更加紧密地团结在以习近平同志为核心的党中央周围，高举中国特色社会主义伟大旗帜，增强"四个意识"，坚定"四个自信"，坚决做到"两个维护"，不断开创新时代中国特色社会主义事业的新局面。

中国特色社会主义是前无古人的伟大事业

习近平总书记指出，"中国特色社会主义是前无古人的伟大事业"。① 之所以这样说，是因为中国特色社会主义是中国共产党领导中国人民进行的伟大创造，是植根于中国大地、反映中国人民意愿、适应中国和时代发展进步要求的科学社会主义。

中国特色社会主义不是简单延续我国历史文化的母版，而是开创了中华民族伟大复兴的历史新局。中华民族有着 5000 多年文明历史，进入近代以后却落后于时代潮流。中国共产党领导中国人民经过长期奋斗，成功开创中国特色社会主义道路，使中华民族伟大复兴展现出前所未有的光明前景。新中国的成立特别是中国特色社会主义的开创，是对旧中国、旧社会、旧制度的根本变革，把中国历史、中国社会、中华文明推向了崭新发展阶段，是中国历史上划时代的伟大变革。

中国特色社会主义不是简单套用马克思主义经典作家设想的模板，而是创造性地回答了在中国这样经济文化比较落后的国家怎样建设社会主义的新问题。马克思主义经典作家关于未来社会的设想是原则性、方向性的，它为如何建设社会主义提供的是理论指导而不是具体答案。中国共产党坚持和发展马克思主义，成功地把马克思主义经典作家关于未来社会的设想与当今时代特点和中国实际相结合，形成了毛泽东思想、邓小平理论、"三个代表"重要思想、科学发展观、习近平新时代中国特色社会主义思想，创造性地回答了在中国这样经济文化比较落后的国家怎样建设社会主义、怎样巩固和发展社会主义的一系列重大问题，让当代中国马克思主义放射出更加灿烂的真理光芒。

---

① 《习近平在纪念邓小平同志诞辰 110 周年座谈会上的讲话》，《人民日报》，2014 年 8 月 21 日第 2 版。

中国特色社会主义不是其他国家社会主义实践的再版，而是根据新的历史条件和中国具体实际开创出来的社会主义实践的新道路、新模式。中国共产党重视其他国家社会主义的实践经验，但坚决反对脱离中国国情的简单照搬，强调建设社会主义必须从中国实际出发，走自己的路。中国特色社会主义创造了社会主义建设新模式，实现了社会主义历史上最伟大的实践创新。

中国特色社会主义不是国外现代化发展的翻版，而是成功走出了一条发展中国家实现现代化的新路。这条新路不但避免了资本主义给本国劳动人民、殖民地人民带来的无数苦难，避免了资本主义现代化过程中出现的严重贫富两极分化，而且充分彰显出后发优势和当代价值，大大缩短了发展中国家实现现代化的过程。这在人类现代化历史上是具有重大意义的伟大创举。

经过 40 多年改革开放，中国特色社会主义取得了举世瞩目的辉煌成就，中国已经由一个贫穷落后的国家发展成为世界第二大经济体，中国人民在富起来、强起来的征程上迈出了决定性的步伐。在以习近平同志为核心的党中央坚强领导下，党的十九大对我国发展提出了更高的奋斗目标，发出了实现中华民族伟大复兴中国梦的最强音：到 2020 年，我国将全面建成小康社会；到 2035 年，我国将基本实现社会主义现代化；到 21 世纪中叶，我国将全面建成富强民主文明和谐美丽的社会主义现代化强国。

中国特色社会主义事业发展不仅造福中国人民，而且造福世界人民。中国是世界最大的发展中国家，中国发展为广大发展中国家走向现代化提供了成功经验、展现了光明前景。中国是世界最大的社会主义国家，不仅是推动马克思主义与时代特点和本国实际相结合的典范，而且是世界社会主义的中流砥柱。中国积极推动建设开放型世界经济、构建人类命运共同体、共建"一带一路"，为世界和平与发展不断贡献中国智慧、中国方案、中国力量。

继续把中国特色社会主义伟大事业推向前进

党的十八大以来，中国特色社会主义进入了新时代。新时代是承前启后、继往开来、在新的历史条件下继续夺取中国特色社会主义伟大胜利的时代。我们必须坚持以习近平新时代中国特色社会主义思想为指导，深刻领悟"两个确立"的决定的意义，增强"四个意识"、坚定"四个自信"、做到"两个维护"，以时不我待、只争朝夕的精神投入工作，创造新时代中国特色社会主义事业新辉煌，向第二个百年奋斗目标进军、为实现中华民族伟大复兴的中国梦不懈奋斗。

坚持中国共产党领导，不断增强"四个意识"、坚定"四个自信"、做到"两个维护"。中国共产党是以近代以来人类最伟大的科学理论马克思主义武装起来的政党，是没有自己的私利、全心全意为人民服务的政党，是按照民主集中制和严格纪律组织起来、特别能战斗的政党。中国共产党开创了中国特色社会主义伟大事业，设计了国家未来发展蓝图，领导中国人民取得了辉煌成就。实践充分证明，中国共产党领导是中国特色社会主义最本质的特征，是中国特色社会主义制度的最大优势。有了中国共产党的坚强领导，中国特色社会主义就能不断开拓前进、取得新的胜利。在新时代坚持党的领导，必须深刻领悟"两个确立"的决定的意义，不断增强"四个意识"、坚定"四个自信"；必须坚决维护习近平同志党中央的核心、全党的核心地位，坚决维护党中央权威和集中统一领导；必须把党的领导贯彻和体现到改革发展稳定、内政外交国防、治党治国治军等各个领域。

坚持以人民为中心，不断实现人民对美好生活的向往。中国特色社会主义是亿万人民自己的事业，必须坚持以人民为中心，发挥人民主人翁精神，保证人民当家作主。为中国人民谋幸福，为中华民族谋复兴，是中国共产党人的初心和使命。随着中国特色社会主义伟大事业向前推进，中国人民的生活水平大幅度提升，实现了从温饱不足到小康的跨越，全面建成小康社会，并将在 21 世纪中叶基本实现共同富裕。这代表了最广大人民的根本利益，顺应了全体人民的共同心愿。人民群众是历史的创造者，是推动历史前进的动力。有了人民的衷心拥护和积极参与，中国特色社会主义伟大事业就能经受住任何风浪考验，战胜一切艰难险阻，取得更加辉煌的胜利。

在全面深化改革开放中把中国特色社会主义伟大事业推向前进。改革开放是党和人民大踏步赶上时代的重要法宝，是坚持和发展中国特色社会主义的必由之路，是决定当代中国命运的关键一招，向第二个百年奋斗目标进军、实现中华民族伟大复兴的关键一招。中国特色社会主义在改革开放中开创，也必将在改革开放中发展壮大。高举中国特色社会主义伟大旗帜，将改革开放进行到底，我们就能在新时代创造中华民族新的更大奇迹，创造让世界刮目相看的新的更大奇迹。

五四运动与中华民族伟大复兴

　　1919 年爆发的五四爱国运动，在中华民族复兴历史上具有十分重要的地位。五四运动时期，马克思列宁主义在中国开始广泛传播并受到中国先进分子的热烈欢迎，从此中国人民找到了指导中华民族实现伟大复兴的理论武器——马克思列宁主义；在五四运动时期，中国人民放弃了通过学习西方资本主义走向民族复兴的幻想，选择了实现中华民族伟大复兴的新的方向——与资本主义不同的社会主义方向；在五四运动时期，中国人民表现出了高度的爱国精神和为新精神，焕发出推动中华民族伟大复兴的强大精神动力；在五四运动期间，一大批先进知识分子实现了从激进民主主义者到共产主义者的转变，形成了实现中华民族伟大复兴的新的领导力量——具有共产主义思想的先进知识分子，与此同时，工人阶级从这时也开始登上我国政治舞台，这两支先进力量在五四运动后期开始结合，在 1921 年诞生了中国共产党，从此中华民族伟大复兴有了坚强的领导核心。由于五四运动期间发生了这几个具有深远影响的伟大事件，就使五四运动在中华民族伟

大复兴历史上成为划时代的历史事件。五四运动爆发前的近 80
年，是灾难深重的中华民族面临不断加剧的生存危机，在迷茫中
苦苦求索振兴中华之路的历史时期；五四运动爆发后的一百年，
是日益觉醒的中华民族奋起斗争，在中国共产党的领导下逐步实
现伟大复兴的历史时期。时间过得越久，五四运动在中华民族复
兴史上的这种地位和作用，就越是充分地显现出来，并得到越来
越多人的广泛认同。百年之后我们纪念这个伟大节日，最好的方
式是继承五四光荣传统，发扬光大五四精神，在中国共产党的领
导下沿着中国特色社会主义道路继续前进，努力实现中华民族的
伟大复兴。

一、五四运动时期，中国人民找到了实现民族伟大复兴的科学指导思想

五四运动是中国近代以来第一次伟大的思想解放运动。1912
年辛亥革命爆发后，新旧两种文化思想的斗争日益尖锐起来。一
方面是大批有志的青年知识分子为寻求民族复兴之道，纷纷出国
留学考察，翻译出版了大量西方著作和文章，各种来自国外的思
潮，如无政府主义、工团主义、基尔特主义、实用主义、社会民
主主义等，一时间风靡中国，大大开阔了中国人的眼界，活跃了
人们的思想。另一方面封建复辟势力十分强大，帝国主义操控的
北洋政府，不但继续实行封建专制统治，使新建立的"中华民
国"徒有其名，而且掀起了复古倒退的浪潮，先后出现了 1915
年 12 月 2 日袁世凯称帝、1917 年 7 月的张勋复辟，各种复古倒

退的思想这时也甚嚣尘上。

在新旧文化思想矛盾尖锐化的背景下，以陈独秀 1915 年 9 月在上海创办《青年杂志》（1916 年 9 月，《青年杂志》由上海迁到北京，从第 2 期开始改名为《新青年》）为标志，一个以批判旧思想、旧道德，宣扬新思想、新道德为价值取向的新文化运动，在华夏大地上蓬勃兴起。而高举文化运动旗帜的，是云集在北京大学、团结在《新青年》周围的一批激进的知识分子，其中最有影响的代表人物是陈独秀、李大钊、胡适、鲁迅、刘半农等，这就使当时的北京大学成了新文化运动的中心，《新青年》成了新文化运动的主要阵地。

新文化运动以五四运动的爆发为界可以分为前后两个阶段。五四运动前的阶段，新文化运动的基调是用资产阶级民主主义文化反对封建主义文化，口号是提倡民主，反对独裁专制；提倡科学，反对迷信盲从；提倡新道德，反对旧道德；提倡新文学，反对旧文学。这个阶段的新文化运动，给予封建保守思想以沉重的打击，对于人们的思想解放发挥了重大作用，为五四运动的爆发奠定了思想基础，创造了适宜的舆论环境。

1917 年俄国爆发了伟大的十月革命，震动了整个世界，也影响了中国新文化运动的进程。中国先进的知识分子从十月革命看到了民族解放和民族复兴的希望。1918 年 11 月，《新青年》发表了李大钊写的《庶民的胜利》《布尔什维主义的胜利》两篇著名文章，热烈欢呼俄国社会主义革命的胜利。但在 1918 年，像李大钊这样宣传十月革命和马列主义的文章还只是个别的，到了五四运动后的阶段，受五四运动的有力推动，《新青年》和《每周评论》等刊物上，以大量篇幅发表了宣传俄国十月革命经验和社会主义的理论文章，最有代表性的是李大钊在《新青年》上发表的《我的马克思主义观》，该文系统介绍了马克思主义理论的内容，对当时的思想界产生了重要影响。这样，五四运动就使新文化运动内容发生了根本变化，进入了介绍十月革命、宣传马克思主义的新阶段。

马克思主义的宣传引起了广大青年的巨大兴趣，全国各地宣传和研究马克思主义的组织和刊物大量出现，1918 年在北京，李大钊在北京大学开设了马克思主义课程，并于同年冬与高一涵等发起组织了中国最早的马克思主义研究团体——马客士主义研究会。1920 年 3 月，在李大钊的领导下，邓中夏、何孟雄等秘密组织了马克思学说研究会。1918 年 4 月，毛泽东、蔡和森等人在长沙组织"新民学会"，创办了《湘江评论》。1919 年 3 月，恽代英、林育南等在武汉组织"新声社"，出版了《新声》杂志。1919 年 9 月，周恩来、邓颖超等在天津组织觉悟社，创办了《觉悟》杂志……。这表明，中国的先进知识分子从五四运动时期开始，已经开始接受马克思主义，研究怎样用它解决中国的问题，它意味着中华民族的伟大复兴从此找到了科学的指导思想。

二、五四运动时期，中国人民选择了民族伟大复兴的正确方向

五四运动时期中国人民终于觉悟出走资本主义道路来复兴中国是行不通的，必须向苏维埃俄国学习，走社会主义之路。这是

苦难深重的中国人民的一次伟大觉醒。中国人民五四时期能够实现在复兴道路上的这种觉醒，是由三个方面的条件决定的：第一，1914年到1918年的第一次世界大战，尤其是战后他们对待中国的态度，使中国人民完全认清了帝国主义剥削、压迫殖民地人民的真面目。第一次世界大战是新老帝国主义之间为了重新瓜分殖民地而进行的战争，1919年所举行的战后巴黎和会，实质上是帝国主义战胜国的一次分赃会议。广大的中国人民本以为中国作为战胜国，可以通过和会收复被占领的土地和主权，但怎么也没有想到，操纵会议的英美法意等帝国主义国家，不但拒绝了中国的要求，而且把德国在中国山东侵占的土地和享有的特权转交给日本，这极大地激怒了中国人民特别是青年知识分子，使他们认识到帝国主义是殖民地半殖民地国家的主要敌人，要实现民族复兴必须坚决反对帝国主义和他们在中国的代理人。

第二，向西方学习的资本主义复兴之路，经过多次尝试屡遭失败，使中国人民深陷迷茫之中，渴望选择新的方向道路。1840年鸦片战争以后，中国的仁人志士不断地在探索救国救民的复兴之路。从李鸿章、张之洞等人所倡导的洋务运动，到洪秀全领导的太平天国农民起义，再到1898年康有为、梁启超等人的戊戌变法，均以失败告终。1912年孙中山领导的辛亥革命，虽然推翻了满清政府统治，但这场革命同样没有挽救中国，中华民族在北洋政府时期陷入了更深重的危机。中国仁人志士的这些尝试为什么一个接一个地遭到失败，其原因固然是多方面的，而最根本的一条就是，这些尝试都是想通过走资本主义道路来振兴中华，这在半封建半殖民地的中国根本是不可能的。帝国主义入侵中国的目的，是为了把中国变成他们的殖民地或半殖民地，对中国人民进行残酷的剥削和压迫，他们怎么可能让中国独立自主，发展强大起来呢。在五四运动时期，中国先进的知识分子已经开始意识到这条道路是走不通的，他们果断地作出了新的选择。

第三，俄国在1917年发生了十月革命，建立起世界上第一个由劳苦大众当家作主的国家政权，也是世界上唯一以平等态度对待被压迫民族的国家政权。这对于追求民族独立、人民解放的进步青年和受剥削压迫的工农群众产生了极大的吸引力。当时对中国人民影响更直接的，是列宁领导的苏俄政府在1919年7月25日和1920年9月27日先后发表了两个对华宣言，宣布废除帝俄对中国的一切不平等条约，放弃以前夺取中国的一切领土和在中国的一切特权，建议两国恢复外交关系并缔结友好条约。这同帝国主义长期以来对中国的疯狂掠夺，同1919年巴黎和会上西方列强对中国的欺负，形成成鲜明的对比。正处于迷茫之中不知所向的中国先进分子，从情况与中国相近的俄国所发生的翻天覆地的变化，看到了中华民族复兴的前途和希望，决心选择新的方向：以俄国为榜样，走社会主义之路。

三、五四运动期间，中国人民展现出高度的爱国精神和为新精神

在五四运动中，中国人民表现出高度的爱国精神和为新精神，这是推动中华民族伟大复兴的强大精神动力。

中华民族具有光荣的爱国主义传统。在五四运动中，面对中

华民族的严重危机，广大青年知识分子的爱国热情像火山一样地爆发出来，他们勇往直前与西方列强及北洋政府进行英勇斗争。值得注意的是，五四运动的爱国精神表现出若干与过去不同的特点。一是青年成为五四爱国运动前期的主力军。广大青年学生和年轻知识分子不但是运动的发起者，而且发挥了先锋队的作用，他们高昂的政治激情和对新事物的敏感性，给爱国运动带来巨大的生机活力。这是过去的爱国运动所没有过的。由于青年学生和年轻知识分子在运动中的突出表现，中华人民共和国成立后，5月4日被中央人民政府政务院正式定为青年节。二是这次爱国运动具有彻底反帝反封建的性质，青年学生游行喊出的"外争国权，内惩国贼"的口号，把斗争矛头直接指向帝国主义和封建主义。所谓外争国权，就是反对帝国主义对中国的侵略，争取民族独立自主的权利。而且所反对的已经不限于某一个帝国主义国家，所要收回的已不限于帝国主义在中国的某一项特权。所谓内惩国贼，所反对的就是与帝国主义勾结的封建军阀政府，要求惩办的就是这个政府中卖国求荣的民族败类。三是这次爱国运动虽然是由青年学生首先发动的，但很快扩大到社会各界。新生的现代社会力量，如青年学生、工商界、工人群众等，都是第一次加入到爱国运动的行列，使这次爱国运动具有了空前广泛的性质，涉及各行各业的广大群众，从而揭开了全民族反帝反封建斗争的序幕。

五四运动作为中国历史新旧两个历史时期的分界点，表现出强烈的为新精神。鲁迅先生说过，北大是常为新的，改进的运动的先锋，要使中国向着好的，往上的道路走。北京大学是五四运动的中心和发源地，它的为新精神对整个五四运动产生了重大影响。新文化运动的突出特点是为新。也就是以新的民主、科学思想反对旧的封建、愚昧思想，就是以新文化、新道德反对旧文化、旧道德，概括起来，就是要把一个衰败的中国变成一个青春的中国。在为新精神的推动下，五四时期新思想、新观念层出不穷，人们的认识不断向前跨越，先是用民主主义反对封建主义，后来又由旧民主主义发展到新民主主义，新文化的主题先是宣扬民主与科学，后来很快就变为宣传和接受马克思列宁主义。当然不可否认，在新文化运动发展的过程中，有些人在批判旧思想、旧文学的过程中，采取了一概否定的态度，没有区分其中的民族精华和封建糟粕。但不能因此而否定新文化的主流和方向，不能否定北大所代表的五四为新精神。这种精神同爱国精神一样，是五四运动留给我们宝贵遗产，是推动中华民族伟大复兴的强大精神动力。

四、五四运动时期，为形成中华民族复兴领导力量奠定了基础

五四运动时期，中国的社会力量发生了急剧变化，其中最引人注意的：一是出现了一大批接受马克思主义的共产主义知识分子；二是中国工人阶级在运动后期开始登上历史舞台，而且成为运动的主力军。

随着新文化运动和五四运动的发展，一批激进的青年知识分子接受了马克思列宁主义，陆续实现了从民主主义到共产主义的

转变，成为决心为实现共产主义而奋斗的共产主义知识分子。其主要代表人物有李大钊、陈独秀、毛泽东、周恩来、蔡和森、瞿秋白、恽代英、李达、董必武等，他们有的组织马克思主义学说研究会，有的出国勤工俭学，有的创办进步刊物，学习、研究、宣传马克思列宁主义。

五四运动发展产生的另一个结果是中国工人阶级登上政治舞台。1919 年 6 月 3 日以后，五四运动由学生运动发展为广泛的人民运动。6 月 5 日，上海工人开始大规模罢工，声援北京的学生运动。上海日商的内外棉第三、第四、第五纱厂和日华纱厂、上海纱厂以及商务印书馆的工人全体罢工，参加罢工的有两万人以上。6 月 6 日、7 日、9 日，上海的电车工人、船坞工人、清洁工人、轮船水手，也相继罢工，总数前后约有六七万人。上海工人罢工迅速波及全国各地，京汉铁路长辛店工人，京奉铁路工人及九江工人都举行罢工和示威游行。从这时起，五四运动的主力由学生变为工人，中心也由北京转向了上海。

我国第一批共产主义知识分子在五四运动中，通过学习和研究马克思主义，认识到工人阶级的历史地位，从五四运动中又看到了中国工人阶级的力量。他们深入工厂、矿山、铁路等，向工人宣传马克思主义，发动和组织工人运动，筹备和建立工人组织。例如，李大钊在 1920 年派北京共产主义小组成员到铁路工人集中的张家口、石家庄等地传播马克思主义，建立工会组织；后来还多次派人到唐山进行社会调查，开展工人运动。陈独秀在五四运动后期开始把关注的目光由知识青年转向劳苦工人，通过各种方式调查研究中国工人阶级状况，并在上海筹办工人刊物和工人组织。毛泽东等人 1920 年 7 月，在长沙发起建立文化书社，传播马克思主义和新文化。邓中夏 1921 年初，创办长辛店劳动补习学校，出版进步刊物《劳动音》，向工人群众宣传马克思主义。在共产主义知识分子与工人运动相结合的推动下，1921 年 7 月诞生了中国共产党。从此，中华民族伟大复兴有了坚强的领导核心。

五、发扬五四光荣传统，努力实现中华民族伟大复兴

五四运动为中华民族复兴作出了划时代的贡献，今天我们纪念这个具有历史意义的节日，最重要的就是要发扬五四光荣传统，沿着中国特色社会主义道路继续前进，努力实现中华民族伟大复兴的中国梦。

五四运动时期，中国的先进知识分子找到了马克思主义，从此中国人民有了实现中华民族伟大复兴的理论武器。一百年来，中国共产党把这个理论运用于中国实际，创立了中国化的马克思主义理论，指导中国革命、建设、改革取得了伟大的胜利。今后我们要继续高举马克思主义的旗帜，继续推进马克思主义中国化时代化大众化，努力解决新时代建设中国特色社会主义面临的问题，在实践中不断发展当代中国的马克思主义、21 世纪的马克思主义，为实现中华民族伟大复兴提供强大的理论指导。

五四运动时期，通过共产主义知识分子实现的马克思主义与工人运动相结合，促成了中国共产党的建立，从此中华民族伟大复兴有了坚强的领导核心。一百年来，中国共产党是中华民族复

兴事业不断取得胜利的根本保证，没有共产党就没有新中国，就没有改革开放的辉煌成就，就没有中国今天在世界的地位。我们要继续推进党的建设新的伟大工程，不断加强党的政治、思想、组织、作风、制度建设，依法依规全面从严治党。同时要坚持党对一切工作的领导，不断加强和改善党的领导，提高党的领导水平和执政能力，这样在民族复兴的道路上，才能战胜各种风险和挑战，创造新的成就和辉煌。

五四运动时期，广大人民群众尤其是青年知识分子，表现出高度的爱国主义精神和为新精神。这种精神是中华民族赖以生存和发展的精神财富，是中华民族生生不息、团结奋斗的精神动力。在民主革命时期，中国人民在爱国主义精神的推动下，与帝国主义、封建主义、官僚资本主义浴血奋战，取得了民主革命的胜利；在改革开放时期，中国人民把五四时期的为新精神发展为改革创新的时代精神，取得了彪炳史册的伟大成就；在建设新时代中国特色社会主义的事业中，我们要继续弘扬以爱国主义为核心的民族精神和以改革创新为核心的时代精神，夺取中华民族伟大复兴事业的更大胜利。

五四运动时期，中国人民以俄为师，选择了民族复兴的社会主义方向。沿着这个方向，中国共产党领导全国人民，先是开创出了中国特色的革命道路，即新民主主义革命道路，建立了中华人民共和国，在中华民族伟大复兴道路上，取得了民族独立、人民解放的伟大成就。实践证明，五四运动的社会主义选择是完全正确的，只有社会主义才能救中国，这是已经被实践证明的科学真理。在取得民主革命胜利后，我们又沿着这个方向继续前进，探索怎样建设社会主义的问题，在 1978 年党的十一届三中全会以后开创出了中国特色社会主义道路，经过改革开放 40 多年的奋斗，中华民族伟大复兴又迎来了从站起来、富起来到强起来的伟大飞跃。实践进一步证明五四运动选择的社会主义方向是正确的。现在中国特色社会主义已经进入新时代，我们要沿着已经选择的方向道路继续前进，在建党 100 周年全面建成小康社会以后，经过 15 年的奋斗，基本实现现代化，然后再经过 15 年的奋斗，在建国 100 周年时建成富强民主文明和谐美丽的社会主义现代化强国。到那时，中国将展现出国家富强、民族复兴、人民幸福的灿烂前景，为人类作出更大的贡献。

恩格斯对科学社会主义的重大历史贡献

恩格斯是科学社会主义的创立者和奠基人，与马克思一起被列宁尊称为"科学社会主义之父"，恩格斯和马克思一起创立了科学社会主义。他对科学社会主义的重大历史贡献表现为以下几个方面。

第一，恩格斯提出，科学社会主义是无产阶级运动的理论表现，是关于无产阶级解放条件的学说。他在1847年所写的《共产主义原理》中强调："共产主义是关于无产阶级解放的条件的学说。"① 同年10月，他在《共产主义者和卡尔·海因岑》中再次重申："共产主义作为理论，是无产阶级立场在这种斗争中的理论表现，是无产阶级解放的条件的理论概括。"②

第二，恩格斯明确地阐述了科学社会主义的理论来源。他在《社会主义从空想到科学的发展》等著作中，概述了社会主义发展史，评述了空想社会主义者的理论贡献和历史局限性，明确指

---

① 《马克思恩格斯文集》第一卷，人民出版社2009年版，第676页。

② 《马克思恩格斯文集》第一卷，人民出版社2009年版，第672页。

出科学社会主义的直接理论来源是空想社会主义。

第三，恩格斯首先提出和论述了社会主义是怎样从空想变为科学的。恩格斯在《反杜林论》中，第一次明确指出，马克思创立的唯物史观和剩余价值学说使社会主义从空想变为科学。《社会主义从空想到科学的发展》一书围绕这个主题进行了进一步的论述。

第四，恩格斯系统而深刻地阐述了科学社会主义的一般原理。他在自己起草的《共产主义原理》和与马克思共同起草的《共产党宣言》等著作中，系统地阐述了社会主义必然代替资本主义、无产阶级是资本主义的掘墓人和社会主义的建设者等科学社会主义一般原理。正因为如此，《共产党宣言》的发表成为科学社会主义诞生的标志。

第五，恩格斯对无产阶级革命和无产阶级专政学说作出了特殊贡献。恩格斯指出："自从原始公社解体以来，组成为每个社会的各阶级之间的斗争，总是历史发展的伟大动力。"[1] 他把无产阶级反对资产阶级的斗争分为经济斗争、政治斗争和理论斗争，主张无产阶级的斗争策略应当随着历史环境和斗争条件的变化而变化。19世纪40至70年代，面对资产阶级对工人革命斗争的残酷镇压，马克思和恩格斯认为，无产阶级的目的"只有用暴力推翻全部现存的社会制度才能达到"[2]。到了70年代后，在工业革命推动下，资本主义经济迅速发展，资产阶级政治统治趋于稳定，开始注重用"民主"的手段来维护自己的统治，以普选制为基础的

---

[1] 《马克思恩格斯文集》第四卷，人民出版社2009年版，第505页。

[2] 《马克思恩格斯文集》第二卷，人民出版社2009年版，第66页。

代议制开始发展起来。恩格斯根据西方国家的这种变化，主张充分利用普选权和议会活动这种崭新的斗争方式，促进无产阶级力量和革命事业的发展。恩格斯在强调参加议会选举等合法斗争的同时，并没有否定暴力革命的作用。他明确指出，参加普选和议会斗争，只是新形势下斗争形式的一种选择，要保留在一定条件下进行暴力革命的权利。与此相联系的是，在1848年欧洲革命时期，马克思和恩格斯认为，资本主义会很快灭亡，社会主义会很快取得胜利，但到了70年代后，恩格斯亲眼看到资本主义发展所表现出来的巨大潜力，他在1895年为马克思的《1848年至1850年的法兰西阶级斗争》一书所写的导言中说，历史证明我们也曾经错了，"当时欧洲大陆经济发展的状况还远没有成熟到可以铲除资本主义生产方式的程度"①。国家问题是革命的根本问题。恩格斯对这个问题十分重视，在马克思逝世后的第二年，就写了《家庭、私有制和国家的起源》一书，系统研究了国家的起源、发展、消亡过程，深刻地揭示了国家的阶级本质和发展规律，为无产阶级在革命斗争中正确认识和处理国家问题，提供了根本的理论指导。

第六，恩格斯对未来社会主义和共产主义社会提出了许多重要的见解。例如，他在《反杜林论》中科学地预言了未来共产主义的一些基本特征：生产的无政府状态将由生产的有计划的自觉的组织所代替；劳动将由沉重的负担变成生活的第一需要；旧的分工将会消失，人将获得全面的发展；脑力劳动和体力劳动之

---

① 《马克思恩格斯文集》第四卷，人民出版社2009年版，第540页。

间、城乡之间的对立将消灭；阶级差别将消失；国家将消亡，对人的统治将为对物的管理和对生产的领导所代替；等等。① 他还指出，只有到了共产主义社会，人们才完全自觉地自己创造自己的历史，人类才能实现从必然王国到自由王国的飞跃。他在1894年致朱泽培·卡内帕的回信中指出，对未来新社会的最合适的概括是《共产党宣言》中的这样一段话："代替那存在着阶级和阶级对立的资产阶级旧社会的，将是这样一个联合体，在那里，每个人的自由发展是一切人的自由发展的条件。"② 他多次表示自己不会像空想社会主义那样详细描绘未来社会的蓝图，同时还指出："所谓'社会主义社会'不是一种一成不变的东西，而应当和任何其他社会制度一样，把它看成是经常变化和改革的社会。"③

第七，恩格斯强调，无产阶级要实现伟大的历史使命，必须建立自己的革命政党。他说："无产阶级要在决定关头强大到足以取得胜利，就必须（马克思和我从1847年以来就坚持这种立场）组成一个不同于其他所有政党并与它们对立的特殊政党，一个自觉的阶级政党。"④1847年，恩格斯与马克思一起把正义者同盟改组成为共产主义者同盟，建立起了世界上第一个共产党组织，《共产党宣言》就是他们为共产主义者同盟起草的党纲。在19世纪70至80年代，欧美许多国家的无产阶级革命政党先后建立起来，这些政党由于缺乏经验，又受到机会主义的严重影响，特别

---

① 《马克思恩格斯文集》第九卷，人民出版社2009年版，第309—310页。
② 《马克思恩格斯文集》第十卷，人民出版社2009年版，第666页。
③ 《马克思恩格斯文集》第十卷，人民出版社2009年版，第588页。
④ 《马克思恩格斯文集》第十卷，人民出版社2009年版，第578页。

需要马克思和恩格斯的指导。马克思和恩格斯在进行科学研究的同时，把相当的精力用在指导各国无产阶级革命政党的活动上。1883年马克思逝世以后，指导国际工人运动的重担完全落在了恩格斯的肩上，他不仅亲自指导建立了第二国际，而且十分关心各国无产阶级革命政党的情况。欧美各国以及俄国无产阶级革命政党的领导人，经常向德高望重的恩格斯汇报情况和请教问题。恩格斯的指导对第二国际前期各国社会民主党的建立和发展起了十分重要的作用。

马克思逝世后，恩格斯独自担任欧洲社会主义运动的顾问和领导者，热情关怀各国工人运动的发展，忠实捍卫他同马克思几十年共同为之奋斗的世界无产阶级的伟大解放事业。

恩格斯一个人独自担负起欧洲、美洲甚至俄国社会主义运动的顾问和领导者的重任。这个时期，他对社会主义运动发展的贡献是十分重大的，主要有三个方面。

第一，大量出版马克思和自己的著作，同时大力宣传马克思主义，批判机会主义，使马克思主义在世界工人运动中占据了统治地位。马克思逝世后，恩格斯以主要精力完成了马克思《资本论》第二、三卷的整理、编辑、出版，自己还创作了《家庭、私有制和国家的起源》《路德维希·费尔巴哈和德国古典哲学的终结》等重要著作，而且十分重视对马克思主义著作的翻译和出版，包括《资本论》第一卷在内的许多重要的马克思主义著作，如《共产党宣言》《社会主义从空想到科学的发展》《哲学的贫困》《法兰西内战》《反杜林论》《家庭、私有制和国家的起源》

《英国工人阶级状况》《雇佣劳动与资本》《1848 年至 1850 年的法兰西阶级斗争》等，这个时期都重新出版或者多次再版，有些著作还被译为多国文字在许多国家出版，恩格斯亲自校订一些著作的译文，为这些著作的再版撰写序言或导言。恩格斯还为一些杂志撰写马克思传记，并准备出版马克思和自己的全集。与此同时，恩格斯十分重视指导各国工人政党加强对机会主义的批判，他不顾德国社会民主党内许多人的反对，在 1891 年 1 月发表了马克思的《哥达纲领批判》并撰写了序言。同时，撰写《1891 年社会民主党纲领草案批判》，批评了当时在德国社会民主党内出现的认为德国可以和平"长入"社会主义的机会主义观点。恩格斯还指导法、英、美等国的马克思主义政党进行反对机会主义派别的斗争。在恩格斯的推动下，马克思主义得到了广泛的传播，影响空前扩大。

第二，指导各国社会主义政党的建立，推动欧美工人运动从低潮走向高涨。巴黎公社革命失败以后，工人运动一度陷入低潮，第一国际也因为在欧洲活动困难把总部搬到纽约，并在 1876 年宣布解散。但是到 19 世纪七八十年代以后，随着资本主义生产的迅速发展以及资产阶级政治统治方式的调整，欧美国家的工人运动又很快恢复和发展起来。不断高涨的工人运动与正在迅速传播的马克思主义相结合，使欧美各国先后建立起社会主义政党，在整个欧洲以及北美、俄国，社会主义政党如雨后春笋般建立起来。这些刚刚建立起来的社会主义政党总的来说是不成熟的，许多政党还受到机会主义、改良主义、无政府主义的影响。恩格斯在进行理论创作的同时，花费了巨大精力关注这些政党的建立和发展，对它们提供了多方面的指导和帮助。当时，恩格斯在各国社会主义政党中享有极高的威望，他们都经常主动向这位伟大导师请教党内问题，听取他的意见。恩格斯也经常与许多国家社会主义政党的领导人及一些社会主义者，如德国的奥古斯特·倍倍尔、威廉·李卜克内西，法国的保尔·拉法格、茹尔·盖得，英国的爱德华·艾威林和艾琳娜·艾威林夫妇，美国的弗里德里希·阿道夫·左尔格，俄国的查苏利奇等保持来往或通信，与他们讨论这些国家社会主义政党的重大问题。在恩格斯的关怀和指导下，欧美各国的社会主义政党加强了对本国工人运动的领导，以马克思主义为指导制定了党的纲领和章程，与党内的派别集团和错误倾向进行了斗争，在 19 世纪 80 至 90 年代有了较大的发展。

第三，指导第二国际的建立及其成立后的重要活动，把无产阶级的国际团结推进到新的历史阶段。各国社会主义政党和团体发展起来以后，要求建立新的无产阶级国际组织，以加强彼此在反对资本主义斗争中的国际合作。恩格斯认为，这个时候成立新的国际的条件已经成熟，指示德国社会主义工人党和法国工人党抓紧进行成立新国际的筹备工作。他亲自为筹备活动确定了工作方针，审阅有关代表大会的全部文件，并且提出了一些具体措施。在他的指导和帮助下，国际社会主义代表大会，也就是第二国际的成立大会于 1889 年 7 月 14 日在巴黎召开。第二国际的成立，恢复了一度中断了的工人阶级国际合作，加强了各国社会主义政党和工人组织的国际团结，推动国际工人运动进入了新的历史阶段。在第二国际的领导和推动下，每年 5 月 1 日全世界各国工人都举行声势浩大的游行示威，显示国际工人的团结和力量；各国工人组织特别是工会迅速发展，不少国家都建立了全国总工会；争取八小时工作制和改善工人劳动条件的斗争此起彼伏、不断高涨；工人阶级的政治斗争特别是参加议会选举也不断取得新的胜利。

一直以来，国内外对恩格斯对暴力革命与议会斗争的认识等问题仍然存在不同的看法和声音。如有的学者根据恩格斯的《1891年社会民主党纲领草案批判》和1895年3月6日恩格斯为马克思《1848年至1850年的法兰西阶级斗争》一书所写的导言中的一些论述，提出恩格斯期待的是通过工人阶级的合法斗争取得政权，和平过渡到社会主义，并认为这是恩格斯对欧洲各国社会主义运动的"最后遗言"。

恩格斯的这两篇文章中认为1848年后资本主义工业化的巨大成就，不仅造就了强大的现代无产阶级，而且改变了无产阶级的斗争条件，各国无产阶级政党要根据这种变化改变自己的斗争方式，通过参加议会选举等积极进行合法斗争。要利用选举来动员和组织群众，检验无产阶级的力量，利用议会来揭露资产阶级和宣传自己的主张。他充分肯定德国、法国、比利时等国无产阶级政党在议会选举中取得的胜利，要这些政党充分利用这些合法斗争形式壮大无产阶级，提高他们的思想水平和文化素质，为最后的决战积蓄力量。他认为，无产阶级合法斗争取得的成就越大，资产阶级就会越害怕，"它们最后只有一条出路：自己去破坏这个致命的合法性"，这时"社会民主党也就可以放开手脚，能随意对付"他们了。①

　　恩格斯强调，参加普选和议会活动是斗争的形式和手段，而不是我们的目的，我们的目的是由无产阶级来夺取政权。如果陶醉于当前的合法斗争和眼前利益而忘记了夺取政权和长远目标，就会沦为机会主义。他说："为了眼前暂时的利益而忘记根本大计，只图一时的成就而不顾后果，为了运动的现在而牺牲运动的未来，这种做法可能也是出于'真诚的'动机。但这是机会主义，始终是机会主义。"②

　　恩格斯当时也曾设想，有的国家有和平过渡到社会主义的可能。他说："可以设想，在人民代议机关把一切权力集中在自己手里、只要取得大多数人民的支持就能够按照宪法随意办事的国家里，旧社会有可能和平长入新社会，比如在法国和美国那样的民主共和国，在英国那样的君主国。"③这是恩格斯根据资本主义的新变化作出的新论断。于是，无产阶级取得政权就出现了两种可能的途径，一种是暴力革命，一种是和平过渡。但恩格斯对于什么情况下才可能实行和平过渡，规定了十分严格的条件。不是所有的国家都可能实行和平过渡的，更不是有些人所说的那样，似乎恩格斯放弃了暴力革命。他在提出有的国家存在和平过渡可能性的同时，尖锐地指出，如果宣布在德国这样的专制主义国家也可能实行和平过渡，那无异于给赤裸裸的专制制度贴上遮羞布。④

①　《马克思恩格斯文集》第四卷，人民出版社 2009 年版，第 552—553 页。

②　《马克思恩格斯文集》第四卷，人民出版社 2009 年版，第 414 页。

③　《马克思恩格斯文集》第四卷，人民出版社 2009 年版，第 414 页。

④　《马克思恩格斯文集》第四卷，人民出版社 2009 年版，第 414 页。

他提醒德国社会民主党人，不要以为德国目前的法律状况就足以使党通过和平方式实现自己的一切要求，而不去考虑必须用暴力炸毁旧社会制度外壳，打破"那还是半专制制度的、而且是混乱得不可言状的政治制度的桎梏"。恩格斯在这里清晰地阐述了自己关于和平斗争与暴力准备两手配合的策略。

百年大党对世界社会主义的贡献

　　中国共产党 1921 年成立后，勇敢地肩负起民族复兴和人民幸福的历史使命，先是领导中国人民经过长期艰苦奋斗，取得了新民主主义革命和社会主义革命伟大胜利，把一个半殖民地半封建的旧中国变成了独立自主的新中国，极大地增强了世界社会主义阵营的力量，扩大了社会主义在世界的影响，有力地推动了民族解放运动的发展，加速了帝国主义殖民体系的瓦解。接着，中国共产党又以苏为鉴，领导中国人民独立自主地进行社会主义建设道路的艰辛探索，在 1978 年党的十一届三中全会以后，通过实行改革开放成功开创出中国特色社会主义道路，通过 40 多年的努力取得了举世瞩目的伟大成就，使中国成为世界社会主义的中流砥柱，不仅在苏联和东欧剧变十分严峻的国际形势下坚持和发展了中国特色社会主义，而且推动世界社会主义迈向新的更高发展阶段。当前中国特色社会主义进入新时代，中国迎来了从站起来、富起来到强起来的伟大飞跃。习近平新时代中国特色社会主义思想，引领中国全面建成小康社会，开启全面建设现代化强国新征程，推动构建人类命运共同体，在世界高高举起中国特色社会主义的旗帜，为世界社会主义在 21 世纪逐步走向伟大复兴，为人类的和平、发展作出了卓越贡献。

一、领导中国革命取得伟大胜利，开辟了东方落后国家无产阶级革命新纪元

中国共产党诞生于 1921 年，当时正处于世界无产阶级革命重心由西方资本主义国家经过俄国向东方落后国家转移的时期。列宁清楚地看到世界无产阶级革命所发生的这种历史性变化。他在 1923 年 3 月所写的《宁可少些，但要好些》一文中指出，"正是由于第一次帝国主义大战，东方已经最终加入了革命运动，最终卷入了全世界革命运动的总漩涡"[1]。他还强调，世界革命"斗争的结局归根到底取决于如下这一点：俄国、印度、中国等等构成世界人口的绝大多数。正是这个人口的大多数，最近几年来非常迅速地卷入了争取自身解放的斗争，所以在这个意义上说，世界斗争的最终解决将会如何，是不可能有丝毫怀疑的。在这个意义上说，社会主义的最终胜利是完全和绝对有保证的"[2]。历史的发展证明，列宁的这个判断是完全正确的。进入 20 世纪以后，介于东方与西方之间的俄国和经济文化落后的中国，先后成为世界无产阶级革命风暴的中心，并相继取得了无产阶级革命的胜利，为世界社会主义发展作出了决定性贡献。在俄国革命和中国

[1] 《列宁选集》第 3 版第四卷，人民出版社，第 795 页。
[2] 《列宁选集》第 3 版第四卷，人民出版社，第 795—796 页。

革命的影响下，世界一大批经济文化比较落后的国家先后取得无产阶级革命的胜利。如果说俄国十月革命的胜利使社会主义从理论变为实践，开辟了人类历史的新纪元，那么此后中国共产党领导的中国革命的胜利，则开辟了东方落后国家无产阶级革命的新纪元。1989—1991年苏联和东欧剧变后，世界社会主义运动的重心进一步向东方发展中国家转移，以中国为代表的东方社会主义国家在世界社会主义运动中的地位和作用变得更加突出、更加重要。

中国共产党领导的中国革命对世界社会主义的贡献主要有三个方面。第一，把马克思主义与中国实际相结合，开创了不同于西欧和俄国的民主革命道路。无论是西欧国家的革命，还是俄国的十月革命，走的都是通过城市武装起义夺取国家政权的道路。以毛泽东同志为主要代表的中国共产党人在领导中国革命的实践中，坚持把马克思主义基本原理与中国具体实际相结合，克服了党内机械照搬俄国革命经验的教条主义，从半殖民地半封建社会的中国国情出发，开辟了农村包围城市、武装夺取政权的革命道路，经过长期的革命战争，最后取得了全国革命的胜利。这条革命道路与西欧国家和俄国的城市武装起义不同，在世界社会主义运动中是开创性的，对殖民地和半殖民地国家的革命运动产生了重要影响。

在时间已过去了百年的今天，我们重申中国共产党开创的中国革命道路的意义，并不是像苏联那样，要求其他发展中国家都照搬中国农村包围城市、武装夺取政权的革命道路，而是要说明，中国革命道路的开创，证明了世界上并不是只有西方和俄国那一条革命道路，而是存在着多种不同的革命道路，每个国家都要根据时代的发展变化和本国的具体情况，探索适合本国实际的革命道路和形式。这才是中国开创出自己的革命道路的真正价值和意义所在。

第二，根据中国半殖民地半封建社会的特点，创立了系统的新民主主义革命理论。这个理论的贡献是多方面的，其中最为突出的是在革命动力和对象问题上，把中国的资产阶级区分为官僚资产阶级和民族资产阶级，认为官僚资产阶级是帝国主义在中国的代理人和帮凶，与帝国主义、封建主义一样，是中国革命的对象；而民族资产阶级与帝国主义、封建主义既有矛盾的方面又有妥协的方面，在民主革命中是可以争取的革命力量。这个区分，使我们可以在民主革命中团结包括上层小资产阶级和民族资产阶级在内的一切可以团结的力量，把中国的民主革命由俄国的工农兵革命，发展为以工人阶级为领导的以工农联盟为基础的人民民主革命，我们所要建立的国家政权也就由列宁所说的工农民主专政，扩大为人民民主专政。这个区分对我国的社会主义革命，也就是社会主义改造产生了很大影响。在取得新民主主义革命胜利后，我们对官僚买办资产阶级的生产资料加以没收使之成为国有资产的一部分，而对于民族资产阶级，则允许其继续存在和发展，以利于恢复和发展国民经济。在开始进行社会主义改造以后，我们坚持把无产阶级与资产阶级的矛盾作为人民内部矛盾处理，对民族资产阶级实行利用、限制、改造的政策，从而开辟了我国资本主义工商业社会主义改造的和平之路。这是马克思主义革命理论在中国这样的半殖民地半封建国家的丰富和发展。由于世界其他发展中国家和中国一样，都存在着官僚资产阶级与民族资产阶级的区别，中国对资产阶级所作的区分和所采取的不同政策，对这些国家的革命无疑会有一定的借鉴作用。

第三，在社会主义革命中，与苏联东欧等国家普遍采取的暴力剥夺和疾风暴雨方式不同，我国对农业、手工业和资本主义工商业的社会主义改造，总体上是采取了典型示范、逐步推进的和平改造方式，对资本主义工商业者不仅按照人民内部矛盾对待，并且把对生产资料的改造与对人的改造有机结合，在世界社会主义历史上第一次成功实行了对民族资本家的和平赎买的政策。这为社会主义国家提供了以和平渐进方式进行社会主义改造的成功范例，不仅最大限度地减少了社会剧烈变革对经济的破坏，而且有力地促进了工农业生产的快速增长。

占世界人口四分之一的中国取得革命胜利，大大增强了世界社会主义国家的力量，使社会主义国家的人口占到世界总人口的三分之一，领土面积占到世界陆地总面积的四分之一。中国革命胜利也极大地鼓舞了亚非拉落后国家的人民，有力地推动了民族解放运动的发展，加速了帝国主义殖民体系的瓦解。

二、进行社会主义建设道路的艰辛探索，推动世界社会主义独立自主潮流的发展

1956 年，我国进入社会主义社会以后，中国共产党科学地对待苏共二十大对斯大林错误的揭露和批判，开始以苏为鉴、独立自主地探索中国自己的社会主义建设道路，为推动马克思

主义与本国建设实践相结合作出了贡献。同时在世界社会主义运动中，主张各国共产党之间独立平等，按照和平共处五项原则处理社会主义国家之间的相互关系，反对苏联在党际和国家关系中的大党主义、大国主义，是世界社会主义运动中独立自主潮流的主要代表。

社会主义从一国发展到多国以后，尤其是在新建立的社会主义国家全面展开社会主义建设以后，包括苏联在内的社会主义国家面临的主要问题，是如何适应国际形势从战后恢复到和平建设的转变，把马克思主义与新的时代特点及本国社会主义建设实践相结合，探索自己国家的社会主义建设道路。但这个时期，苏联继续奉行大党主义和大国主义，不但把本国在特殊历史条件下形成的社会主义模式说成是各国建设社会主义的统一模式，而且以是否遵循和照搬这种苏联模式作为衡量真假社会主义的标准，动不动就对其他社会主义国家的内部事务进行干涉。这严重阻碍了社会主义国家自主探索本国的社会主义建设道路，破坏了社会主义国家之间的正常关系，成为社会主义国家之间发生矛盾冲突甚至最后走向分裂的主要根源。面对苏联共产党的大党主义、大国主义所造成的这种严峻局面，中国共产党坚持独立自主探索自己的社会主义建设道路，以各种形式抵制苏共的错误做法，成为世界社会主义运动独立自主潮流的主要代表。

中国共产党在民主革命中就已经深刻认识到把马克思主义基本原理与中国具体实际相结合的重要性，认识到必须从本国实际出发学习和借鉴外国经验。新中国成立以后，由于缺乏社会主义建设经验，我们虽然在某些方面，主要是经济方面，曾经照搬了苏联的某些体制和做法，但在实践中越来越感到其中的某些东西并不完全适合中国的情况，需要从中国实际出发建设社会主义。1956 年进入社会主义社会后不久，毛泽东等中央领导立即开展了大规模的调查研究，同年 2 至 4 月先后听取了 34 个部门的汇报，并和与会者边谈边议，探讨中国怎样进行社会主义建设的问题。而正在这个时候，苏联共产党于同年 2 月 14—25 日召开了第二十次全国代表大会，总结了当代的国际形势，揭露和批判了斯大林的错误，这对于我们党的领导人解放思想、全面认识苏联建设经验起了重要的作用。在同年 4 月 4 日讨论《关于无产阶级专政的历史经验》一文时，毛泽东指出，这篇文章的发表表明我们对苏共二十大有了明确但也是初步的态度。议论以后还会有，问题在于我们自己从中得到什么教益。最重要的是要独立思考，把马列主义的基本原理同中国革命和建设的具体实际相结合。民主革命时期，我们吃了大亏之后才成功地实现了这种结合，取得了新民主主义革命的胜利。现在是社会主义革命和建设时期，我们要进行第二次结合，找出在中国怎样建设社会主义的道路。

1956 年的 3、4 月，以毛泽东同志为代表的党和国家领导人，把对苏联经验教训的讨论与对中国经济的调查紧密结合，正式开始了以苏为鉴、探索中国自己的社会主义建设道路的过程，初步形成了一系列新的思想观点。1956 年 4 月 25 日，毛泽东在中央政治局扩大会议上所作的《论十大关系》的讲话，就是这个探索的第一个代表性成果，初步总结了中国社会主义建设的经验，提出了探索适合中国国情的社会主义建设道路的任务。接着，我们党在同年 9 月召开了第八次全国代表大会，1957 年毛泽东发表了

《关于正确处理人民内部矛盾的问题》等重要讲话，在探索我国自己的社会主义建设道路上取得了重要成果。

中国共产党不仅是世界社会主义运动中自主探索革命和建设道路的典范，而且利用自己在社会主义国家中的重要地位，成为世界社会主义运动中坚持独立自主路线，反对苏联大党主义、大国主义的主要代表。早在 1956 年 9 月党的八大期间，毛泽东在接见南斯拉夫共产主义者联盟代表团时，就鲜明地提出反对长期以来苏联与其他国家共产党、工人党之间的不平等关系，即所谓的"父子党"关系。他说："自由、平等、博爱，是资产阶级的口号，而现在我们反而为它斗争了。是父子党，还是兄弟党？过去是父子党，现在有些兄弟党的味道了，但也还有些父子党的残余。这也是可以理解的，残余不是一天就能搞清的。去掉盖子以后，使人可以自由思考。现在有点反封建主义的味道。由父子党过渡到兄弟党，反对了家长制度。那时的思想控制很严，胜过封建统治。一句批评的话都不能听。而过去有些开明君主是能听批评的。"①

接着我们党在 1956 年 10 月的波兰事件和匈牙利事件中，积极推动苏联共产党以平等态度处理与其他社会主义国家的关系。1956 年 6 月，波兰发生了举世震惊的波兹南事件；7 月，波兰统一工人党召开二届七中全会总结波兹南事件的教训，讨论如何推进国内改革；随后又为在 1948 年苏南冲突中被撤销总书记职务并在 1951 年被关进监狱的哥穆尔卡平反，还确定在 10 月举行统

---

① 《毛泽东传（1949—1976）》上册，中央文献出版社 2003 年版，第 540—541 页。

一工人党二届八中全会，改组中央政治局，选举哥穆尔卡为统一工人党中央委员会第一书记。但就在 10 月 17 日波兰统一工人党二届八中全会举行时，赫鲁晓夫等四名苏共领导人未经邀请飞抵华沙上空，强行要求参会，同时开始调动军队向华沙等地进发。面对严峻的波兰局势，苏共主动征求中国的意见，要求中共派代表团去莫斯科商谈。在中国的积极推动下，苏联转变了处理波兰问题的方针，停止了正在进行的军事调动，准备承认以哥穆尔卡为首的党中央。随后，波苏两党代表团在平等的气氛中举行会议，并发表了联合公报，波兰问题得到了比较平稳的解决。波兰事件的结果使得对苏联干涉本国内政强烈不满的匈牙利人民深受鼓舞，一些右翼团体也乘机活跃起来，1956 年 10 月 23 日爆发了大规模的游行示威，要求纳吉上台，并为过去的受害者平反，这场大规模的群众运动由于国内外反动势力的参与很快失去控制。就在这个时候，处境十分被动的苏联，经过与中国共产党的讨论，于 1956 年 10 月 30 日发表了《苏联政府关于发展和进一步加强苏联同其他社会主义国家的友谊和合作的基础的宣言》。这个宣言采纳了中国共产党关于社会主义国家之间也应该遵守和平共处五项原则的意见，检讨了苏联在同其他社会主义国家关系上的错误。中国在同年 11 月 1 日发表声明，支持苏联政府的宣言。这里需要指出，苏联在一开始并不接受按照和平共处五项原则处理社会主义国家的关系，而且极力进行辩解，后经双方讨论，最后还是接受了这个意见，把它写在了宣言中。

把和平共处五项原则作为处理社会主义国家关系的准则，是中国共产党对世界社会主义的重大贡献。在此之前，苏联一直片面强调社会主义国家利益的一致和共同方面，忽视彼此的不同和差异方面，要求各个社会主义国家无条件服从社会主义国家的共同利益，实际上也就是苏联的利益，把对待苏联的态度作为衡量真假国际主义的试金石。这就为苏联以维护社会主义国家共同利益为名，打着国际主义旗号干涉其他社会主义国家内部事务提供了借口，而坚持维护本国利益，强调从本国实际出发建设社会主义，却被说成是反苏反共反社会主义。正因为如此，列宁提出的和平共处外交政策，长期被限制在不同社会制度国家之间，中国和缅甸、印度所倡导的和平共处五项原则，也被视为只是处理不同社会制度国家关系的原则。经过波兰和匈牙利事件，中苏两国共产党通过宣言和声明的形式宣布社会主义国家之间也应该遵守和平共处五项原则，这对于从根本上打破社会主义国家间关系的旧格局，推动社会主义各国独立自主地探索本国社会主义道路，推动世界社会主义的健康发展，具有深远的意义。

鉴于 1955 年苏南关系的恢复和 1956 年苏共二十大以后出现的波兰事件和匈牙利事件，1957 年在莫斯科举行的 12 个社会主义国家共产党和工人党代表会议、64 国共产党和工人党代表会议上，如何认识社会主义的共同规律和各国社会主义的特点，如何处理社会主义国家间的相互关系等问题，成为会议讨论的重要课题。中国共产党对于在这些问题上达成共识发挥了重要作用。在会议筹备的过程中，苏联准备了一个会议宣言草案并征求中国共产党的意见，我们党根据中国经验增加了一段坚持马克思主义基本原理与本国具体实际相结合的内容："马克思列宁主义要求根据每个国家的具体历史条件创造性地运用社会主义革命和社会主义建设的共同原则，不允许机械地抄袭他国共产党的政策和策略。列宁曾经多次告诫，必须使共产主义的基本原则正确地适应于民族的和民族国家的特殊情况。一个无产阶级政党如果忽视了民族特点，就必然会脱离生活，脱离群众，就必然会使社会主义事业遭受损失。但是，如果夸大这些特点的作用，借口民族特点而脱离马克思列宁主义关于社会主义革命和社会主义建设的普遍真理，也必然会使社会主义事业遭受损失。"[1] 这段话的基本观点为会议宣言所接受。会议发表的宣言依据当时人们对这个问题的认识，总结了各国社会主义革命和建设的共同规律，同时肯定了各国社会主义建设形式和方法的多样性。会议宣言在谈到社会主义国家之间的关系时强调，社会主义各国把相互关系建立在完全平等、尊重领土完整、尊重国家独立和主权、互不干涉内政的原则基础上，并在此基础上相互援助、加强团结。社会主义各国和各党间存在的问题，完全可以通过同志式的平等讨论和交换意见解决。这和我们党的主张也是基本一致的。

这次会议的宣言草案是由苏共起草并经中苏两国共产党共同修改后提交代表会议的，12 个社会主义国家的共产党和工人党通过相互协商和集体努力，消除了彼此间的某些意见分歧，就当时国际共产主义运动的重大问题达成一致意见，签署了《社会主义国家共产党和工人党宣言》。南斯拉夫由于不同意这个宣言的某些观点没有签字，但也在 64 国共产党和工人党的和平宣言上签了字。中国代表团特别是毛泽东在协调各党关系和化解分歧方面

---

① 程中原：《胡乔木与 1957 年〈莫斯科宣言〉》，《北京党史》2013 年第 4 期。

做了大量工作，对这次会议的成功发挥了决定性的作用。但是在这次莫斯科会议期间，苏共再次向中共提出要办一个指导各国共产党和工人党的刊物，还提出成立一个统一的组织①，这实际上是又回到共产国际和情报局时期的做法。毛泽东明确表示，不同意办一个刊物，也不同意在近期内成立组织。但考虑到加强社会主义国家联系和团结的需要，毛泽东主动提出社会主义国家以苏联为首，但为首者的职责只限于定期召开社会主义国家共产党和工人党的会议，由苏共作为会议的召集人。这实质上是把苏共和其他国家共产党放在平等的地位上，努力把过去的"父子党"关系变为"兄弟党"关系。

莫斯科会议以后，苏联并没有真正放弃对其他国家共产党和工人党内部事务的干涉，包括对中国事务的干涉。1958年赫鲁晓夫访问中国时曾提出，要与中国建立"联合舰队"和在中国沿海设置苏联"长波电台"，遭到毛泽东断然拒绝。1959年苏美领导人戴维营会谈后，苏联的世界战略作了重大调整，中苏两国共产党在一系列重大问题上产生了严重分歧，这种分歧在1960年后演变为激烈的中苏论战。这时苏联的大国主义、大党主义开始发展为霸权主义，先是单方面撕毁合同、撤走专家，使我国蒙受了巨大的损失，接着又组织力量对中国和不同意他们观点的阿尔巴尼亚等国进行围攻，甚至在中苏边界陈兵百万，威胁中国安全，挑起边界武装冲突，导致国际共产主义运动的大动荡、大分裂，给世界社会主义造成了极大的损失。这时中国与苏联大国主义、

---

① 1956年3月，苏共代表米高扬来中国，就曾建议成立社会主义国家联络局并创办一个刊物，以代替欧洲共产党和工人党情报局。

霸权主义进行了坚决斗争，代表了世界社会主义运动中各国党独立自主的潮流。正是在这种十分困难的情况之下，我们党始终坚持自主进行社会主义建设道路的艰辛探索，也推动了"欧洲共产主义"的发展以及其他社会主义国家的改革尝试。

三、中国改革开放和现代化建设的成功实践，在世界上开启了一条发展和完善社会主义的道路

在苏联东欧国家改革普遍失败、世界社会主义遭受严重挫折的情况下，中国从 1978 年开始的改革开放取得伟大成功，不但经受住了东欧剧变和苏联解体带来的巨大冲击，而且取得了系统的成功经验和举世瞩目的建设成就，使中国在世界社会主义低潮中一枝独秀，并带动了越南、老挝等社会主义国家的改革发展，为世界社会主义开辟了一条完善和发展的道路。

苏共二十大批判和否定斯大林以后，苏联和大多数东欧国家先后开始了对传统的苏联政治经济体制进行改革。但这些改革尝试基本上被控制在苏联所允许的范围之内，仅限于对传统苏联模式的完善和修补，再加上其他一些原因，致使改革很难迈出实质性步伐，以致经济社会发展不断放缓，最终陷入停滞不前的困境。1985 年戈尔巴乔夫担任苏共中央总书记以后，也沿袭这种传统思维进行名为"加速战略"的改革，同样收效甚微，于是他便改弦更张，提出所谓改革"新思维"，用"人道的民主的社会主义"取代科学社会主义，把改革变成了改向，这导致了苏联解体，使世界社会主义遭受严重挫折。

就在苏联东欧国家改革普遍遭到失败的时候，1978年开始的中国改革却取得了决定性胜利，1987年党的十三大形成了系统的社会主义初级阶段理论，提出了党在社会主义初级阶段的基本路线，规划了我国现代化建设的"三步走"发展战略，有力地推动了社会生产力的发展，明显改善了人民生活。这使我国经受住了1989年至1991年的东欧剧变和1989年国内政治风波的考验。不仅如此，在1992年邓小平南方谈话和党的十四大之后，我国的改革开放又有了新的重大发展，尤其是建立社会主义市场经济体制和成功加入世界贸易组织，把我国的改革开放提高到更高水平。

同苏联和东欧社会主义国家相比，中国的改革开放之所以能够取得成功，主要有以下经验。第一，坚持实事求是的思想路线。经过"实践是检验真理的唯一标准"的讨论，打破了"两个凡是"的束缚，形成了解放思想、实事求是的思想路线，从此中国的改革开放有了正确的指导思想，真正做到一切从中国的实际出发。第二，正确认识本国的基本国情。社会主义国家长期以来存在的一个共同问题，是对本国的社会发展水平估计过高，对建设社会主义的长期性、艰巨性认识不足。这是苏联和东欧社会主义国家改革脱离实际和长期收效甚微的重要原因之一。我们党在十一届三中全会以后很快就觉察到我国也存在同样的问题，于是创造性地提出社会主义初级阶段理论，其核心要义是，脱胎于半殖民地半封建社会的中国，在进入社会主义社会以后，必须经历一个社会主义初级阶段，并指出我国当前处于并将长期处于社会主义初级阶段，党的一切工作必须从这个基本国情出发。这为我国开创中国特色社会主义道路奠定了重要的理论基石，使我国的改革开放有了基本依据，从根本上避免了改革脱离实际的风险。第三，进行社会主义再认识。社会主义改革的根本问题，是要通过改革完善和发展社会主义，但是长期以来，包括我国在内的许多社会主义国家，对于什么是社会主义并没有完全搞清楚，于是在改革传统的苏联模式的时候，就分不清哪些是社会主义的本质要求，是必须坚持和发展完善的，哪些是违背社会主义本质要求的，是必须进行革命性改革的。在以邓小平同志为核心的党中央领导下，通过对社会主义的再认识，成功地解决了这个改革的最大难题。邓小平首先提出了我们必须坚持四项基本原则，把它和改革开放一起作为党的基本路线的两个基本点，强调二者相辅相成、有机统一，不可偏废，强调在改革中既要反对不敢改革开放的僵化保守思想，又要反对背离四项基本原则的资产阶级自由化思潮。在 1992 年的南方谈话中，他又进一步提出，社会主义的本质是解放生产力，发展生产力，消灭剥削，消除两极分化，最终达到共同富裕。根据对社会主义本质的认识，他提出判断改革得失成败的标准，主要看是否有利于发展社会主义社会的生产力，是否有利于增强社会主义国家的综合国力，是否有利于提高人民的生活水平。邓小平的这些思想排除了人们在改革开放中对于姓"社"还是姓"资"问题的纠结，从根本上解放了人们的思想，既通过改革开放更好地坚持了社会主义，又通过改革开放发展和完善了社会主义。第四，把对外开放作为基本国策。中国的改革成功既得益于把改革作为解放和发展生产力的又一次革命，也得益于把实行对外开放作为一项基本国策。苏联和东欧国家的改革，在前期基本上沿袭了斯大林关于社会主义与资本主义两个平行市场理论，对社会主义国家以外的世界基本上是封闭的；在后期又完全照搬西方国家的做法，甚至请西方国家的专家为自己设计改革方案。中国则与此不同，从一开始就把改革和开放结合在一起，认为我们不仅要对苏联传统体制进行革命性改革，而且要实行全方位的对外开放，利用国内外两个市场、两种资源发展经济，利用人类社会创造的一切优秀文明成果建设社会主义。邓小平说："社会主义要赢得与资本主义相比较的优势，就必须大胆吸收和借鉴人类社会创造的一切文明成果，吸收和借鉴当今世界各国包括资本主义发达国家的一切反映现代社会化生产规律的先进经营方式、管理方法。"[1] 我国的对外开放是坚定不移的和不断扩大的，但又是完全从中国实际出发，把学习借鉴和创新发展相结合的，40 多年来取得了巨大的成效。现在中国的开放程度已经超过了某些西方国家，而我国的社会主义也变得更加强大。第五，大胆而又稳妥的改革方法。苏联等东欧社会主义国家的改革，要么思想僵化保守，改革长期迈不开步子，旧体制难以得到根本突破；要么急功近利，企图在短时间内一举取得成功，戈尔巴乔夫刚担任苏共中央总书记时推行的"加速战略"和后来搞的"休克疗法"，都具有这样的特点。而中国的改革完全是从实际出发的，由于社会主义改革是史无前例的，没有成功的经验可供借鉴，只能在实践中一步一步地探索前进，所以我们采取的是长期的渐进的改革战略，这个战略的基本特点是摸着石头过河，后来发展到顶层设计与摸着石头过河相结合。总的要求是邓小平提出

---

① 《邓小平文选》第三卷，人民出版社 1993 年版，第 373 页。

的胆子要大、步子要稳，既要解放思想，敢想、敢闯、敢试，又要稳步向前推进，不断总结经验和纠正错误，以保证不犯长期性全局性的错误。

我国的改革开放在中国共产党的领导下，就是运用以上方法破解了怎样进行社会主义改革这个世界性的难题，成功开创出一条强国之路，使我国的社会主义建设取得了举世瞩目的辉煌成就。在中国的影响下，越南、老挝、古巴等社会主义国家也先后走上了社会主义改革道路，中国的改革开放经验和做法为这些国家改革开放和社会发展提供了重要的借鉴。

四、中国特色社会主义进入新时代，在世界上高高举起中国特色社会主义旗帜

党的十八大以来，中国特色社会主义进入新时代，中华民族迎来了从站起来、富起来到强起来的伟大飞跃。随着我国由大到强的巨大变化，我国正日益走近世界舞台的中央，国际地位不断提升，世界影响迅速扩大，从而在世界高高举起了中国特色社会主义伟大旗帜，为推动世界社会主义发展作出了重大贡献。可以毫不夸张地说，新时代中国特色社会主义，已经成为世界社会主义的中流砥柱，这主要表现在三个方面。

第一，以习近平同志为核心的党中央把马克思主义基本原理与新时代中国具体实际相结合创立的习近平新时代中国特色社会主义思想，充分展现出中国特色社会主义理论与时俱进的创造力。它既是中国特色社会主义取得的最新理论成果，也是科学社

会主义理论在 21 世纪最耀眼的思想成就。习近平新时代中国特色社会主义思想为科学社会主义理论作出了一系列原创性贡献。例如，关于当前的世界形势，习近平总书记提出了世界正处于百年未有之大变局的重要论断；关于马克思主义国家学说，习近平创立了系统的中国特色社会主义治国理政理论；关于社会主义的本质特征，习近平总书记创造性地提出，中国共产党的领导是中国特色社会主义的最本质特征；关于如何发展社会主义，习近平总书记提出了以人民为中心、创新协调绿色开放共享的新发展理念；关于社会主义基本原则，习近平总书记把合乎自然规律地改造和利用自然作为科学社会主义基本原则之一，并从实际出发构建了系统的社会主义生态文明建设思想；关于党的建设，习近平总书记在原来的思想、组织、作风、制度建党的基础上，创造性地提出政治建党，而且把它作为党的建设的首要任务；关于世界治理问题，习近平总书记站在世界历史的高度审视当今世界历史发展趋势和人类面临的重大问题，提出推动构建人类命运共同体；等等。习近平新时代中国特色社会主义思想，从理论和实践结合上系统回答了新时代坚持和发展什么样的中国特色社会主义、怎样坚持和发展中国特色社会主义这个重大时代课题，丰富了科学社会主义理论，扩大了社会主义思想在世界的影响，开创了马克思主义发展的新境界，为科学社会主义在 21 世纪的新发展作出了新的重大的贡献。

第二，新时代中国特色社会主义在实践中取得的辉煌成就，充分展现出中国特色社会主义的强大生命力和巨大优越性。在中国共产党的领导下，中国人民经过 40 多年的改革开放，已经由一个贫穷落后的国家变为世界第二大经济体和世界最大的贸易进出口国，许多工农业产品的产量位居世界首位，对世界发展的年贡献率超过了美国、欧盟和日本的总和。尤其是党的十八大以来，我国的发展成功实现了从数量迅速扩张到提高质量效益的根本转变，取得了决胜全面建设小康社会的伟大胜利，开启了全面建设社会主义现代化强国的新征程，国家综合国力显著增强，许多重大科技创新达到世界领先水平，人民生活跃上了全面小康新台阶，全方位地展开了与各国的交流与合作。通过不断增强国力和不断扩大对外影响，中国在世界上高高举起中国特色社会主义旗帜，破除了许多人长期以来对社会主义在社会制度和意识形态方面的偏见，提高了社会主义在人们心目中的威信，显著增强了社会主义在世界上的影响力。

第三，新时代中国特色社会主义对世界的影响力，不仅取决于中国特色社会主义本身所取得的巨大成就，同时还在于中国为解决世界面临的各种重大问题，贡献了中国智慧、中国方案、中国力量。新时代中国特色社会主义对解决世界问题的一大贡献，是根据世界一体化的历史趋势所造成的各国利益高度相关，你中有我、我中有你的现实，提出推动构建人类命运共同体，以建设一个"持久和平、普遍安全、共同繁荣、开放包容、清洁美丽的世界"[1]。这个倡议一经提出就受到联合国和国际社会的普遍欢迎，是新时代中国特色社会主义对世界的一大贡献。中国特色社会主义对世界的另一大贡献是中国现代化的成功，为世界落后国家走

---

[1] 习近平：《在第十三届全国人民代表大会第一次会议上的讲话》，人民出版社2018年版，第12页。

向现代化，提供了与西方发达国家不同的另一种选择。现在许多发展中国家对中国现代化奇迹很感兴趣，为了解决本国的发展问题，纷纷研究和借鉴中国经验，与中国展开广泛合作，而中国也欢迎其他国家共享中国的发展成果，主动倡议与各国按照共商、共建、共享的原则建设"一带一路"，使之成为我国与世界各国平等合作、共同发展的国际平台。新时代中国特色社会主义对世界的贡献，还表现在中国作为世界和地区大国勇敢地担当起了自己的大国责任，在国际事务中坚决反对强权政治和霸权主义，坚持按照合作共赢原则发展各国之间的和平友好关系，积极为推动解决世界的各种现实问题贡献中国力量，充分展现了中国特色社会主义的大国外交风采，扩大了社会主义在世界上的影响。

当今世界正处于百年未有之大变局，我国也处在社会主义现代化建设两个一百年奋斗目标的交汇期。我国现代化建设第二个百年奋斗目标的任务是十分伟大的，也更为艰巨复杂。行百里者半九十，我们要大力发扬党的百年奋斗的优良传统，认真总结第一个百年革命、建设、改革的历史经验，为创造全面建设社会主义现代化国家的新辉煌，为最终实现中华民族伟大复兴的中国梦，为世界社会主义走向复兴和新的发展，为实现全人类解放的伟大事业而努力奋斗。

世界社会主义的新趋势新特点

1989—1991 年的东欧剧变和苏联解体至今已过了 30 多年，当今世界的社会主义不但进入了新的历史阶段，而且呈现出与过去不同的新趋势和新特点。

一、顺应和平与发展的时代潮流

二十世纪的前期和中期发生了两次世界大战，经历了十月革命、中国革命以及亚非拉争取民族独立和解放的斗争。当时的时代主题是战争与革命，后来时代主题变为和平与交流，它要求世界社会主义适应时代变化，全面调整自己的战略和策略，由战争与革命条件下的社会主义转变为和平发展条件下的社会主义。中国共产党及时把握了这个变化，在 1978 年的党的十一届三中全会上主动实行了这个转变，中国进入了以经济建设为中心的历史新时期。而世界大多数共产党和社会主义国家，则是在 1989—1991 年世界格局发生根本变化、东西方冷战完全结束以后，才自觉或不自觉地实现了这个转变。现在世界社会主义正在适应历史发生的巨大变化努力解决如何在和平与发展的条件下，坚持和发展社会主义的问题。其中资本主义国家的共产党主要是积极开展各种形式合法斗争，组织和壮大社会主义力量，而社会主义国家的共产党，是充分利用和平的国际环境，以发展为中心全面开展社会主义建设。世界社会主义的这种与时俱进，使其具有了鲜明的和平与发展的时代特色。

二、道路模式趋于本国化和多样化

苏联的革命和建设经验，对于推动世界社会主义发展，曾经发挥过重大作用。但列宁去世后，苏共领导把苏联经验绝对化，以它作为世界社会主义必须遵循的统一模式，而许多国家的共产党，也曾脱离本国实际，简单照搬苏联模式。所以在苏联解体前，各国的革命和建设基本上是以苏联为样板的单一模式，虽然中间进行过多次改革尝试，但除了中国之外这种传统模式并没有从根本上被突破。东欧剧变和苏联解体后，各国共产党通过总结历史教训，深刻认识到照搬苏联模式的问题和弊端，决心把科学社会主义基本原理与本国实践相结合，在对传统苏联模式的改革与实践创新中，独立探索符合本国实际的革命和建设道路。在社会主义国家中，继中国之后，越南、老挝等国通过改革开放，已经走出了本国的社会主义建设道路。资本主义国家和第三世界国家的共产党，也提出了各种各样具有本国特点的革命道路和社会主义模式，如日本共产党的"日本式社会主义"，法国共产党的

"新共产主义"，希腊共产党的"反帝、反垄断的社会主义革命"，印共（马）的"人民民主革命"，南非共产党的向社会主义过渡基本纲领，巴西共产党的"建设具有巴西特色的新型社会主义"，等等。这就形成了走向社会主义和建设社会主义的多种道路和模式，由于它们是经过对传统苏联模式的深刻反思提出的、是从本国实际出发探索出来的，因而具有强大的生机活力。

三、重建独立自主、完全平等的合作关系

马克思和恩格斯认为，各国无产阶级革命政党应当是独立自主、完全平等的。他们同时又不否认，由于世界社会主义发展的不平衡，各国党在世界社会主义中的作用和影响是不相同的。例如在第二共产国际时期，德国社会民主党是最强大和最有影响的党；在共产国际时期，联共（布）是最强大和最有影响的党。但在列宁去世后，苏共却错误地利用了自己的这种作用和影响，把联共（布）置于世界社会主义的特殊地位，向其他国家共产党发号施令，粗暴干涉别国党和其他社会主义国家的内部事务，使苏共与其他国家党的关系变成了领导与被领导的关系，"老子党"与"儿子党"的关系，最终导致了国际共产主义运动的大分裂，给世界社会主义事业造成了很大的损失。东欧剧变和苏联解体后，共产党和社会主义国家认真总结国际共产主义运动大分裂的教训，在独立自主、完全平等的基础上重建相互关系，恢复了长期陷于分裂的国际共产主义运动的国际合作。其最典型的事例就是：1998 年应希腊共产党邀请，来自 50 个国家的 57 个共产党和

工人党在雅典召开冷战后第一次代表会议。根据希腊共产党的倡议，共产党和工人党国际会议从这年开始每年召开一次，到 2019 年已连续举行了 21 次，会议的内容是讨论各国党共同关心的世界社会主义重大问题。2017 年为纪念十月革命 100 周年，在俄国举行的第 19 次共产党和工人党国际会议，参加的政党已经达到 103 个。这在世界社会主义历史上是罕见的。不仅如此，共产党和工人党还加强了与国内其他左翼政党的合作，积极发展与世界其他政党的关系，其中影响最大的是 2017 年底举行的有来自 120 多个国家、近 300 个政党和政治组织的领导人参加的"中国共产党与世界政党高层对话会"，又称为世界政党大会，这在世界社会主义发展史上是前所未有的，开创了世界政党关系的新局面。

四、开展与资本主义国家的合作与竞争

在当今世界，社会主义国家与资本主义国家的关系，也发生了重大变化。社会主义国家诞生以后，基本上处于与资本主义世界相互对立、相互隔绝的状态，逐步形成了以美、苏为首的相互对抗的两大军事集团和相互隔绝的两个平行市场。东欧剧变和苏联解体后，中越老等社会主义国家，实行了全方位对外开放政策，融入了世界经济体系，利用国内国外两个市场、两种资源建设社会主义，开创了两制国家既合作又竞争的新局面。进入 21 世纪后，随着新科技革命的发展和经济全球化的加速，世界一体化成为不可阻挡的历史趋势，社会主义国家与资本主义国家的经济呈现你中有我、我中有你的格局，彼此利益高度相关，无论是

任何一个重要的国家，谁要是割断这种联系，自我孤立于世界经济体系之外，都难以发展起来。与此同时，世界一体化的趋势也使人类面临的共同问题突出起来，这些问题只有所有国家同心协力才能得到解决。在这种情况下，社会主义国家只能选择顺应世界历史发展趋势，在与资本主义国家的合作与竞争中发展社会主义，在与世界各国共建人类命运共同体中发展社会主义，在合作与竞争中彰显社会主义的优越性。中国改革开放 40 多年取得的巨大成绩，尤其是在抗击新冠疫情的国际合作中，已经充分证明，社会主义国家在与资本主义国家的合作与竞争中发展自己是完全正确的。它是当代社会主义国家发展的必然选择。

五、从低潮向复兴转变中的不平衡发展

当前的世界社会主义，处于从低潮向复兴转变的过程中，但各地区各国家的恢复和发展是很不平衡的。世界现有的 5 个社会主义国家，都是东欧剧变和苏联解体中受冲击相对较小的国家，但发展的情况却很不相同。中国、越南、老挝这些实行改革开放国家有了很大的发展，中国已经成为世界第二大经济体、世界社会主义的中流砥柱，而古巴和朝鲜由于地缘政治关系，没有实行或有限实行改革开放，发展比较缓慢。原苏东国家是剧变的重灾区，由于苏联共产党被解散和东欧共产党社会党化，这个地区的共产党几乎都是恢复和重建起来的，普遍人数较少、影响力有限，但也有少数党力量较强，如俄国共产党现在是俄国议会第二大党，摩尔多瓦共产党曾在 2001 年至 2009 年连续 8 年执政，

2009 年后仍为该国最大的政党。这说明在原苏联、东欧地区，世界社会主义的发展也是很不平衡的。西方资本主义国家的共产党和工人党，东欧剧变和苏联解体后遭受了易帜、分裂和大量党员退党的巨大冲击，经过理论反思和组织调整后，现在开始有了恢复和发展，但共产党和工人党的数量及人数，远未达到原来的水平。其中也有个别党取得了骄人的成绩，例如，塞浦路斯劳动人民进步党总书记曾在 2008 年当选为塞浦路斯总统，并组建了以该党为核心的联合政府，成为当时欧盟中唯一执政的共产党。亚非拉地区的共产党同这个地区的社会主义国家一样，受苏东剧变的冲击相对较小，现在虽然大多数国家的共产党力量仍然比较薄弱，但有些国家党的力量增长较快。印共（马）已发展成为印度第三大党，在某些邦长期执政；南非共产党在国家独立后一直参与非国大执政，是非洲最重要的共产党；巴西共产党也已由剧变前的一个小党发展为拉美最大的共产党。尤其值得关注的是，尼泊尔共产党（联合马列）和尼泊尔共产党（毛主义中心）这些年来曾多次上台执政，2018 年这两党正式合并为尼泊尔共产党，现在仍为尼泊尔的执政党。这些情况说明，世界社会主义在包括中国在内的部分国家，已经开始走向复兴，但从总体来看，世界社会主义仍处在从低潮转向复兴的过程中。

社会主义国家现代化进入新阶段

马克思和恩格斯创立了科学社会主义，论证了资本主义灭亡和社会主义胜利的历史必然性。他们从当时资本主义国家发展的实际状况出发，认为未来的社会主义将建立在高度发达的生产力基础上。然而，进入帝国主义时代以后，随着资本主义国家发展不平衡的加剧和相互间矛盾的激化，社会主义首先在帝国主义链条的薄弱环节，也就是经济文化比较落后的俄国取得胜利。在俄国革命的推动和影响下，第二次世界大战以后，社会主义在包括中国在内的一系列经济文化比较落后的国家取得了胜利。在这种情况下，如何在无产阶级政权和社会主义制度下发展生产力，建立社会主义现代化的物质技术基础，便成为各社会主义国家共同面临的首要问题和主要任务。如果没有现代化的物质技术基础，社会主义国家和社会主义制度就不可能得到有效巩固，其优越性也难以充分发挥。邓小平把这个问题讲得更尖锐，他指出，现在虽说我们也在搞社会主义，但事实上不够格。只有到了下世纪中叶，达到了中等发达国家的水平，才能说真的搞了社会主义，才能理直气壮地说社会主义优于资本主义。

列宁是社会主义现代化的开创者，他明确提出，在俄国这样经济文化比较落后的国家，可以在无产阶级革命主客观条件都具备的条件下先夺取国家政权，然后在工农政权和苏维埃制度的基础上提高生产力和文化水平。他把这个思想精辟地表述为两个有名的公式："共产主义就是苏维埃政权加全国电气化"和"苏维埃政权＋普鲁士的铁路秩序＋美国的技术和托拉斯组织＋美国的国民教育等等等等 ++= 总和 = 社会主义。"列宁不但提出了在经济文化比较落后的国家进行社会主义现代化建设的理论，而且领导苏维埃俄国进行了社会主义现代化建设的实践尝试。他领导俄国实现了从战时共产主义到新经济政策的转变，为俄国制订了宏伟的电气化计划，对如何进行社会主义现代化建设进行了开创性探索，其中最为重要的理论成果是提出利用商品经济建设社会主义，利用资本主义文明成果建设社会主义。这些思想和实践，对于中国后来实行改革开放和发展社会主义市场经济产生了重要影响。

从第一个社会主义国家建立到现在，社会主义国家在为实现现代化持续奋斗，过去我们将其称为社会主义建设，现在更明确地称之为社会主义现代化建设。现代化的含义有广义和狭义之分：狭义的现代化主要是指物质生产和科学技术的现代化；广义的现代化则包括经济、政治、社会、文化等各个方面，但基础和重点也是物质生产和科学技术现代化。社会主义国家为实现现代化而奋斗的百余年历程，大致可以分为三个阶段。第一个阶段，是准备基本条件阶段。在这个阶段，社会主义国家通过建立人民当家作主的国家政权和社会主义基本制度，为大规模社会主义现代化建设提供必要的政治前提、制度保障和初步物质基础。从社会主义国家发展总体进程来看，这个阶段与过渡时期基本一致，但是，各个国家在具体时间上有一定的差异。第二个阶段，是大规模现代化建设阶段。在具备了基本条件以后，社会主义国家全面展开了大规模社会主义建设，同时在建设中探索社会主义现代化道路。在这个过程中形成的代表性道路有两条：一条是苏联模式的现代化道路，一条是中国式现代化道路。两条不同的现代化道路，导致了社会主义国家的不同命运。总的来看，这个阶段的前期以苏联开创的苏联模式现代化道路为主导，后期以中国开创的中国式现代化道路为主导。苏联模式的现代化道路，是苏联 1927 年全面展开工业化和农业集体化之后，在 20 世纪 20 年代末到 30 年代开创的。第二次世界大战以后，这一模式被搬到东欧和其他地区的社会主义国家。苏联模式的现代化道路使苏联和其他社会主义国家的现代化建设取得了巨大成就，对在第二次世界大战中战胜德国法西斯发挥了重要作用，但是，苏联模式过分集权和僵化保守等弊端，在现代化建设进程中变得越来越明显，严重影响了社会主义现代化持续发展的生机活力。后来，苏联和东欧国家也对其进行了改革，但是，在改革过程中走偏了方向，背离了社会主义，从而导致东欧剧变、苏联解体，世界社会主义遭遇严重挫折。在这个阶段的后期，社会主义国家的现代化建设以中国式现代化道路为主导。中国的社会主义现代化建设开始时也曾照搬苏联模式，但 1956 年以后，中国就开始以苏为鉴、探索自己的社会主义建设道路，经过艰辛探索，终于在 1978 年党的十一届三中全会以后开创了中国特色社会主义道路。中国特色社会主义道路的成功开创，使中国不仅经受住了东欧剧变和苏联解体的巨大冲击，而且取得了现代化建设的重大成就。中国用 40 多年时间走完了发达国家二三百年走过的发展历程，一跃成为世界第二大经济体，实现了全面建成小康社会的宏伟目标，创造了世所罕见的发展奇迹。中国式现代化道路极大地推动了社会主义国家的现代化建设。

党的二十大强调"高举中国特色社会主义伟大旗帜，为全面建设社会主义现代化国家而团结奋斗"，这标志着社会主义国家的现代化建设开始进入第三个阶段，即全面建设社会主义现代化国家阶段。东欧剧变和苏联解体以后，中国的现代化建设一直走在社会主义国家的前列，不断在开拓中前进，在创新中发展。从党的十八大到党的二十大，在新时代的十年中，党和国家事业取得历史性成就、发生历史性变革，党团结带领中国人民成功地实现了全面建成小康社会的第一个百年奋斗目标，踏上了全面建设社会主义现代化国家的新征程。其中最重要的是实现了三个转变：一是实现发展方式从粗放型发展到高质量发展的转变，标志着我们国家已经进入了新发展阶段；二是实现人民生活从全部摆脱绝对贫困向全体人民实现共同富裕迈进，标志着中国人民整体上已经富起来；三是实现了中国人民从站起来、富起来到强起来的伟大飞跃，标志着中华民族复兴进入不可逆转的历史进程。这三个转变具有根本性和决定性意义，如同习近平总书记在党的二十大报告中指出的那样："新时代十年的伟大变革，在党史、新中国史、改革开放史、社会主义发展史、中华民族发展史上具有里程碑意义。"由于中国是世界上最大的社会主义国家，占了社会主义国家人口的大多数，中国的现代化建设进入全面建设社会主义现代化国家阶段，必将对其他社会主义国家产生重大影响，必将有力地推动世界社会主义的发展。

党的二十大对世界社会主义的意义

党的二十大将深刻影响科学社会主义的世界发展。

一、在世界上更高地举起中国特色社会主义旗帜

中国是世界上最大的社会主义国家，中国的社会主义现代化建设对于社会主义的世界发展具有举足轻重的影响。党的二十大在世界上更高地举起了中国特色社会主义的伟大旗帜，向世界展示，中国社会主义现代化建设取得举世瞩目的成就，成功实现由第一个百年奋斗目标向第二个百年奋斗目标的迈进，开启了全面建设社会主义现代化国家的新征程，显示了中国特色社会主义的强大生命力和巨大优越性，从而进一步扩大了社会主义的世界影响，对于推动世界社会主义发展具有重大而深远的意义。

二、对其他社会主义国家有重要启示和借鉴作用

中国是世界上第一个启动全面建设社会主义现代化进程的国

家。中国在现代化建设过程中形成的理论和纲领，本质上是科学社会主义在社会主义现代化建设中的时代体现，是科学社会主义在 21 世纪的最新成果，必然会对其他社会主义国家产生重大影响。从这个意义上说，中国全面建设社会主义现代化国家的理论和实践，是推动当代世界社会主义发展的强大动力，客观上发挥着引领社会主义发展方向和潮流的作用，对于其他社会主义国家的现代化发展，具有重要启示和借鉴作用。

三、改变世界社会主义与资本主义的力量对比

党的二十大之后，中国全面建设社会主义现代化的历史进程将会深化发展，中国必将建设成为社会主义现代化强国。这个时期也将是中国赶超以美国为首的西方发达资本主义国家的关键时期。目前，中国的经济总量已经位居世界第二。有学者预测认为，2030 年左右，中国的经济总量将超过美国，此后将进入全面赶超美国和西方发达资本主义国家阶段。由于中国是一个有 14 亿多人口的国家，人口超过了当今资本主义发达国家人口的总和，中国成为社会主义现代化强国，将会极大地改变社会主义国家与资本主义国家的力量对比，改变世界的经济政治格局。正因为如此，党的二十大开启全面建设社会主义现代化国家的新征程，对于世界社会主义的发展和振兴，必将产生重大而深远的影响。

四、扩大社会主义道路对发展中国家的影响

世界上众多发展中国家在取得独立后都致力于国家的发展。

它们在发展中选择的道路，不少是资本主义现代化道路。而实践的结果是，绝大多数国家的现代化都举步维艰、内乱不断，至今仍然处于贫穷落后的状态。中国式现代化的巨大成功，为发展中国家提供了现代化道路的另一种选择，已经对它们产生了深刻影响。党的二十大系统阐述了中国式现代化道路，制定了沿着这条道路全面建设社会主义现代化国家的宏伟纲领和战略策略，必将在发展中国家引起强烈的反响，对这些国家选择适合本国国情的现代化道路产生巨大的吸引力。

与此同时，中国作为世界上最大的发展中国家，在现代化建设过程中奉行和平、发展、合作、共赢原则，以平等友好的态度对待发展中国家，与它们共享自己的发展成果，为它们的发展提供大量的支持和援助，这同当年西方列强和帝国主义国家对它们的侵略、欺压、掠夺形成鲜明的对比。因此，中国式现代化必将使中国对于发展中国家的影响力进一步提升，必将为广大发展中国家的发展作出更大的贡献。

马克思主义为什么行

马克思主义 19 世纪 40 年代诞生于欧洲,在长达半个世纪的时间里,远在东方的中国人并不知道马克思、恩格斯和马克思主义,但马克思、恩格斯却关注着中国,在第二次鸦片战争前后,他们先后发表了十多篇与中国相关的文章,声讨帝国主义列强对中国的侵略行径,给予中国人民道义上的支持。这在当时的西方国家几乎是绝无仅有的。马克思、恩格斯在文章中还高度肯定了中国为人类文明作出的贡献,并关注着中国的未来。20 世纪初,在中国人民因屡遭帝国主义侵略感到前途迷茫的时候,十月革命一声炮响,给中国送来了马克思列宁主义,为苦苦探寻救国救民真理的中国人民指明了方向、提供了全新选择,中国人民的命运从此开始发生根本性转变。马克思主义传入中国以后,为中国的先进分子所接受,这些先进分子将其与中国工人运动相结合,创立了中国共产党。中国共产党以马克思主义为指导思想,将其与中国具体实际和时代特点相结合,产生了中国化时代化的马克思主义。在马克思主义和中国化时代化马克思主义的指导下,中国先后开创出中国特色革命道路和中国特色社会主义道路，使中国的革命、建设、改革取得了伟大胜利，中华民族伟大复兴先后迎来了从站起来、富起来到强起来的伟大飞跃，党的二十大又开启了全面建设社会主义现代化国家和全面推进中华民族伟大复兴的新征程。正是根据中国社会发展的这种历史过程和实践经验，习近平总书记多次强调马克思主义在党和国家事业全局中的根本性地位。在党的二十报告中他再次强调，马克思主义是我们立党立国、兴党兴国的根本指导思想。实践告诉我们，中国共产党为什么能，中国特色社会主义为什么好，归根到底是马克思主义行，是中国化时代化的马克思主义行。这个论断是一个关系中国社会主义现代化建设和中华民族伟大复兴全局的理论和实践问题，对其进行全面系统的理论研究和阐述是十分必要的。

马克思主义是马克思、恩格斯为了实现无产阶级和全人类解放，经过终身科学研究和不断总结工人运动实践经验，在批判地吸收人类优秀文明成果的基础上所创立的革命理论。它在诞生以后的170多年里，从欧洲传播到世界各地，为越来越多的人所掌握，深刻地改变了世界，也极大地改变了中国。那么，马克思主义为什么行？原因主要有以下三个方面。

一、马克思主义为我们提供了科学的世界观和方法论

辩证唯物主义和历史唯物主义是马克思、恩格斯创立的认识

世界和改造世界的世界观和方法论。在马克思主义理论体系中，辩证唯物主义是最根本的，它揭示了世界存在和发展的一般原理和规律，包括世界的物质统一性的原理、世界是普遍联系和永恒运动的原理、世界是可知的原理、认识是辩证过程的原理、对立与统一的规律、量变与质变的规律、肯定与否定的规律等。这些原理和规律对自然、社会和人类思维都是适用的，是我们认识和改造世界最基本的世界观和方法论。

马克思、恩格斯把辩证唯物主义应用于研究人类社会，创立了历史唯物主义，系统地揭示了人类社会存在和发展的原理和规律，包括社会存在决定社会意识、阶级斗争是阶级社会发展的直接动力、人民群众是历史的创造者、生产力与生产关系的矛盾和经济基础与上层建筑的矛盾是人类社会的基本矛盾、生产关系要适应生产力发展的要求以及上层建筑要适应经济基础发展的要求是人类社会发展的基本规律等。马克思、恩格斯在对人类社会的研究中，着重研究了资本主义社会，尤其是资本主义社会的经济关系和由它所决定的阶级关系，揭示了资本主义剥削的秘密，创立了剩余价值学说。所有这些为我们认识和改造社会提供了理论武器，对于我们认识和改造人类社会具有世界观和方法论的意义。

习近平总书记对辩证唯物主义和历史唯物主义十分重视，先后组织中共中央政治局进行了多次集体学习。在纪念马克思诞辰200周年大会上，习近平总书记号召全党和全国人民要学习马克思的辩证唯物主义和历史唯物主义，特别指出要"坚持和运用马克思主义关于世界的物质性及其发展规律，关于人类社会发展的自然性、历史性及其相关规律，关于人的解放和自由全面发展的规律，关于认识的本质及其发展规律等原理"。

　　辩证唯物主义和历史唯物主义的核心，是贯穿于马克思主义中的立场、观点、方法。马克思主义立场是人民立场。马克思认为："历史活动是群众的活动"，广大人民群众是历史的创造者，是推动历史前进的动力，站在人民的立场，也就是站在了世界上大多数人的一边，自觉为无产阶级和全人类解放事业而奋斗，也就是站在了历史发展的一边，自觉为实现社会主义和共产主义而奋斗。在《共产党宣言》中，马克思、恩格斯明确地把共产主义运动称为绝大多数人的、为绝大多数人谋利益的独立的运动。人民立场对马克思、恩格斯来说是最根本的，这是他们一切工作和活动的出发点和落脚点，他们进行理论研究、领导和参加各种革命斗争，都是从这个立场出发的。正因为如此，习近平总书记要求全党和全国人民学习和实践马克思主义关于坚守人民立场的思想，强调这是尊重历史规律的必然选择，是共产党人不忘初心、牢记使命的自觉担当。除此之外，我们还要学习和实践马克思主义的观点和方法，特别是习近平总书记在纪念马克思诞辰 200 周年大会上提出的马克思主义的实践观、群众观、阶级观、发展观、矛盾观等。

二、马克思主义为我们指明了无产阶级和全人类解放的道路

　　马克思、恩格斯研究哲学和政治经济学的目的，是为了找到无产阶级和全人类解放的道路。他们通过研究哲学发现了唯物史

观，通过研究政治经济学发现了剩余价值学说，使社会主义从空想变为科学，开辟了无产阶级和全人类解放的道路，指明了社会主义是人类由必然王国到自由王国的飞跃，共产主义是人类最美好的社会。他们科学地论证了社会主义代替资本主义的必然性，找到了无产阶级是实现这个历史变革的社会力量，指明了无产阶级革命是实现这个变革的必经途径；他们在批判旧社会的基础上对未来社会主义社会的发展过程、发展方向、一般特征作了科学预测和设想，形成了具有普遍指导意义的社会主义基本原则；他们指出社会主义是不断发展和改革的社会，它通过无产阶级专政和社会主义高度发展最终会过渡到消灭阶级、消灭剥削、实现人的全面自由发展的共产主义社会。马克思主义的科学社会主义理论对于我们认识什么是社会主义、怎样建设社会主义，对于我们不忘初心、牢记使命，坚定共产主义远大理想和中国特色社会主义共同理想，对于我们推进科学社会主义基本原则与中国实际相结合，探索人类社会发展规律、社会主义建设规律和共产党执政规律等都具有十分重要的指导意义，必须认真学习和研究。

三、马克思主义的理论品质使其超越历史和地域局限，成为整个人类精神的精华

马克思主义诞生于 19 世纪中期的欧洲，但它的理论品质使其价值和影响远远超越了历史和地域的局限性，成为整个人类精神的精华。正如习近平总书记在纪念马克思诞辰 200 周年大会上所指出的："马克思的思想理论源于那个时代又超越了那个时代，

既是那个时代精神的精华又是整个人类精神的精华。"习近平总书记把马克思主义的理论品质归结为四个方面：马克思主义是科学的理论，创造性地揭示了人类社会发展规律；马克思主义是人民的理论，第一次创立了人民实现自身解放的思想体系；马克思主义是实践的理论，指引着人民改造世界的行动；马克思主义是不断发展的开放的理论，始终站在时代前沿。对于马克思主义这些理论品质的内涵以及马克思主义为什么具有这些理论品质，习近平总书记已经作出了精辟的论述，在此不再重复。这里需要强调的是，这些理论品质为什么使马克思主义行。

第一，马克思主义作为科学的理论，为我们提供了认识和改造世界的理论武器。马克思主义之所以能够成为我们的指导思想，根本原因之一在于它揭示了自然、社会、人类思维的一般规律，这些规律在真理和规律体系中是最高层次的，对于人们认识和改造世界具有最广泛的和最根本的指导意义。这就使它能够超越具体时空局限，成为整个人类不断认识世界和改造世界的世界观和方法论。我们说马克思主义并没有结束真理，而是开辟了通向真理的道路，首先就是从这个意义上说的。

第二，马克思主义作为人民的理论，为我们指明了依靠人民推动历史前进的人间正道。习近平总书记十分重视马克思主义的这个优势。他强调在马克思之前，社会上占统治地位的理论都是为统治阶级服务的。马克思主义第一次站在人民的立场探求人类自由解放的道路，以科学的理论为最终建立一个没有压迫、没有剥削、人人平等、人人自由的理想社会指明了方向。马克思主义之所以具有跨越国度、跨越时代的影响力，就是因为它植根人民之中，指明了依靠人民推动历史前进的人间正道。

第三，马克思主义作为实践的理论，是我们追求真理、改造世界的行动指南。马克思指出，哲学家们只是用不同的方式解释世界，问题在于改变世界。为了实现改造世界的任务，马克思提出了实践的观点，创立了实践的理论，指引着人们通过认识—实践—再认识—再实践的往复过程，不断地发现真理、检验真理，不断地认识世界、改造世界。实践理论是马克思主义哲学的精髓和巨大优势，是我们认识世界、把握规律、追求真理、改造世界的强大思想武器。

第四，马克思主义作为不断发展和开放的理论，充满着无限的生机与活力。马克思主义是与时俱进的理论，随着实践的发展而不断发展，并不断吸收人类创造的文明成果，充满着无限的生机活力。正如习近平总书记强调的一部马克思主义发展史就是马克思、恩格斯以及他们的后继者们不断根据时代、实践、认识发展而发展的历史，是不断吸收人类历史上一切优秀思想文化成果丰富自己的历史。因此，马克思主义能够永葆其美妙之青春，不断探索时代发展提出的新课题、回应人类社会面临的新挑战。

中国化的马克思主义为什么行

马克思主义传入中国并成为中国共产党的指导思想后，有力地推动了中国革命的发展。当时党内许多领导干部和党员都以为有了马克思主义的理论指导，中国革命就会像俄国一样很快取得胜利。但出乎人们意料的是，轰轰烈烈的第一次国内革命战争一度取得了重大胜利，但由于以蒋介石为代表的大资产阶级的背叛，革命不到三年时间就遭遇失败，成千上万的共产党员和革命群众倒在了血泊之中。在这个关键时刻，中国共产党发动武装起义，深入农村进行土地革命，建立农村革命根据地，再次取得了重大胜利，全国红军人数最多时达到 30 万人，但第五次反"围剿"的失败，使红军不得不进行长征，根据地和红军损失 92%，白区工作几乎全部被破坏。两次胜利和两次失败，使中国共产党认识到简单照搬马克思主义书本和外国革命经验，是不能解决中国革命问题的，只有把马克思主义基本原理与中国具体实际相结合，推进马克思主义中国化，中国革命才能取得胜利。1935 年 1月，中国共产党在长征路上召开了具有历史意义的遵义会议，纠正了以王明为代表的"左"倾教条主义错误，确立了毛泽东同志在党内的领导地位。此后，以毛泽东同志为代表的党中央明确提出要把马克思主义中国化，自觉地推进马克思主义与中国革命具体实际相结合，在实践中形成了马克思主义中国化时代化的第一个理论成果——毛泽东思想，并在它的指导下制定了符合中国实际的正确的路线方针政策，先后指导中国的新民主主义革命与新中国成立后的社会主义改造和社会主义建设取得了伟大胜利，实现了中国共产党历史上马克思主义基本原理与中国具体实际相结合的第一次历史性飞跃。中国 1956 年进入社会主义社会后，又及时地提出了马克思主义与中国社会主义建设实践相结合的任务，开始独立探索中国自己的社会主义建设道路，经过 20 多年的艰辛探索，在 1978 年党的十一届三中全会后，中国共产党成功地开创了中国特色社会主义道路，实现了马克思主义基本原理与中国具体实际相结合的第二次历史性飞跃，指导中国的改革开放和现代化建设取得了举世瞩目的辉煌成就。

马克思主义基本原理与中国具体实际的两次结合所形成的中国化时代化的马克思主义，为什么能改变中国？原因主要有以下四个方面。

一、解放思想，正确理解和科学对待马克思主义

马克思主义基本原理与中国具体实际第一次结合和第二次结合的成功，都是从解放思想开始的。在民主革命时期，中国共产党是在结束了王明教条主义在党内的领导以后，才开始了马克思

主义中国化的第一次历史性飞跃。在社会主义建设时期，我们也是在结束了"文化大革命"以后，把人们的思想从"两个凡是"的束缚下解放出来，开始了马克思主义中国化的第二次历史性飞跃。这说明，要用马克思主义解决中国问题，必须首先解放思想，正确理解和科学对待马克思主义，掌握好马克思主义中国化的理论武器。中国共产党解决这个问题的成功经验可以归纳为以下五个方面。

第一，必须完整准确地把握马克思主义。针对党内外存在的没有认清什么是马克思主义、什么是社会主义，以及对马克思主义经典作家的论述机械照搬、断章取义、随意歪曲、错误附加等问题，中国共产党进行了理论上的拨乱反正和对马克思主义的再认识，引导全党对马克思主义和社会主义形成了正确的理解和科学的态度。

第二，把马克思主义基本原理作为理论武器。为什么要强调以马克思主义基本原理为指导呢？这是因为，在马克思主义理论中，有些科学真理反映的是自然、社会和人类思维的一般规律，以及无产阶级和全人类解放运动的一般规律，对于解决中国社会发展面临的问题具有普遍的适用性和指导性。而在马克思主义理论中，也有一部分同特殊的社会历史条件相联系，只对这些具体事件或具体问题具有真理性和指导性的原理，我们通常称之为具体结论，这一部分科学真理就不属于普遍真理的范围。我们要解决中国问题，只能选择以马克思主义的世界观方法论为指导，以对整个人类社会及世界社会主义运动有普遍指导意义的科学原理为指导。

第三，马克思主义基本原理是行动指南不是具体答案。恩格斯多次指出，马克思的整个世界观不是教条，而是方法。他提供的不是现成教条，而是进一步研究的出发点和供这种研究使用的方法。毛泽东形象地用"有的放矢"来表达马克思主义中国化，指出是用马克思主义之"矢"去射中国革命之"的"。在这里，马克思主义是武器、方法，而不是解决中国问题的具体答案。用这个"矢"去射中国革命之"的"所产生的结果，即我们今天称其为中国化时代化的马克思主义，才是解决中国问题的答案。邓小平同样指出："马克思主义理论从来不是教条，而是行动的指南。它要求人们根据它的基本原则和基本方法，不断结合变化着的实际，探索解决新问题的答案，从而也发展马克思主义理论本身。"他还特别强调，我们"绝不能要求马克思为解决他去世之后上百年、几百年所产生的问题提供现成答案"。真正的马克思列宁主义者必须根据当前实际，认识、继承和发展马克思主义。

第四，在运用马克思主义过程中发展马克思主义。中国共产党以马克思主义基本原理为理论武器解决中国问题，既坚持马克思主义的立场、观点和方法，又在解决中国问题中得出马克思主义新结论，成功地在实践中丰富和发展了马克思主义，把坚持马克思主义与发展马克思主义有机统一起来。这是中国共产党创造的一种坚持和发展马克思主义的有效方法和成功经验。

第五，在对待马克思主义问题上反对两种错误倾向。毛泽东在把马克思主义基本原理与中国具体实际相结合的过程中，提出要反对主观主义。主观主义包括对待马克思主义的两种不同倾向：一是不重视马克思主义理论的经验主义，二是运用马克思主义解决具体问题时产生的教条主义。邓小平在探索中国特色社会主义的过程中，结合当时改革开放实际，同样也反对两种错误倾向：一是背离马克思主义基本原理的资产阶级自由化思潮，二是运用马克思主义解决实际问题上的僵化保守思想。

二、准确把握基本国情，坚持一切从中国实际出发

在运用马克思主义基本原理解决中国问题的时候，是从当时的中国实际出发，使理论为分析和研究中国问题服务，还是从理论出发，用理论来剪裁中国现实生活？这是马克思主义中国化遇到的首要问题，这个问题的实质是在马克思主义的实际运用问题上，是坚持唯物主义还是唯心主义。

关于如何运用马克思主义一般原理去解决各国的实际问题，马克思、恩格斯在《共产党宣言》1872 年德文版序言中，已经给出了十分明确的回答。他们指出："不管最近 25 年来的情况发生了多大的变化，这个《宣言》中所阐述的一般原理整个说来直到现在还是完全正确的"，而"这些原理的实际运用，正如《宣言》中所说的，随时随地都要以当时的历史条件为转移"。中国共产党在把马克思主义基本原理运用于中国的革命、建设、改革时完全遵循了马克思主义经典作家的这个要求，坚持一切从中国的具体实际情况出发，尤其是从中国的基本国情出发。毛泽东明确指出，要解决中国革命问题，就必须以中国的国情为对象，用马克思主义的立场观点方法分析研究该问题。他在领导全党推进马克思主义中国化的过程中，撰写了大量研究中国社会的著作，并号

召全党要对中国的历史和现状、国内国际的环境、革命的敌我友各方动态等进行系统而周密的调查研究。他特别强调要从中国是一个半殖民地半封建社会这个最大的实际出发，确定中国革命的任务、对象、动力等一系列问题。他在《中国革命与中国共产党》一书中指出："只有认清中国社会的性质，才能认清中国革命的对象、中国革命的任务、中国革命的动力、中国革命的性质、中国革命的前途和转变。所以，认清中国社会的性质，就是说，认清中国的国情，乃是认清一切革命问题的基本的根据。"

如果说毛泽东在对中国基本国情的研究中，十分重视中国半殖民地半封建社会的性质，那么邓小平对中国基本国情的研究则十分重视中国社会主义社会的发展阶段。因为中国和俄国的革命一样，是在经济文化比较落后的国家取得胜利的，在此基础上建立起来的社会主义，与在生产力高度发展基础上建立的社会主义存在很大差距。列宁逝世后，苏联对这个问题缺乏清醒认识，错误地认为其在1936年已经基本建成了马克思所设想的社会主义社会，并很快宣布苏联开始向更高的共产主义社会过渡。苏联的这种做法严重影响了其他社会主义国家，使这些国家普遍对本国社会主义的发展水平估计过高。中国是一个经济文化比苏联还要落后的国家，但在1958年以后也受到苏联这种认识的影响，出现了对中国社会主义发展水平估计过高和急于向社会主义更高阶段甚至共产主义过渡的问题。这种错误认识是中国出现"大跃进"和"左"的错误的重要根源。1978年党的十一届三中全会以后，中国共产党坚决纠正了这种严重脱离中国实际的"左"的错误及其造成的影响，经过探索认识到像中国这样脱胎于半殖民地半封建社会的经济文化落后国家，在革命胜利后必须经历一个社会主义初级阶段来实现现代化、社会化、商品化，这个阶段由 1956 年进入社会主义社会开始，到 21 世纪中叶基本实现现代化结束，前后大约需要 100 年的时间。社会主义初级阶段的含义包括两个层面：一是中国已进入社会主义社会，二是中国的社会主义还处在初级阶段。我们建设中国特色社会主义的基本路线和一系列方针政策，都是根据社会主义初级阶段这个基本国情提出来的。这些路线方针政策符合中国实际，使马克思主义中国化时代化的理论成果——中国特色社会主义理论体系在实践中显示出强大的生命力和巨大的优越性。

三、运用实事求是的方法，得出符合实际的科学结论

怎样才能把马克思主义基本原理与中国具体实际相结合，其根本的方法是实事求是。邓小平同志曾经说过，实事求是是马克思主义最根本最重要的东西，是毛泽东思想的精髓和活的灵魂，我们过去搞革命靠的是实事求是，现在搞现代化建设仍然要靠实事求是。按照毛泽东的解释："'实事'就是客观存在着的一切事物，'是'就是客观事物的内部联系，即规律性，'求'就是我们去研究。我们要从国内外、省内外、县内外、区内外的实际情况出发，从其中引出其固有的而不是臆造的规律性，即找出周围事变的内部联系，作为我们行动的向导。"无论是新民主主义革命时期的第一次马克思主义中国化，还是社会主义时期的第二次马

克思主义中国化，都是中国共产党运用马克思主义这个理论武器，研究中国国情的具体过程，揭示事物之间内部联系的过程，认识事物的本质和发展规律的过程。总之，是要通过实事求是的方法，达到对中国国情的正确认识和对中国社会发展规律的把握，为我们的行动提供科学的根据。通过实事求是的方法，正确认识中国的基本国情，并从中引出必要的结论，是马克思主义中国化最基本和最重要的任务。

要做到实事求是，就必须解放思想。毛泽东同志发表的《反对本本主义》等著作，目的就是要把人们的思想从教条主义的束缚下解放出来，真正做到按照实事求是的方法解决中国问题。邓小平认为，解放思想是实事求是的前提条件，实事求是是解放思想的目的，只有思想解放了，才能真正做到实事求是。他在中央工作会议上发表的《解放思想，实事求是，团结一致向前看》的重要讲话，集中阐述了怎样解放思想、实事求是，被视为党的十一届三中全会的主题报告。后来以江泽民同志为核心的党中央在坚持解放思想、实事求是的同时，提出了与时俱进；以胡锦涛同志为总书记的党中央在坚持解放思想、实事求是、与时俱进的同时，提出了求真务实。这样就形成了马克思主义中国化时代化的系统的方法论，即解放思想、实事求是、与时俱进、求真务实。实事求是是核心，无论是解放思想还是与时俱进、求真务实，都是为了真正做到实事求是。实事求是既是毛泽东思想的精髓，也是邓小平理论、"三个代表"重要思想、科学发展观的精髓，中国新民主主义革命道路和中国特色社会主义道路都是中国共产党人运用实事求是的方法，将马克思主义与中国实际相结合开创出来的。

四、坚持实践是检验真理的唯一标准和"三个有利于"价值取向

在马克思主义基本原理与中国具体实际相结合的过程中，必须坚持实践是检验真理的唯一标准。这是因为，中国共产党用马克思主义解决中国问题，是一个实践探索的过程，同时也是一个认识深化的过程。在这个过程中既取得了伟大成就，也难免会出现这样那样的失误，不能认为在这个过程中所形成的一切观点都是完全正确的，都是符合客观实际的。这就需要一个对理论的真理性进行科学检验的标准。这个问题的重要性在"文化大革命"结束后不久，在如何对待毛泽东的著作和观点问题上就突出表现出来。党的十一届六中全会成功解决了这个问题，全会明确指出，在毛泽东的著作和言论中，只有那些经过实践检验证明是科学真理的，才属于毛泽东思想。这个标准既适用于毛泽东思想，也适用于所有中国化时代化的马克思主义。经过这次真理标准的大讨论后，实践是检验真理的唯一标准深入人心，成为中国化时代化马克思主义的一大特点和优势。

在坚持实践是检验真理的唯一标准的同时，邓小平在推进马克思主义中国化的过程中，提出社会主义的本质是解放生产力，发展生产力，消灭剥削，消除两极分化，最终达到共同富裕。他还根据社会主义的本质要求提出"三个有利于"的价值判断标准，即"主要是看是否有利于发展社会主义社会的生产力，是否

有利于增强社会主义国家的综合国力，是否有利于提高人民的生活水平"。这个价值判断标准的提出是对马克思主义生产力价值判断标准和人民利益价值判断标准的综合运用和创造性发展，为我们在改革开放和现代化建设中确定哪些是可以做的、哪些是不能做的提供了科学的判断标准，对于彻底解放人们的思想，充分调动各方面的积极性，利用人类一切文明成果来建设中国特色社会主义，具有十分重要的意义。

习近平新时代中国特色社会主义思想为什么行

习近平新时代中国特色社会主义思想，是马克思主义中国化时代化的最新成果，是当代中国的马克思主义、21世纪的马克思主义。我们在研究中国化时代化的马克思主义为什么行的时候，为了突出研究的现实性，有必要专门研究习近平新时代中国特色社会主义思想为什么行。

党的十八大以来，在习近平新时代中国特色社会主义思想的指导下，中国最终完成了全面建成小康社会的任务，成功地开启了全面建设社会主义现代化强国的新征程，迎来了中华民族伟大复兴从站起来、富起来到强起来的伟大飞跃，为整个人类社会的和平与发展作出了重大贡献。

一、把马克思主义中国化由"一个结合"发展为"两个结合"

以习近平同志为核心的党中央在推进马克思主义中国化的

过程中，十分重视强化中国特色社会主义的文化根基。习近平总书记认为，文化是一个国家、一个民族的灵魂，马克思主义不仅要与中国的具体实际相结合，而且要与中华优秀传统文化相结合。他指出："坚持和发展马克思主义，必须同中华优秀传统文化相结合。只有植根本国、本民族历史文化沃土，马克思主义真理之树才能根深叶茂。中华优秀传统文化源远流长、博大精深，是中华文明的智慧结晶，其中蕴含的天下为公、民为邦本、为政以德、革故鼎新、任人唯贤、天人合一、自强不息、厚德载物、讲信修睦、亲仁善邻等，是中国人民在长期生产生活中积累的宇宙观、天下观、社会观、道德观的重要体现，同科学社会主义价值观主张具有高度契合性。我们必须坚定历史自信、文化自信，坚持古为今用、推陈出新，把马克思主义思想精髓同中华优秀传统文化精华贯通起来、同人民群众日用而不觉的共同价值观念融通起来，不断赋予科学理论鲜明的中国特色，不断夯实马克思主义中国化时代化的历史基础和群众基础，让马克思主义在中国牢牢扎根。"习近平总书记系统论述了马克思主义为什么能够与中华优秀传统文化相结合和怎样与中国传统文化相结合，深刻地揭示了马克思主义与中华优秀传统文化相结合的重要意义。这在马克思主义中国化时代化的历史上是重大的理论创新和实践创新，既使马克思主义深深扎根于中国数千年文化之沃土，又全面推动了中华优秀传统文化的现代转换，从而把马克思主义中国化扩展到了更宽的领域、提升到了一个更高的水平。而且正是由于有了马克思主义与中华优秀传统文化的成功结合，习近平新时代中国特色社会主义思想具有了十分鲜明的中国文化特色和文化优势，被誉为中华文化和中国精神的时代精华。

二、形成了新时代马克思主义中国化时代化的世界观方法论

党的十八大以来，以习近平同志为核心的党中央在推进马克思主义中国化时代化的过程中形成了习近平新时代中国特色社会主义思想的世界观和方法论，这是马克思主义世界观方法论和中国化时代化马克思主义世界观方法论在 21 世纪和当代中国的最新发展。习近平总书记在党的二十大报告中把新时代中国特色社会主义思想的世界观方法论概括为以下六条：坚持人民至上，坚持自信自立，坚持守正创新，坚持问题导向，坚持系统观念，坚持胸怀天下。这六条世界观方法论以及贯穿于其中的立场观点方法，是习近平新时代中国特色社会主义思想最为根本的内容，也可以说是它的精髓所在。它是以习近平同志为核心的党中央在创立新时代中国特色社会主义思想过程中逐步形成的，是被中国最近十年的实践证明是完全正确的，今后中国共产党要进一步推进理论创新和实践创新，开辟马克思主义发展的新境界，继续丰富和发展习近平新时代中国特色社会主义思想，首先必须认真把握和运用好这些世界观和方法论。习近平总书记指出实践没有止境，理论创新也没有止境。不断谱写马克思主义中国化时代化新篇章，是当代中国共产党人的庄严历史责任。继续推进实践基础上的理论创新，首先要把握好新时代中国特色社会主义思想的世界观和方法论，坚持好、运用好贯穿其中的立场观点方法。

习近平新时代中国特色社会主义思想的世界观和方法论，是马克思主义辩证唯物主义和历史唯物主义世界观方法论，尤其是中国化时代化马克思主义的解放思想、实事求是、与时俱进、求真务实的世界观和方法论在 21 世纪和当代中国的最新发展，由于它是从 21 世纪新的历史条件和新时代的中国社会条件产生出来的，是在解决当今中国现代化建设和改革开放实际问题的过程中形成的，因而对于进一步推进马克思主义理论创新和实践创新，全面建设社会主义现代化国家、全面推进中华民族伟大复兴具有更直接的指导意义和更强的现实针对性。

三、不断推进理论创新和实践创新，开辟了马克思主义新境界

以习近平同志为核心的党中央围绕着新时代坚持和发展什么样的中国特色社会主义、怎样坚持和发展中国特色社会主义，建设什么样的社会主义现代化强国、怎样建设社会主义现代化强国，建设什么样的长期执政的马克思主义政党、怎样建设长期执政的马克思主义政党等事关中国特色社会主义建设全局性、根本性、战略性问题，不断进行理论创新、实践创新、制度创新、文化创新，创立了习近平新时代中国特色社会主义思想，实现了马克思主义基本原理与中国具体实际相结合的新的历史性飞跃。以习近平同志为核心的党中央在开创新时代中国特色社会主义的过程中，为丰富和发展马克思主义和科学社会主义作出了重大的贡献。例如，提出关于社会主义国家治国理政的理论，关于中国式

现代化的理论，关于建设新型人类文明的理论，关于新发展理念和高质量发展的理论，关于在高质量发展基础上逐步实现共同富裕的理论，关于建设中国特色社会主义制度体系的理论，关于发展全过程人民民主的理论，关于社会主义生态文明建设的理论，关于中国共产党领导是中国特色社会主义最本质的特征的理论，关于全面从严治党和党的自我革命的理论，关于推动构建人类命运共同体和实行中国特色大国外交的理论，关于创建中国特色社会主义哲学社会科学的理论，等等。这些理论都是富有创造性的，其中有许多是习近平对马克思主义和科学社会主义的原创性贡献。习近平新时代中国特色社会主义思想是马克思主义在当代中国的最新发展，也是 21 世纪科学社会主义理论的最新成就，在习近平新时代中国特色社会主义思想的指引下，建设新时代中国特色社会主义的巨轮正在破浪前进。

四、更加重视马克思主义时代化，把解决国际关系问题放在突出地位

改革开放初期，中国尚处在贫穷落后状况，为了集中力量发展自己，在国际问题上采取了韬光养晦策略。过了三四十年后，一方面，世界正在经历百年未有之大变局，世界多极化、经济全球化、社会信息化、文化多样化深入发展，新科技革命日新月异，国际形势和国际关系发生了深刻的变化，整个世界处在大发展大变革大调整中，出现了一系列新的问题；另一方面，中国经过改革开放，处在由大到强的历史性转变之中，在国际上发挥着

越来越重要的作用。如何发挥一个负责任大国的作用，处理好与世界各国的关系，应对某些西方国家尤其是美国对中国复兴的围堵和遏制等，就成为新时代推进马克思主义中国化时代化必须直接面对和着力解决的重大问题。党的十八大以来，以习近平同志为核心的党中央顺应世界发展的历史趋势，在运用马克思主义解决面临的国际问题中，形成了构建人类命运共同体的思想，提出了共建"一带一路"和建立亚投行等倡议，推动建设相互尊重、公平正义、合作共赢的新型国际关系，坚决反对国际关系中的强权政治、霸权主义和单边主义，积极参与全球治理体系的改革和建设，倡导建设持久和平、普遍安全、共同繁荣、开放包容、清洁美丽的世界等，向世界全方位展示了中国特色大国外交，发挥了大国担当，有力地推动了马克思主义时代化的发展，发挥了中国对世界事务的影响力，使中国在发展起来之后为人类社会作出了更大的贡献。以习近平同志为核心的党中央处理当今世界问题和国际关系的基本思路，尤其是构建人类命运共同体理念，既不同于过去的苏联和东欧社会主义国家，更与西方国家弱肉强食的"丛林法则"根本不同，是适应时代发展变化提出的最新构想，代表了世界人民尤其是发展中国家人民的心声，以新的理论和实践发展了马克思主义和社会主义。

以满腔热忱对待一切新生事物

习近平总书记在党的二十大报告中强调，"紧跟时代步伐，顺应实践发展，以满腔热忱对待一切新生事物，不断拓展认识的广度和深度，敢于说前人没有说过的新话，敢于干前人没有干过的事情，以新的理论指导新的实践。"① 新生事物往往体现着社会发展的新方向和新趋势，蕴含着世界发展和人类进步的积极成果。以什么样的态度对待新生事物，是一个关系如何认识世界和改造世界的重大问题。以满腔热忱对待一切新生事物，彰显出我们党把握时代大势、引领时代潮流的历史主动精神。

从社会发展规律来看，新生事物破土而出并非偶然，而是生产力和生产关系相互作用的结果。进入新时代，国际国内环境发生深刻复杂变化，我国发展面临新的战略机遇、新的战略任务、新的战略阶段、新的战略要求、新的战略环境。有效应对风险挑战，牢牢把握战略机遇和有利条件，首先要对新生事物保持高度

---

① 《高举中国特色社会主义伟大旗帜　为全面建设社会主义现代化国家而团结奋斗》，《人民日报》，2022 年 10 月 26 日第 1 版。

敏锐和满腔热忱。这要求我们高度重视创新，全面推进创新，紧紧牵住创新这一"牛鼻子"，不断增强创新这个第一动力，在走近新生事物中科学研判发展态势，在研究新生事物中准确把握发展方向，在创造新生事物中主动引领发展潮流。

新生事物从萌芽破土成长为参天大树，看似是个体由小到大、由弱变强的过程，实则是发展理念、创新环境、制度保障、价值文化等诸多要素交互作用、系统集成的结果。只有从系统性、整体性上不断为新生事物发展壮大营造良好环境，开辟新领域新赛道，塑造新动能新优势，才能推动新生事物大量涌现、层出不穷，让创新在全社会蔚然成风。进入新时代，以习近平同志为核心的党中央顺应时代发展要求，着眼于解决重大理论和实践问题，将创新摆在国家发展全局的突出位置，把创新作为引领发展的第一动力，通过创新培育发展新动力。以前所未有的决心和力度冲破思想观念的束缚，突破利益固化的藩篱，坚决破除各方面体制机制弊端，不断推进理论创新、实践创新、制度创新、文化创新以及其他各方面创新，各领域基础性制度框架基本确立，许多领域实现历史性变革、系统性重塑、整体性重构。

抓创新就是抓发展，谋创新就是谋未来。党的十八大以来，一系列重大创新举措，为新生事物发展壮大营造了良好环境，为创新发展汇聚了强劲动能。世界知识产权组织发布的《2022年世界知识产权指标》报告显示，2021年，中国国家知识产权局受理的专利申请数量排名世界第一，中国成为有效专利数量最多的国家。在《2022年全球创新指数报告》中，我国位列第十一位，较2012年上升23位，实现连续10年稳步提升。量子计算原型机

"九章""祖冲之号"问世，首架 C919 大飞机正式交付，5G 移动通信技术率先实现规模化应用……今天的中国，已跻身创新型国家行列，创新活力竞相迸发，发展动力日益增强。党的二十大报告对完善科技创新体系、加快实施创新驱动发展战略进行具体部署，体现了我们党对发展规律和时代趋势的深刻把握，展现出赢得优势、赢得主动、赢得未来的信心和决心。

新生事物往往蕴含着引领和推动社会进步的蓬勃朝气和旺盛生命活力，同时，受发展程度等因素影响，新生事物具有一定的不稳定性和不确定性，人们对新生事物的认识也存在广度和深度方面的不充分性。以满腔热忱对待一切新生事物，既要主动走近、积极面对新生事物，又要深入研究、正向引导新生事物，在不断拓展认识广度和深度的基础上，在变与不变、继承与发展、原则性与创造性的辩证统一中，引领和促进新生事物沿着正确方向发展，通过充分激发全社会创新创造活力，推动中国式现代化不断取得新进展新突破。

引领世界社会主义进入和平发展新时代

在第一次世界大战中，世界社会主义运动成功突破了帝国主义链条的薄弱环节，在经济文化比较落后的俄国取得了十月革命的胜利，开辟了社会主义代替资本主义的人类历史新纪元，世界从此进入了马克思主义所指明的从资本主义向社会主义转变的新时代。这个新时代是一个很长的历史过程，但每个阶段面临的主要问题，也就是我们通常所说的时代主题是不一样的。时代主题的变化意味着整个世界形势的根本性改变，会对世界社会主义的发展产生重大的影响。

俄国苏维埃政权从一诞生就面对着战争与革命的世界形势，它先是遭到以德国为首的同盟国的军事进攻，接着又遭到以英美为首的协约国的武装干涉，国内敌对势力也乘机发动了大规模反革命叛乱。与此同时，在俄国革命的影响下，欧洲许多国家相继爆发革命，亚洲国家的民族解放运动蓬勃兴起，芬兰、德国、匈牙利的工人武装起义曾一度建立工人苏维埃政权。为了粉碎外国武装干涉和国内反革命叛乱，苏维埃俄国实行了极为严厉的战时共产主义政策，捍卫住了新生的工农革命政权。为了指导和支持世界革命和民族解放运动，苏维埃俄国倡导成立了共产国际，开辟了世界社会主义运动新局面。1921年，国内战争基本结束后，列宁根据世界形势和国内任务的变化，领导俄国及时实行了从战时共产主义到新经济政策的转变。新经济政策是一个和平建设的社会主义模式，它强调党和国家工作重心从战争与革命转向经济建设，强调尊重客观经济规律和实行商品交换，强调工农业生产和各经济部门的协调发展，强调利用国外资本和资本主义建设社会主义，强调与不同社会制度国家和平共处。列宁倡导的新经济政策取得了显著成效，短短几年就使苏联经济恢复到了战前水平。

列宁逝世后，苏联共产党党内围绕着一国能不能建成社会主义和怎样建设社会主义的问题先后爆发了两场激烈争论，争论的焦点是如何估计战争与革命的世界形势对俄国一国建设社会主义的制约和影响。在1924—1927年爆发的关于苏联一国能不能建成社会主义的争论中，托洛茨基、季诺维也夫、加米涅夫等人强调世界革命对苏联一国建设社会主义的制约，认为没有世界革命的胜利，苏联一国不可能单独建成社会主义，而斯大林和布哈林等人强调的是苏联国内的因素，认为苏联依靠自己的力量，主要是工农联盟可以一国建成社会主义。在1927—1929年关于苏联如何建设社会主义的争论中，斯大林等人强调苏联面临着十分严峻的外部威胁，认为在帝国主义的战争威胁面前，选择只能是要么灭亡，要么高速发展，必须加速实行工业化和全盘农业集体化。布哈林等人对国际形势的估计远没有斯大林这么严重，认为应当继续实行新经济政策，依照客观经济规律稳步推进工农业生产协调发展。这两场激烈争论很快发展为势不两立的政治斗争，最后斯大林在两场斗争中都取得了胜利。其第一场胜利，保证了苏联在世界革命转入低潮后，继续坚定不移地一国建设社会主义；第二场胜利导致了苏联在怎样建设社会主义上的大转变：苏联在1929年停止实行新经济政策，全速推进社会主义工业化和农业集体化，建设社会主义的苏联模式从这时开始形成。

这种环境下形成的苏联社会主义建设道路和模式，带有十分浓厚的战争与革命的时代色彩。例如，十分强调加快发展速度，忽视发展的质量和效益；强调高度集中的计划经济，否定市场对经济的调节作用；强调优先发展重工业，轻视发展农业和轻工业；强调高积累，实行对农民的贡税制；等等。这种发展模式虽然存在着明显的缺陷，但适应了苏联在十分严峻的国际形势下一国建设社会主义的需要，实现了国民经济奇迹般的高速增长，从1927年开始，到1942年卫国战争爆发，用了仅仅十多年的时间，就使苏联超越了欧洲所有的资本主义国家，成为世界上仅次于美国的第二经济大国，而且保证了苏联取得反法西斯战争的伟大胜利。苏联模式在第二次世界大战结束后对于苏联经济的恢复和军事工业的快速发展也发挥了重要作用，但是极为严峻的国际形势也给苏联的政治发展造成了很大消极影响，发生了破坏民主与法治和肃反扩大化的严重错误。

到了20世纪50年代中期以后，随着新科技革命的到来和世界进入和平发展时期，在战争与革命形势下形成的苏联模式的缺陷和问题越来越明显地暴露出来，苏联虽然能在军事、航天一些领域继续取得某些重要成就，但总体发展水平却逐渐落后下来，发展速度也由逐步减缓到几乎停步不前。在这个过程中苏联开始意识到存在的某些问题，但他们仍一直固守这种体制模式，只允许对其进行一定程度的完善，而不许对其进行根本性的改革。这就使苏联模式越来越落后于时代发展变化，成为一种长期不变的僵化体制，一种过时的粗放型发展方式，严重的阻碍了苏联经济社会的进一步发展。而且由于这种传统模式在第二次世界大战后被其他社会主义国家普遍采用，它也严重束缚着这些国家的发展。

新中国成立后，由于缺乏社会主义建设经验，我们在总体上也基本照搬了苏联模式。1956 年苏共二十大批判和否定斯大林之后，我们在讨论从中应当吸取什么教训的时候，提出以苏为鉴、探索中国自己的社会主义建设道路。在这个时期，我们开始注意纠正苏联社会主义模式的某些问题，对于在我国怎样建设社会主义的探索取得了许多重要成果。但又必须看到，由于我们的指导思想没有完全跟上时代发展变化，仍然习惯于用过去战争与革命时期的思维方式看待社会主义建设时期出现的新问题，提出我国在基本完成经济战线上的社会主义革命以后，还要继续进行政治战线和思想战线上的社会主义革命，错误地认为，我国进入社会主义社会以后社会的主要矛盾仍然是无产阶级与资产阶级的矛盾，而且强调资产阶级就在党内，要以阶级斗争为纲，阶级斗争要天天讲、月月讲，最后导致了"文化大革命"，给党和国家带来了重大的损失。

中国共产党与苏联共产党不同，是一个善于从成功与失败中总结经验教训的党。我们党通过总结建国以来我国的历史发展深刻认识到，我国在 1956 年基本完成生产资料社会主义改造以后，已经消灭了剥削阶级和剥削制度，阶级斗争在我国已经基本结束，于是在党的十一届三中全会上果断地作出了从以阶级斗争为纲到以经济建设为中心的转变，开辟了我国历史发展的新时期。以经济建设为中心对于开创我国社会主义建设新局面具有决定性的意义，是党的基本路线中最重要的内容，因为有了经济建设为中心，才谈得上领导和团结全国人民一心一意搞社会主义现代化建设。党的十一届三中全会以后不久，我们党又对世界局势作出新的判断，从世界形势的发展变化，特别是时代主题的改变，论述了党和国家工作中心从阶级斗争转向经济建设的必要性。邓小平同志明确指出，当今世界有两个主要问题：一个是和平问题，一个是发展问题。新的世界大战在相当长的时间内打不起来，为我国聚精会神搞建设创造了和平的国际环境，中国对外政策的目标是争取世界和平。在争取和平的前提下，一心一意搞现代化建设，发展自己的国家，建设有中国特色的社会主义。

党的十一届三中全会以来 40 多年的实践证明，我国所开创的中国特色社会主义，是一个在和平与发展时代条件下产生和发展起来的社会主义新模式，它是对战争与革命条件下形成的苏联模式进行革命性改革和历史性超越的产物，在中国特色社会主义的强烈推动和示范效应下，其他社会主义国家也都已经完成或者正实现从战争与革命条件下的社会主义到和平与发展条件下的社会主义的时代转型。东欧剧变和苏联解体以后的历史发展证明，在世界社会主义的这次巨大历史曲折中，遭到挫折和失败的是落后于时代的苏联模式，而适应时代发展潮流的中国特色社会主义却蓬勃兴起，不但经受住了东欧剧变和苏联解体的狂风暴雨的冲击，而且不断发展壮大，取得了举世瞩目的辉煌成就。中国特色社会主义充分展现了科学社会主义与时俱进的理论品质，它的发展与成就正在把世界社会主义推进到一个新阶段。

推动中华民族现代文明建设

马克思主义基本原理同中华优秀传统文化相结合，即"第二个结合"的提出和实践，赋予习近平新时代中国特色社会主义思想鲜明的中国文化特色，有力推动中华优秀传统文化创造性转化和创新性发展，揭示出建设中华民族现代文明的必由之路。

一、文化振兴是强国建设和民族复兴的重大任务

中华文明是东方文明的主体和代表，发展水平长期处于世界前列，为人类历史发展作出了重大贡献。但近代以后，帝国主义入侵使中国沦为半殖民地半封建社会，严重地阻碍了中国的文化发展，极大地挫伤了中国人民的民族自尊和文化自信，使中国的文化发展水平严重落后于时代。新中国成立后，我国建立人民当家作主的国家政权和社会主义基本制度，开始大规模社会主义现代化建设，走上在社会主义道路上的文化振兴之路。党的十一届三中全会以后，我们党成功开创了中国特色社会主义，探索出中

国特色社会主义文化发展道路，我国的文化事业蓬勃发展，取得了令世人瞩目的辉煌成就。党的十八大以来，以习近平同志为核心的党中央更加重视文化建设，将其提到更加重要的地位。

（一）中华民族伟大复兴的精神力量

习近平总书记指出："没有中华文化繁荣兴盛，就没有中华民族伟大复兴。一个民族的复兴需要强大的物质力量，也需要强大的精神力量。没有先进文化的积极引领，没有人民精神世界的极大丰富，没有民族精神力量的不断增强，一个国家、一个民族不可能屹立于世界民族之林。"①

实现中华民族伟大复兴的中国梦，是物质文明和精神文明比翼双飞的发展过程，随着中国经济社会不断发展，中华文明必将顺应时代发展焕发出蓬勃的生命力。

文化对于实现中国梦之所以重要，就在于它是民族之魂。文明尤其是思想文化，是一个国家、一个民族的灵魂。人无精神则不立，国无精神则不强。精神是一个民族赖以长久生存的灵魂，唯有精神上达到一定的高度，这个民族才能在历史的洪流中屹立不倒、奋勇向前。相反，无论哪个国家、哪一个民族，如果不珍惜自己的思想文化，丢掉了思想文化这个灵魂，这个国家、这个民族是立不起来的。因此，一个国家、一个民族的强盛，总是以文化兴盛为支撑的，中华民族伟大复兴需要以中华文化发展繁荣为条件。习近平总书记在多个场合，从不同维度、不同侧面，深

---

① 习近平：《坚定文化自信，建设社会主义文化强国》，《求是》2019 年第 12 期。

刻揭示了中华优秀传统文化的精髓，展示了中华优秀传统文化的历史魅力和当代价值，强调实现中国梦必须弘扬中国精神。这就是以爱国主义为核心的民族精神，以改革创新为核心的时代精神，这种中国精神是凝心聚力的兴国之魂、强国之魂。

（二）中国特色社会主义的文化之根

习近平总书记指出："我们说要坚定中国特色社会主义道路自信、理论自信、制度自信，说到底是要坚定文化自信。"[①] 因为文化自信，是更基础、更广泛、更深厚的自信，是更基本、更深沉、更持久的力量。在五千多年文明发展中孕育的中华优秀传统文化，在党和人民伟大斗争中孕育的革命文化和社会主义先进文化，积淀着中华民族最深层的精神追求，代表着中华民族独特的精神标识。

中华优秀传统文化是马克思主义和社会主义扎根于中国的沃土，中国共产党是在五千多年中华文明深厚基础上开辟和发展中国特色社会主义的，如果没有中华五千多年文明，哪里有什么中国特色？如果不是中国特色，哪有我们今天这么成功的中国特色社会主义道路？只有立足波澜壮阔的中华五千多年文明史，才能真正理解中国道路的历史必然、文化内涵与独特优势。

（三）中国式现代化道路的重要内容

习近平总书记在新进中央委员会的委员、候补委员和省部级主要领导干部学习贯彻习近平新时代中国特色社会主义思想和党

---

① 习近平：《坚定文化自信，建设社会主义文化强国》，《求是》2019 年第 12 期。

的二十大精神研讨班开班式上指出，中国式现代化"是一种全新的人类文明形态"。中国式现代化作为人类文明新形态，与全球其他文明相互借鉴，必将极大丰富世界文明百花园。

物质文明与精神文明相协调，是中国式现代化的一个重要特征。物质富足、精神富有，是社会主义现代化的根本要求。物质贫困不是社会主义，精神贫乏也不是社会主义。我们要不断厚植现代化的物质基础，不断夯实人民幸福生活的物质条件，同时大力发展社会主义先进文化，加强理想信念教育，传承中华文明，促进物的全面丰富和人的全面发展。

党的二十大报告把推进文化自信自强，铸就社会主义文化新辉煌，作为全面建设社会主义现代化强国的重要内容，并从建设具有强大凝聚力和引领力的社会主义意识形态、广泛践行社会主义核心价值观、提高全社会文明程度、繁荣发展文化事业和文化产业、增强中华文明传播力影响力五个方面进行了系统阐述。全面建设社会主义现代化国家，必须坚持中国特色社会主义文化发展道路，增强文化自信，围绕举旗帜、聚民心、育新人、兴文化、展形象建设社会主义文化强国，发展面向现代化、面向世界、面向未来的，民族的科学的大众的社会主义文化，激发全民族文化创新创造活力，增强实现中华民族伟大复兴的精神力量。

（四）推动共建人类文明的中国贡献

党的十八大以来，以习近平同志为核心的党中央顺应不同文明包容共存、交流互鉴的时代潮流，既谋划推动文化繁荣、建设文化强国、建设中华民族现代文明，又擘画促进文明交流互鉴、繁荣人类文明的美好图景。在构建人类命运共同体理念指引下，中国推动不同文明交流对话，共建美美与共的世界文明百花园。

2023 年 3 月，习近平主席在中国共产党与世界政党高层对话会上提出全球文明倡议，为推动各种文明交流互鉴、促进人类文明发展进步提供中国智慧、中国方案。全球文明倡议的主要内容包括："共同倡导尊重世界文明多样性"，这是实现不同文明包容共存、交流互鉴的前提条件；"共同倡导弘扬全人类共同价值"，这是推动和平、发展、公平、正义、民主、自由成为世界各国人民的共同追求；"共同倡导重视文明传承和创新"，这是推动各国优秀传统文化在现代化进程中实现创造性转化、创新性发展；"共同倡导加强国际人文交流合作"，这是在构建全球文明对话合作网络，丰富交流内容，拓展合作渠道。全球文明倡议体现了人类文明发展规律，人类文明发展道路和方法，有利于构建人类命运共同体，推动人类文明发展。

二、"第二个结合"的科学内涵和重大意义

中国共产党之所以能够历经考验磨难无往而不胜，关键就在于不断进行实践创新和理论创新。作为当代中国马克思主义、21世纪马克思主义，习近平新时代中国特色社会主义思想就是在把握时代变化、回答时代课题中应运而生、丰富发展的，是中华文化和中国精神的时代精华，实现了马克思主义中国化时代化新的飞跃。习近平新时代中国特色社会主义思想的一项重大原创性贡献，就是把马克思主义中国化时代化的途径和方法由"一个结

合"发展为"两个结合"。

2021年，习近平总书记在庆祝中国共产党成立一百周年大会上，首次提出"两个结合"，即马克思主义基本原理同中国具体实际相结合、同中华优秀传统文化相结合。2022年，在党的二十大报告中，习近平总书记对"两个结合"进行了全面系统阐释，深化了对"两个结合"的理论认识，明确了"两个结合"的实践指向。2023年，在文化传承发展座谈会上，习近平总书记进一步指出："在五千多年中华文明深厚基础上开辟和发展中国特色社会主义，把马克思主义基本原理同中国具体实际、同中华优秀传统文化相结合是必由之路。这是我们在探索中国特色社会主义道路中得出的规律性认识。"

"第二个结合"是马克思主义这个魂脉与中华优秀传统文化这个根脉的结合。可能有人会提出，马克思主义中国化时代化已经有了马克思主义基本原理同中国具体实际相结合的成功经验，为什么还要提出马克思主义基本原理同中华优秀传统文化相结合呢？这是因为，两个"结合"的作用和方法是不一样的。"第一个结合"是用马克思主义之"矢"去射中国具体实际之"的"，根本方法是实事求是，即通过用马克思主义立场观点方法研究中国具体实际，找出其内在的联系和规律，从中得出必要的结论，用以指导我们的实践。"第二个结合"是通过把马克思主义基本原理同中华优秀传统文化相结合，解决马克思主义扎根中国大地的问题。只有根植本国、本民族历史文化沃土，马克思主义真理之树才能根深叶茂。"第二个结合"的根本方法是马克思主义与中华优秀传统文化契合融通，是对中华优秀传统文化进行创造性转化和创新性发展。正因如此，马克思主义与中华优秀传统文化的结合，既为马克思主义中国化时代化提供了新的途径和方法，也为中华优秀传统文化的现代化发展提供了新的途径和方法。

深刻理解和不断推进马克思主义基本原理同中华优秀传统文化相结合，必须对中华文明有全面深入的了解，这是推进"第二个结合"的前提条件。中国文化源远流长，中华文明博大精深。只有全面深入了解中华文明的历史，才能更有效地推动中华优秀传统文化创造性转化、创新性发展，更有力地推进中国特色社会主义文化建设，建设中华民族现代文明。习近平总书记深入阐释中华文明具有突出的连续性、突出的创新性、突出的统一性、突出的包容性、突出的和平性，这五大特性是对中华文明精髓的提炼总结，集中反映了中华文明的巨大优势，是我们认识和理解中华文明必须着重把握的。

"第二个结合"的基础工作，是运用去粗取精、去伪存真的方法，确定中华文明中哪些内容属于优秀传统文化。中华文明是经过五千多年逐步发展起来的，其中的优秀传统文化是中华文化的主流，但由于时代条件、社会制度、认识水平等方面的原因，中华传统文化和其他国家的文化一样，有精粗之别、真伪之分。这就需要我们通过去粗取精、去伪存真，明确哪些是其中的精华，是我们应当继承和发扬的优秀传统文化。习近平总书记在文化传承发展座谈会上列举了中华优秀传统文化的一些重要元素，如天下为公、天下大同的社会理想，民为邦本、为政以德的治理思想，九州共贯、多元一体的大一统传统，修齐治平、兴亡有责的家国情怀，厚德载物、明德弘道的精神追求，富民厚生、义利兼顾的经济伦理，天人合一、万物并育的生态理念，实事求是、知行合一的哲学思想，执两用中、守中致和的思维方法，讲信修睦、亲仁善邻的交往之道等。这些重要元素的概括和提炼，为我们党推进"第二个结合"奠定了坚实的基础。

不断推进"第二个结合"，要坚持马克思主义与中华优秀传统文化的相互契合和融通。中华优秀传统文化源远流长、博大精深，是中华文明的智慧结晶，其中蕴含的天下为公、民为邦本、为政以德、革故鼎新、任人唯贤、天人合一、自强不息、厚德载物、讲信修睦、亲仁善邻等，是中国人民在长期生产生活中积累的宇宙观、天下观、社会观、道德观的重要体现，同科学社会主义价值观主张具有高度契合性。我们必须坚定历史自信、文化自信，坚持古为今用、推陈出新，把马克思主义思想精髓同中华优秀传统文化精华贯通起来、同人民群众日用而不觉的共同价值观念融通起来，不断赋予科学理论鲜明的中国特色，不断夯实马克思主义中国化时代化的历史基础和群众基础，让马克思主义在中国牢牢扎根。

不断推进"第二个结合"，要坚持运用马克思主义推动中华优秀传统文化创造性转化和创新性发展。中华优秀传统文化是一种历史形态的文化，要使其转化为现代形态、适应现代社会发展的需要，必须本着古为今用、推陈出新的精神，让经由"结合"而形成的新文化成为中国式现代化的文化形态。历史上，毛泽东同志成功地赋予中华优秀传统文化中的"实事求是"以现代化的内容，使其成为我们党的思想路线的核心。邓小平同志成功地进行了中华优秀传统文化中的"小康"概念的现代化转变，使其成为我国现代化进程中的重要发展阶段。党的十八大以来，以习近平同志为核心的党中央，坚持推动中华优秀传统文化创造性转化、创新性发展取得丰硕成果，发展出中华文明的现代形态，中国化时代化的马克思主义成为中华文化和中国精神的时代精华。

马克思主义基本原理同中华优秀传统文化相结合的前提是契合。马克思主义和中华优秀传统文化来源不同，但彼此存在高度的契合性。比如，天下为公、讲信修睦的社会追求与共产主义、社会主义的理想信念相通，民为邦本、为政以德的治理思想与人民至上的政治观念相融，革故鼎新、自强不息的担当与共产党人的革命精神相合。马克思主义从社会关系的角度把握人的本质，中华文化也把人安放在家国天下之中，都反对把人看作孤立的个体。相互契合才能有机结合。正是在这个意义上，我们才说中国共产党既是马克思主义的坚定信仰者和践行者，又是中华优秀传统文化的忠实继承者和弘扬者。马克思主义基本原理同中华优秀传统文化相结合的要义是创新。"结合"不是"拼盘"，不是硬凑在一起的。"结合"本身就是创新，同时开启了广阔的理论和实践创新空间。习近平总书记用"不是简单的'物理反应'，而是深刻的'化学反应'"作比喻，说明马克思主义基本原理同中华优秀传统文化相结合是一个创新过程，其结果是中华优秀传统文化创造性转化、创新性发展，是中国特色社会主义文化新事物层出不穷。更为重要的是，"第二次结合"是又一次的思想解放，让我们能在更广阔的文化空间中，充分运用中华优秀传统文化的宝贵资源，探索面向未来的理论和制度创新。

马克思主义基本原理同中华优秀传统文化相结合的结果是互

相成就。"第二个结合"让马克思主义成为中国的,中华优秀传统文化成为现代的。一方面,马克思主义把先进的思想理论带到中国,以真理之光激活了中华文明的基因,引领中国走进现代世界,推动了中华文明的生命更新和现代转型。从民本到民主,从九州共贯到中华民族共同体,从万物并育到人与自然和谐共生,从富民厚生到共同富裕,中华文明别开生面,实现了从传统到现代的跨越,发展出中华文明的现代形态。另一方面,中华优秀传统文化充实了马克思主义的文化生命,推动马克思主义不断实现中国化时代化的新飞跃,显示出日益鲜明的中国风格与中国气派。

三、"第二个结合"揭示建设中华民族现代文明的必由之路

"第二个结合"让中国特色社会主义道路有了更加宏阔深远的历史纵深,拓展了中国特色社会主义道路的文化根基,为建设中华民族现代文明提供了深厚历史内涵和坚实思想基础。

(一)揭示自主、自信、自强的文化发展之路

我们国家有着悠久灿烂、博大精深的历史文化,如何将历史的优秀文化转变为现代的优秀文化,如何使我们国家由历史上的文化强国,建设成现代化的文化强国,是一个重大课题。经过长期探索,我们党找到了马克思主义基本原理同中华优秀传统文化相结合的文化发展之路。这条道路既是中华优秀传统文化走向现代化之路,也是中华文化自强之路。

"第二个结合"增强了中华文化乃至整个中国社会发展的自主性。对于中华文化怎样发展这个历史性重大课题，中国共产党领导中国人民，坚持马克思主义同中华优秀传统文化的契合与融通、坚持中华优秀传统文化的创造性转化和创新性发展，从历史和现实出发，新开辟出一条立足于中华文明优势的自主文化发展道路。任何文化要立得住、行得远，要有引领力、凝聚力、塑造力、辐射力，就必须有自己的主体性。有了文化主体性，就有了文化意义上坚定的自我，文化自信就有了根本依托，中国共产党就有了引领时代的强大文化力量，中华民族和中国人民就有了国家认同的坚实文化基础，中华文明就有了和世界其他文明交流互鉴的鲜明文化特性。

在"第二个结合"中，我们党用马克思主义激活了历史悠久的中华优秀传统文化，实现中华优秀传统文化创造性转化、创新性发展，使其展现出新时代的风采，创造出中国式现代化的 文化形态，使中国特色社会主义文化充满生机活力，大大增强人们对中华优秀传统文化的热爱，坚定人们的中国特色社会主义文化自信。

（二）揭示开放包容的文化发展之路

中华文明是开放和包容的，这主要表现在：一方面，中国作为世界四大文明古国之一，作为古代东方文明的主要代表，对世界文明的发展发挥了重要作用。在长达五千多年的漫长历史中，中国同世界许多国家有着广泛交往，对世界文明尤其是周围亚洲国家的文明发展，产生过重大影响。例如，古代丝绸之路、郑和下西洋等，就是这方面的典型事例。另一方面，中国在与其他国家和民族的交往中，以开放包容的态度，广泛地学习和吸收他们的优秀文化成果。中华文明与其他国家的文明相互交融、相互影响，形成了许多独特而丰富的思想观念、人文精神、道德规范。比如，主张讲信修睦、协和万邦、亲仁善邻的交往之道；主张以道德秩序构造一个群己合一的世界，在人己关系中以他人为重。再如，倡导交通成和，反对隔绝闭塞；倡导共生并进，反对强人从己；倡导保合太和，反对丛林法则；等等。中华文明的开放包容性，从根本上决定了中华民族交往交流交融的历史取向，决定了中华文化对世界文明兼收并蓄的开放胸怀。这种优秀传统为我们今天以开放包容态度建设中华民族现代文明，提供了文化基因和重要借鉴。

当今世界是一个开放的世界，各国联系比以往更加密切，相互影响比以往更加明显。在新的起点上继续推动文化繁荣、建设文化强国、建设中华民族现代文明，秉持开放包容尤为重要。开放包容始终是文明发展的活力来源，也是文化自信的显著标志。中华文明的博大气象，就得益于中华文化自古以来开放的姿态、包容的胸怀。秉持开放包容，就是要更加积极主动地学习借鉴人类创造的一切优秀文明成果。无论是对内提升先进文化的凝聚力感召力，还是对外增强中华文明的传播力影响力，都离不开融通中外、贯通古今。经过长期努力，我们比以往任何一个时代都更有条件破解"古今中西之争"，也比以往任何一个时代都更迫切需要一批熔铸古今、汇通中西的文化成果。我们必须坚持马克思主义中国化时代化，传承发展中华优秀传统文化，促进外来文化本土化，不断培育和创造新时代中国特色社会主义文化。

（三）揭示守正创新的文化发展之路

守正创新对于在新时代继续推动文化繁荣、建设文化强国、建设中华民族现代文明，具有重要的意义。对文化建设来说，守正才能不迷失自我、不迷失方向，创新才能把握时代、引领时代。

守正，守的是马克思主义在意识形态领域指导地位的根本制度。马克思主义是我们立党立国的根本指导思想，是党的灵魂和旗帜，是被实践证明了的科学理论，中国共产党为什么能，中国特色社会主义为什么好，归根到底是因为马克思主义行。正因如此，我们党高度重视马克思主义在意识形态领域的指导地位，把它确立为国家的根本制度。这个根本制度决定着我国意识形态的性质和发展方向，关系到党和国家的兴衰存亡，是任何时候都必须坚持和绝对不能动摇的。

守正，守的是"两个结合"的根本要求。马克思主义基本原理同中国具体实际相结合、同中华优秀传统文化相结合，是我们党在推进马克思主义中国化时代化过程中，经过长期实践和探索找到的基本途径和方法，对于我国革命、建设、改革的成功具有决定性意义。"两个结合"的基本经验和根本要求，为不断培育和创造新时代中国特色社会主义文化、建设社会主义文化强国提供了路径方法，我们必须在实践中坚守。

守正，守的是中国共产党的文化领导权和中华民族的文化主体性。中国共产党领导是中国特色社会主义最本质的特征，是中国特色社会主义制度的最大优势。各个领域、各个方面都必须自党坚持党的领导，绝不能有丝毫动摇。只有坚持中国共产党对文化事业的领导权，才能确保我国文化建设的社会主义方向，才能为新时代文化建设提供根本保证。坚持中华民族的文化主体性，才能真正做到马克思主义基本原理同中华优秀传统文化相结合，走出一条文化建设的"自己的路"，不断培育和创造新时代中国特色社会主义文化。

创新，创的是新思路、新话语、新机制、新形式。首先要探索文化发展的新思路。怎样把马克思主义同中华优秀传统文化相融通，怎样实现中华优秀传统文化的创造性转化、创新性发展，需要在实践中进一步探索新思路新做法。其次，"第二个结合"让中华优秀传统文化成为现代的，需要以新的话语表达出来，形成新的概念和表达方式，这就使话语创新成为必然要求。最后，中华优秀传统文化是历史形成的，其运行机制和形式是在当时社会条件下形成的，现在通过"第二个结合"形成新文化，其运行机制和形式也必然发生变化，这同样需要通过创新加以解决。例如，讲礼貌是中华优秀传统文化，但这种"礼"实行起来的运行机制和形式在过去和现在有很大的不同，在实行现代性转化以后，怎样建设我们的礼仪机制和形式，就需要进行创新。总之，创新是发展的第一动力。我们要在马克思主义指导下真正做到古为今用、洋为中用、辩证取舍、推陈出新，实现传统与现代的有机衔接，创造出灿烂辉煌的中华民族现代文明。